經學研究叢書‧經學史研究叢刊

禮學思想的新探索

謝淑熙 著

林序

　　即將要修退休的的人，大概有幾種心態，一種人準備要遊歷世界各國，以弭補年輕時沒能盡情去玩的缺憾；第二種人打算繼續進修，攻讀研究所的博碩士學位，以方便調整薪級，過著更愜意的生活；第三種人對學術有很高的熱忱，只知道關心別人，有時忽略了自己。謝淑熙博士就是第三種人的典型。

　　民國九十一年，淑熙在國立中壢家商擔任圖書館長時，即考上國立臺灣師範大學國文系在職進修碩士班，師事林安梧教授，完成《孔子禮樂觀所蘊含教育思想研究》的碩士論文。民國九十七年考入臺北市立教育大學中國語文學系博士班，從學於林慶彰教授，民國一〇一年以《黃以周的《禮書通故》研究》獲得文學博士學位。淑熙除這兩種學位論文外，由於她的勤奮好學，兼有一支快筆，她常常拿已寫好的文稿，要我修正，估計在國內外學術刊物發表之論文已有二十多篇。

　　在二十多篇論文中以閱讀教學和《禮》學思想的為最多，淑熙將這兩個研究領域的論文，輯成《研閱以窮照——閱讀教學的新意義》和《禮學思想的新探索》二書。《禮學的新探索》分為三個單元，一是《禮》學典籍研究，收論文四篇，討論《禮記》〈學記〉、〈曲禮〉的人文精神，評論王文錦的《禮書通故》點校本、王鍔的《三禮研究論著提要》。二是《禮》學思想研究，收論文四篇，討論孔子、郭明昆的《禮》學思想；三是《易》、《禮》思想研究，收論文二篇，討論《周易》禮學、黃以周〈卜筮通故〉中的《易》、《禮》思想。

　　全書所收論文十篇，以第二單元所收的〈郭明昆《禮》學思想析論〉最需要提出說明，郭明昆是個早夭、名不見經傳的經學家，他是日據時代的臺灣臺南人，到日本早稻田大學留學，師事津田左右吉教授研讀社會學，是個大有為的青年學者。可惜，在民國三十二年十一月二十二日由神戶乘「熱河丸」返臺灣途中，在溫州沖為美軍潛水艇擊沉，全家罹難。他過世後到筆者編纂《日據時期臺灣儒學參考文獻》，這五十多年間都沒有人提到他。筆者從他的日文著作《中國の家族制及び言語の研究》中，選錄《儀禮》的兩篇論文〈《儀禮‧喪服》考〉、〈〈喪服〉經傳考〉並請人翻譯後收入《日據時期臺灣儒學參考文獻》，學術界才知道有這個人，並加以研究，現已有研究論文近十篇。淑熙努力研究郭明昆著作，並寫出很有創見的論文，足見其學術的敏感度。

　　淑熙在獲得博士學位後，由於時代的因素只能四處兼課，耗費不少時間和精力，但並不打消他努力為學術奮鬥的意志力，仍舊不斷的發表論文。再等數年，也許老天不負苦心人，有一較安定的工作環境，著作將比現在更多更好。

林慶彰

誌於天母礦溪知魚軒

民國一〇六年二月一日

賴序

「禮樂衣冠第，文章孔孟家」

——謝博士淑熙教授《禮學思想的新探索》序

> 禮樂衣冠第，文章孔孟家；南山開壽域，東海釀流霞。
>
> ——〔明〕鄭成功（1624-1662）行草遺墨五絕詩

　　謝博士淑熙教授「學，然後知不足；教，然後知困」，服務於中壢家商期間，進修深造於本系碩士班，自此教學相長，師生觀善，以孔子（551-479B.C.）禮學思想為研究主題，受業於同仁學長林安梧教授門下，啟蒙霑漑於儒學之魯殿靈光，正式潛藏悠遊於學術淵海；復攻讀博士學位於臺北市立教育大學（今改制為「臺北市立大學」）中國語文學系，轉益多師，在林慶彰教授與本人的聯合指導下，進德修業，以晚清浙東碩學鴻儒黃以周（1828-1899）《禮書通故》禮學思想研究，榮獲文學博士，學術涵養，日新年晉；專業造詣，更上層樓！

　　謝博士淑熙教授年逾知命，即申請退休，時力所及，轉而兼任執教於桃園、臺北與基隆各大學通識國文，奔波戮力，教學研究，自得其樂，心勞有成，充分發揮傳統客家婦女堅毅能幹的本色，著實令人佩服。教學之餘，又積極參與學術研討會議與學術活動，並勤於撰述，每成一稿，即陳示請教，敦厚誠懇，欣喜裁成，培英毓秀，真是人生一大樂事。今既彙集探索禮學思想文稿，付梓將刊，書分三大單元：壹、禮學典籍研究，論文四篇；貳、禮學思想研究，論文四篇；參、易禮思想研究，論文二篇，總十篇，上下古今，海峽兩岸，其學斐然蔚觀。

　　從訓詁哲學的觀點進路，試詮釋「禮」義有三：其一，「禮者，履也」。馬王堆帛書本《易經·履》卦名即作「禮」，故「履」可通訓作「禮」；而禮以時為大，以和為貴，重在實踐履行，且以誠敬為先，誠如《周易·繫辭下傳·三陳九卦章》曰：「〈履〉，德之基也；〈履〉，和而至；〈履〉以和行。」《周易·履·大象傳》曰：「上天下澤，〈履〉；君子以辯上下，定民志。」《周易·序卦傳》曰：「物畜然後有禮，故受之以〈履〉。」可知〈履〉卦即教民以禮儀，使知君臣、上下、長幼之分際。其二，「禮者，理也」。《禮記·樂記》曰：「禮也者，理之不可易者也。樂統同，禮辨異。」禮以別異，異而知其通，則始終條理，而不紊亂；至乾嘉清儒凌廷堪（1757-1809）等，乃修正宋儒「從天理，去人欲」之論，改倡「以禮代理」，即可知「禮」與「理」有其共性。其三，「禮者，體也」。《左傳·昭公二十五年》：「夫禮，天之經也，地之義也，民之行也。……禮，上下之紀，天地之經緯也，民之所以生也。」《禮記·禮運》篇：「夫禮，必本於大一，分而為天地，轉而為陰陽，變而為四時，列而為鬼神。其降曰命，其官於天也。夫禮必本於天，動而之地，列而之事，變而從時，協於分藝。其居人也曰養，其行之以貨力、辭讓：飲食、冠昏、喪祭、射御、朝聘。」可知，禮之最高形上原理，乃出於天地之大本──「大一」；因此，禮也可說是出於天降之命的本源，進而轉化為文明、文化的創造本體，誠敬時行，體用一理，其義大矣哉！

　　本書薈萃謝博士淑熙教授教學、研究的傳習、近思心得，由高職專任教師，而為碩博士班研究生，又退休學成而為大學兼任教授，大畜有成，厚積薄發，可謂：「剛健篤實，輝光日新。」既有師生難得學緣，益之以鄉親同道，故樂為之序，爰賦贈七律一首，總括要略，並期持志，無負平生，共相勉旃！

博學修文歸約禮，淵源正脈樂孔顏；
通今貫古徵虛實，考鏡辨章究利艱。
體用知行恆一致，天人道德履無間；
觀摩切磋裁成懋，師友敏求手自刪。

賴貴三
謹序於「屯仁學易咫進齋」
2017年1月21日（星期六）
丁酉佳歲金雞獻瑞除夕前一週

自序

　　中華文化源遠流長，博大精深，而其所以能夠歷久彌新，維繫五千年而不墜的主因，乃是由於數千年來中華民族一貫地篤守著禮教精神，作為建立群己關係和維持社會秩序的緣故。孔子（西元前551-479年）說：「安上治民，莫善於禮。」（《禮記‧經解篇》）曾國藩（1811-1872）也說：「先王之道，所謂修己治人，經緯萬匯者何歸乎？亦曰禮而已矣。」（〈聖哲畫像記〉）都是強調禮學乃是修己治人的圭臬，更是推展人文教育的基石。《荀子‧修身篇》上說：「禮者，所以正身也。師者，所以正禮也；無禮何以正身，無師吾安知禮之為是也。」這的確是足以發人深省之言論，因此每位國文教師，應該負起「兩肩負重任，心懷千萬年」的薪傳責任，發揚光大中國傳統的禮學思想，以匡正澆薄之社會風氣，進而提升國人的人文素養。

　　《禮學思想的新探索》一書，集結筆者近五年來有關禮學思想之學術論文，每篇均為參加學術研討會所發表之論文與刊載於國內期刊之論文。全書內容涵蘊禮學典籍研究、禮學思想研究、易禮思想研究等三部分，皆是筆者在大學執教過程中，發現問題、窮究問題，在探賾索隱中，爬梳古籍原典，並觀照學術思想所蘊涵的時代精神，與儒家禮學之精義，讓古典文學與現代文學兩者相輔相成，進而重新塑造禮學之時代精神。林師慶彰說：「回歸原典是解決經典詮釋過程中所產生問題的良方。」（〈中國經學史上的回歸原典運動〉，2009年）的確，從閱讀原典中，可以增進自己對古禮古制之理解；從闡述禮學思想中，增進自己的思辨能力。《禮記‧郊特牲》上說：「禮之所尊，

尊其意也。失其義，陳其數，祝史之事也。」說明時有轉移，事有變革，只是墨守古代的禮制儀式，對現代人而言是窒礙難行的，自當斟酌損益。雖然禮之繁文縟節文不可行於後世，而其蘊涵的義理，卻是古今相同，放諸四海而皆準。

本書共分為禮學典籍研究、禮學思想研究、易禮思想研究等三個單元，旨在豁顯禮學思想的學術價值及對現代社會人心的影響。

第壹單元包含：〈《禮記・曲禮》中的人文關懷〉、〈從《禮記・學記》談全人教育的理念〉、〈王文錦《禮書通故》點校本析論〉、〈王鍔《三禮研究論著提要》探析〉等四篇論文。

首先，從〈《禮記・曲禮》中的人文關懷〉、〈從《禮記・學記》談全人教育的理念〉二文中，可以理解《禮記》書中所闡述的禮學思想，蘊涵了儒家學者對時代憂患意識的深切體驗，以及如何推展人文教育來化民成俗的強烈責任感。其次，是禮學古義的延伸，第三篇是析論當代禮學專家王文錦（1927-2002）校點浙江定海學者黃以周（1828-1899）的《禮書通故》一書，王文錦以重修本為工作本，吸收黃家駌、黃家驥《禮書通故校文》的成果，對全書做了全面而精到的校勘和標點，凡有改動都寫出校記。《禮書通故》點校本的成書，嘉惠後代學者閱讀的方便。第四篇是〈王鍔《三禮研究論著提要》探析〉，南京師大文學院教授王鍔（1964-）著《三禮研究論著提要》一書，即是從古典文獻學的角度，考察了《周禮》、《儀禮》、《禮記》各篇的成篇年代和全書的編纂者、編纂時間。作者廣泛吸收古今中外學者研究《三禮》的成果，包括近年來的考古發掘成果，對前人所作的研究進行補充論證，利用新的材料推進研究結論，表現了學術創新的功效。

第貳單元包含：〈孔子禮樂教育思想析論〉、〈孔子「忠恕之道」的省思與回響〉、〈郭明昆禮學思想析論〉、〈《論語》孔子人際關係思想研究〉等四篇論文。

　　首先，從〈孔子禮樂教育思想析論〉、〈孔子「忠恕之道」的省思與回響〉等二篇文章的闡述，來彰顯中國文化的主流以儒家思想為中心，要認識儒家思想，必先研讀孔孟學說。從《論語》的篇卷中，可以見到孔子與弟子們的嘉言懿行，禮儀或行為規範的學習。探究孔子禮樂教育思想、忠恕思想，是淨化心靈與聖賢對談的一帖良藥。期盼在資訊科技文明發達的時代，而人文思想低落之際，各級學校就應該引領學生進入傳統優良文化的領域，給他們倫理道德的涵養，並且開啟儒家思想精髓的堂奧，重新塑造中華文化的價值觀，加強孔子禮樂觀與「忠恕之道」所蘊涵教育思想的宣導，以發揮文化傳承的功能，進而提升全民的人文素養。第三篇是禮學思想的延伸，介紹日治時期經學家、語言學家郭明昆（1908-1943）的禮學思想析論，論述〈《儀禮・喪服》考〉、〈喪服經傳考〉的研究方法與成果，最後歸納此二篇論文的學術價值，及整理解讀此二篇論文對當今研究傳統喪服制度的貢獻。第四篇是〈《論語》孔子人際關係思想研究〉，探究孔子人際關係思想，所蘊涵為人處世與待人接物的各項美德。而孔子人際關係思想的核心「仁」，是人類道德修養的根源，是建構良好人際關係與維持社會秩序的圭臬，更是道德圓滿的表徵。希望藉由孔子人際關係思想的闡述，以引導學生認識儒家教育思想的精隨，進而提升人文素養，深化與人的互動關係。

　　第參單元包含：〈《周易》禮學探析──兼論《左傳》、《國語》、《荀子》以禮釋《易》〉、〈黃以周〈卜筮通故〉會通易禮學說析論〉等二篇論文。

　　首先，敘述《周易》是一部在中華文化發展過程中逐步形成的書籍，蘊涵著諸多禮學思想。它既保留了上古禮典制度起源的一些資料，也包含了春秋戰國時期儒家教育思想的原初形態，對後代禮學的發展有深遠的影響力。並舉先秦典籍《左傳》、《國語》、《荀子》以禮

釋《易》為例證，來探析《周易》所蘊涵的禮學觀、學術價值及其影響。第二篇是〈黃以周〈卜筮通故〉會通易禮學說析論〉，〈卜筮通故〉是《禮書通故》第四篇，作者黃以周說明用筮龜來卜吉凶，可溯源自遠古。《易》廣大無所不備，聖人用《易》，以天地為準則，設卦觀象，來辨明人事之吉凶，與天地之變化。不混淆卦爻之真相，《易》道貫通天地陰陽之變化，教導人民從憂患中提升道德境界，定可以逢凶化吉。〈卜筮通故〉全篇共有五十條，全篇引文中之注、疏、案語，皆是黃以周以《易》學思想來闡述古籍經文中之禮制或禮意。並闡述「卜筮」是古代人君稽疑決策軍國大事之重要法門，人民趨吉避凶、造福遠禍、安身立命之圭臬。

拙著能付梓成書，首先要感謝的是在博士班進修生涯中，有幸能親炙博學鴻儒　林慶彰教授與　賴貴三教授的諄諄教誨，令我銘感五中。使我能夠在涓涓不塞之學術洪流中，努力鑽研包蘊宏富、浩如煙海的中國學術思想，使自己能夠積學儲寶，以提升寫作論文之能力；酌理富才，以樹立良好之治學方法；研閱窮照，以提升教學的專業知能。又幸承蒙　林安梧教授、　莊雅州教授、　蔡信發教授之提攜與教誨，為我釋疑解惑，使我受益良多，浩瀚師恩，永銘心版。期許自己要以教育家劉真的名言：「要端正教育界的風氣，達成良師興國的使命，就要樹立新的觀念，表現新的精神，抱『振衰起弊』的宏願，作『盡其在我』的努力，不憂不懼，立己立人。」來自勉，讓禮學教育思想，向下扎根，向上發展，並且要秉持著「歡喜做，甘願受」的教育理念，將自我之專業知能，回饋給社會國家。

拙著各篇論文之內容，受限於個人才疏學淺，仍有闕漏之處，筆者不敏，定黽勉自我，再接再厲，假以時日，繼續拓展探討範圍，使未來相關之研究能更臻完善。拙著疏漏之處，敬祈　博學鴻儒，不吝指正賜教，謹致謝忱。

目次

壹　禮學典籍研究

《禮記‧曲禮》中的人文關懷*

摘要

　　禮教，乃是人生安身立命的要道，更是推展人文教育的基石。孔子（BC551-479）說：「安上治民，莫善於禮。」（《禮記‧經解》），強調禮是人們立身處世的圭臬。《禮記‧曲禮》是《禮記》一書之開宗明義篇，雜記各種體制，可以讓後代學者明瞭古禮之節文，進而考察古代社會之典章制度及民情風俗。全篇內容苞蘊宏富，從個人之修身養性、為人處世、進德修業，進而家庭倫理之規範，擴及生命禮儀之指南，可作為現代人砥礪學行之座右銘。因此本文爬疏〈曲禮〉上下篇，所蘊涵人文關懷的章節加以闡釋，一則可以擷取亘古不變的禮義，作為人們日常生活之典範，以匡正社會風氣；一則以嘉言懿行來淨化人類的心靈，以提升現代人類的人文素養。

關鍵詞：禮記　曲禮　人文關懷

---

*　本文刊載於2011年4月28日《孔孟月刊》第49卷第7、8期。

一　前言

　　中華文化源遠流長，博大精深，而其所以能夠歷久彌新，維繫五千年而不墜的主因，乃是由於數千年來中華民族一貫地篤守著人文精神，作為建立群己關係和維持社會秩序的緣故。人文精神是中華文化的支柱，也是維繫倫理道德的基石。人文一詞，最早見於《周易・賁卦・象傳》上所說：「文明以止，人文也。觀乎天文，以察時變；觀乎人文，以化成天下。」[1]說明觀察日月星辰的運轉，就可以明瞭時序的變化；觀察人類文明的進展，就能夠推行教化來化民成俗，使人人知所依歸，知所遵循，從而使天下昌明。《尚書・舜典》上說：「帝曰：契，百姓不親，五品不遜，汝作司徒，敬敷五教，在寬。」[2]孟子（西元前372-289年）也說：「人之有道也，飽食煖衣，逸居而無教，則近於禽獸。聖人有憂之，使契為司徒，教以人倫，父子有親、君臣有義、夫婦有別、長幼有序、朋友有信。」（《孟子・滕文公上》），說明先聖先王，都特別重視人倫道德教育，以父慈子孝、君仁臣忠、夫義婦聽、長惠幼順、兄友弟恭的人文思想，來化育莘莘學子，使他們能夠明禮義、知廉恥，在風行草偃下，蔚為純厚善良的社會風尚。

1　見〔魏〕王弼，〔晉〕韓康伯，〔唐〕孔穎達疏：《周易・賁卦・象傳》：「觀天之文，則時變可知也；觀人之文，則化成可為也。」（臺北市：藝文印書館，1993年），頁62。

2　見〔漢〕孔安國：《尚書・舜典・傳》：「五品：謂五常，即五倫。遜，順也。布五常之教在寬，所以得人心。」（《十三經注疏・尚書・疏》（臺北市：藝文印書館，1993年），頁44。

二 《禮記‧曲禮》內容義涵概述

　　禮教，乃是個人安身立命的要道，更是推展人文教育的基石。所以荀子（西元前298-238年）說：「禮起於何也？曰：人，人生而有欲，欲而不得，則不能無求，求而無度量分界，則不能不爭，爭則亂，亂則窮。先王惡其亂也，故制禮義以分之，以養人之欲，以給人之求，使欲必不窮乎物，物必不屈於欲，兩者相持而長，是禮之所起也。」[3] 可見禮與人生的關係密切不可分。孔子（西元前551-479年）說：「安上治民，莫善於禮。」（《禮記‧經解》），來強調禮是安身立命的圭臬。《漢書‧藝文志》上記載：「《禮古經》五十六卷，經七十篇，記百三十一篇，七十子後學所記也。」因此先聖先賢，不憚其煩，而言之諄諄，戴聖大力整理，最後僅存四十九篇，名為《小戴記》。從《禮記》一書觀之，此乃我國古時儒家闡述禮法制度之著作，為七十子後學之書，又多存禮家舊籍，可知孔門之經義，又可考古代之典章，實為可貴。[4] 所以《禮記‧郊特牲》上說：「禮之所尊，尊其意也。失其義，陳其數，祝史之事也。」說明時有轉移，事有變革，只是墨守古代的禮制儀式，對現代人而言是窒礙難行的，自當斟酌損益。雖然禮之繁文縟節文不可行於後世，而其蘊涵的義理，卻是古今相同，放諸四海而皆準。禮原於風俗民情，最可考見當時社會現狀，因此今日談古禮，當以言義理為正宗。我國的古禮，與民間的風俗民情息息相關，因此涵泳於儒家論禮之經典，一則可以擷取亙古不變的禮義，作為人們日常生活之典範，以匡正社會風氣；一則以嘉言懿行來淨化人類的心靈，以提升現代人類的人文素養。

3　見〔清〕王先謙：《荀子集解‧禮論》（臺北市：藝文印書館，1946年），頁583。

4　見呂思勉：《經子解題》〈儀禮、禮記、大戴禮記、周禮〉（臺北市：臺灣商務印書館，人人文庫，1972年），頁41。

　　〈曲禮〉是《禮記》一書之開宗明義篇，共分上、下二部分，劉
向《別錄》以〈曲禮〉、〈少儀〉、〈內則〉屬子法。孔穎達《禮記正
義》引鄭玄《目錄》說：「名曰〈曲禮〉者，以其篇記五禮之事。祭
祀之說，吉禮也。喪荒去國之說，凶禮也。致貢朝會之說，賓禮也。
兵車旌鴻之說，軍禮也。事長、敬老、執贄、納女之說，嘉禮也。此
於《別錄》屬制度。案鄭此說，則此〈曲禮〉篇中含五禮之義」[5]清
代孫希旦（1737-1784）認為：「〈曲禮〉所記多為禮文之細微曲折，
而上篇尤致詳於言語、飲食、灑掃應對進退之法，蓋將使學者謹乎其
外，以致養乎其內，循乎其末，以漸及乎其本，故朱子謂：「首篇毋
不敬之一言，則尤貫徹乎精粗內外，而小學大學皆當以此為本者也。
篇分上下者，以簡策重大故也。」[6]陳澧（1810-1882）案〈曲禮〉，凡
為人子之禮數節，正可謂之子法也。〈曲禮〉多小威儀，與〈少儀〉
同一類。至天子建天官，天子當依而立，諸侯見天子之類，則非小威
儀而已，同屬制度而有不同矣。[7]由上述諸說，可見〈曲禮〉是一篇
雜記各種禮制、社會風俗制度及個人行事準則的篇章。

三　《禮記‧曲禮》中的人文關懷

　　《禮記‧曲禮》雜記各種體制，可以讓後代學者明瞭古禮之節
文，進而考察古代社會之典章制度及民情風俗。全篇內容包蘊宏富，
從個人之修身養性、為人處世、進德修業，進而家庭倫理之規範，擴
及生命禮儀之指南，可作為現代人砥礪學行之座右銘。所以荀子說：

5　見〔唐〕孔穎達：《十三經注疏‧禮記正義‧疏》（臺北市：藝文印書館，1993
　　年），頁11。

6　見〔清〕孫希旦：《禮記集解》〈曲禮〉上（臺北市：蘭臺書局，1971年），頁1。

7　見〔清〕陳澧：《東塾讀書記》卷9《禮記》（臺北市：臺灣商務印書館，人人文庫，
　　1970年），頁133。

「人無禮則不生,事無禮則不成,國家無禮則不寧。」[8](《荀子‧修身》)這的確是足以發人深省之言論。茲將全篇中重要的論禮嘉言及人文關懷,條分縷析,如下:

(一)待人接物之原則

《周易‧繫辭傳上》上所說:「言行者,君子之樞機。樞機之發,榮辱之主也。」又說:「君子居其室,出其言善,則千里之外應之,況其邇者乎?」[9]因為一言既出,駟馬難追,孔子也說:「其言之不怍,則為之也難。」(《論語‧憲問》)因此審言語,就是「安定辭」之意涵,為人君者,發號施令,豈能不慎?所以孔子也說:「修己以敬……,修己以安人……,修己以安百姓。」(《論語‧憲問》),何以安百姓?孔子說:「危以動則民不與也,懼以語則民不應也。」[10]如此以身作則,人民在仁君良好政教的潛移默化下,自然會樹立純善的社會風氣,使暴戾之氣消弭於無形。所以〈曲禮〉在開宗明義篇之首,就提出下列八句話語:

> 毋不敬,儼若思,安定辭。安民哉!
> 傲不可長,欲不可從,志不可滿,樂不可極。

孔穎達說:「此節明人君立治之本,先當肅心、謹身、慎口之事。」[11]說明君王言行舉止均須合禮合宜,敬謹恭敬,不可以輕浮躁

8　見〔清〕王先謙:《荀子集解‧禮論》,頁134。

9　見〔魏〕王弼,〔晉〕韓康伯,〔唐〕孔穎達疏:《周易‧賁卦‧象傳》,頁151。

10　見〔清〕顧炎武:《原抄本顧炎武日知錄》,卷8〈毋不敬〉(臺北市:粹文堂,1974年),頁165。

11　見〔唐〕孔穎達:《十三經注疏‧禮記正義‧疏》:「毋不敬者,人君行禮無有不敬,行五禮皆需敬;儼若思者,儼,矜莊貌也;若,如也,思,計慮也,夫人計慮

進，《孝經》上說：「禮者，敬而矣。」程顥也說：「修己以安百姓，
篤恭而天下平。」敬之效驗也。[12] 其次在言語上，不可以信口開河，
所以孟子說：「君子之言也，不下帶而道存焉；君子之守，脩其身而
天下平。」(《孟子‧盡心下》) 而孫希旦更推廣此話語的意涵說：「人
之治其身心，莫切乎敬，自不睹不聞，以至應事接物，無一時一事之
可以不重乎此。」[13] 前四句之微言大義，說明人生於世，無論平日獨
處一室，或待人接物，一定要謹言慎行，以莊敬謙和的態度來克己復
禮，不可以自以為是，所以《禮記‧曲禮》上說：「禮，不妄說人，
不辭費。」的確，誠敬的心，對個人之進德修業裨益良多，大家應該
身體力行之。

後四句之義涵，孔穎達說：「此一節承上，人君敬慎之道，此亦
據人君恭謹節儉之事，故鄭引桀紂以證之。」[14] 說明君王要以夏桀、
商紂王的禍國殃民的行徑為戒，不可以有目中無人的傲慢態度，及受
到貪得無厭的慾望支配，更不可以自得意滿，縱情放恣極盡享樂。因
為《商書‧太甲》說：「天作孽，猶可違；自作孽，不可活。」為人
君者若一意孤行，驕縱放恣，好大喜功，枉顧民意，不以蒼生為念，
終必遭到亡國喪家的悲慘命運。所以《老子‧第十九章》上說：「持
而盈之，不如其已；揣而銳之，不可長保。金玉滿堂，莫之能守；富
貴而驕，自遺其咎。」這是老子所強調謙退不爭的修養方法。這也是
魏徵在〈諫太宗十思疏〉一文中所強調的：「見可欲，則思知足以自
戒；將有所作，則思知止以安人；念高危，則思謙沖以自牧；樂盤

狀，必端慤。今明人君矜莊之貌，如人之思也；安定辭者，但人君發舉不離口與身
心，既心能肅敬，身乃矜莊，口腹審慎三者，依於德義，則政教可以安民也。」頁
12。

12 見《曾文正公家書》，頁386。

13 見〔清〕王先謙：《荀子集解‧禮論》。

14 見〔清〕孫希旦：《禮記集解》〈曲禮〉上。

遊，則思三驅以為度。」因為能夠謙虛才能夠反省自我，取法他人的優點，來修養自我，使自己的德業日益精進，推而廣之，勉勵人人要培養「虛懷若谷」的襟懷，不可狂妄自大，因為「登高山復有高山，出瀛海復有瀛海」；要以「知足常樂」的修為，來戒除貪得無厭的習氣。

（二）進德修業之圭臬

孔子說：「富與貴，是人之所欲也，不以其道得之，不處也；貧與賤，是人之所惡也，不以其道得之，不去也。」（《論語‧里仁》）說明人人要培養「淡泊名利」的襟懷，不可以唯利是圖。遇到財物不要隨便取得，因為君子愛財，要取之有道。所以〈曲禮〉篇中就以下述文句，強調淡泊名利的重要：

> 臨財毋苟得，臨難毋苟免，很毋求勝，分毋求多。[15]
> 富貴而知好禮，則不驕不淫；貧賤而知好禮，則志不懾。[16]

---

15 見〔清〕孫希旦：《禮記集解》〈曲禮〉上。〔唐〕孔穎達《禮記正義》：「財利人之所貪，非義而取，謂之苟得，故記，人戒之。今有財利，元非兩人之物，兩人俱臨而求之，若苟得入己則傷廉隅，故鄭云：為傷廉也。難謂有寇讎謀害君父，為人臣子當致身受命以救之，故記，人戒之云：若君父有難，臣子若苟且免身而不鬥，則陷君父於危亡，故云毋苟免，見義不為無勇也，故鄭云：為傷義也。很謂小小鬩很，凡人所爭，皆欲求勝，故記，人戒之云：「而有小小鬩很，當引過歸已，不可求勝。分毋求多者，此元是眾人之物，當共分之，人皆貪欲望多入己，故記，人戒之云：所分之物，毋得求多也。」頁13。

16 見〔清〕孫希旦：《禮記集解》〈曲禮〉上。〔唐〕孔穎達《禮記正義》：「貧賤而知好禮則志不懾者，懾怯也，惑也。貧者之容好怯，惑畏人使心志不遂，若知禮者，則持禮行之，故志不懾怯，是以於負販之中必有所尊也。注懾猶怯惑。《正義》曰：何云憚，行為怯迷於事為惑，義或當然」頁13。

　　孫希旦在《禮記集解》說：「鄭氏曰：『毋苟得為傷廉也；毋苟免為傷義也；毋求多為傷平也。』愚謂很者，血氣之爭，毋求勝，為其傷和，而且將有忘身及親之禍也。」此種說法和孟子所說：「養心莫善於寡欲，其為人也寡欲，雖有不存焉者寡矣，其為人也多欲，雖有存焉者寡矣。」（《孟子‧盡心下》）有異曲同工之意思，說明除了戒奢以儉外，也要有「勇於負責」的魄力，不可以逃避塞責。遇到危難不要隨便逃避，要處變不驚，以冷靜的頭腦來化險為夷。遇到不順心的事，不要和人爭鬥，要以平和的態度來正視問題。分配東西，不可以貪得無厭。因此要以禮來約束一己之貪欲，就像蘇軾所說：「苟非吾之所有，雖一毫而莫取。」（《赤壁賦》）的超然情懷，進而達到孔子所說的：「飯疏食飲水，曲肱而枕之，樂亦在其中矣。」（《論語‧述而》）的快樂境界。

（三）家庭倫理之規範

　　《禮記‧冠義》上說：「故孝弟忠順之行立，而後可以為人，可以為人，而後可以治人也。」又說：「故聖人之所以治人七情，修十義，講信修睦，尚辭讓，去爭奪，舍禮何以治之？」說明禮所以脩治人情仁義、崇尚辭讓謙恭、去除爭奪紛爭，所以人人行事必以禮為準繩，然後才能完成修身、齊家的目標。自天子以至於庶人，未有無禮而不危者，足證禮厥功甚偉，從個人的修身養性擴及齊家、治國，乃至移風易俗，教化人民，可說是無所不至。〈曲禮〉篇中就從個人在家庭中的孝親表現，彰顯禮教的重要，茲舉例說明如下：

　　凡為人子之禮：冬溫而夏清，昏定而晨省，在醜夷不爭。[17]

---

17 見〔清〕孫希旦：《禮記集解》〈曲禮〉上。〔唐〕孔穎達《禮記正義》：「此一節說

　　夫為人子者；出必告，反必面，所遊必有常，所習必有業。[18]

上述二段語句，是說明為人子女事奉父母親之方法，讀書求學及交友之禮。為人子女要善體親心，「壹舉足不敢忘父母，是故道而不徑，舟而不游，不敢以先父母之遺體行殆。壹出言而不敢忘父母，是故惡言不出於口，忿言不反於身。不辱其身，不羞其親，可謂孝矣。」（《禮記‧祭義》），《禮記‧曲禮》上也說：「為人子者，不登高，不臨深，不苟訾，不苟笑。」因為「身體髮膚，受之父母，不敢毀傷，孝之始也。」（《孝經》開宗明義篇）孔子也說：「父母唯其疾之憂。」（《論語‧為政》）又說：「父母在，不遠遊，遊必有方。」（《論語‧里仁》）所以為人子女，要愛惜自己，保持健康的身體，行不由徑，不使父母操心煩憂，是最基本的孝道。

　　其次在研究學問上，要珍惜青春年華，及時努力向學，不要耽於逸樂，怠惰偷安，才不致有「少壯不努力，老大徒傷悲」之歎。在交友方面，要擇「直、諒、多聞」的朋友交往，曾子所謂：「以文會友，以友輔仁」（《論語‧學而》），在益友的切磋琢磨下，使自己的德業日益精進。因為《孝經》上說：「立身行道，揚名於後世，以顯父母，孝之終也。」為人子女敦品勵學，在家孝順父母，友愛兄弟姐妹；出外尊師敬長，友愛朋友，將來學有所成，發揮所長，以回饋國家社會，使父母引以為榮，這也就是曾子所說：「大孝尊親」的真諦。

明人子事親奉養之禮，昏定晨省者，上云冬溫夏凊，四時之法，昏定晨省，一日之法，先昏後晨兼示經宿之禮。熊氏云：晨省者案內則云：同宮則雞初鳴，異宮則昧爽而朝。在醜夷不爭者，句明朋儕禮也，醜，眾也，夷猶儕也，皆等類之名。風俗語不同，故兼言之，夫貴賤相臨，則存畏憚，朋儕等輩，喜爭勝負亡身及親故宜誡之以不爭及親故宜誡之以不爭。」頁18。

18 見〔唐〕孔穎達：《十三經注疏‧禮記正義‧疏》。〔清〕孫希旦《禮記集解》：「出必告，反必面，受命於親，不敢專也。」頁19。

（四）生活禮儀之常規

《禮記‧曲禮》上說：「鸚鵡能言，不離飛鳥。猩猩能言，不離禽獸。今人而無禮，雖能言，不亦禽獸之心乎？夫唯禽獸無禮，故父子聚麀。是故聖人作，為禮以教人。使人以有禮，知自別於禽獸。」說明人與禽獸之別，端視能否明禮、知禮，行禮？所以孔子說：「克己復禮為仁。」（《論語‧顏淵》）而〈曲禮〉篇中記載許多生活常規，可以作為現代青年學子生活教育的藍圖。擇要列舉二段為例證：

> 長者不及，毋儳言。正爾容，聽必恭。毋勦說，毋雷同。[19]
> 毋側聽，毋噭應，毋淫視，毋怠荒。[20]

前一段文句，是說明和長者說話時應該注意之基本禮儀，首先是長者未提及的事情，不要東拉西扯，言不及義，表情要端莊，態度要謙恭有禮，不可以隨便插話，更不可以言不由衷，隨聲附和。所以孔子說：「侍於君子有三愆，言未及之而言，謂之躁；言及之而不言，

---

19 見〔清〕孫希旦：《禮記集解》〈曲禮〉上。《禮記正義》：「此一節明弟子事師，子事父之禮各隨文解之。……長者不及毋儳言者，長者猶先生也，互言耳，及謂所及之事也。儳，暫也。長者正論甲事未及乙事，少者不得輒以乙事雜甲事，暫然雜錯師長之說。正爾容者，正謂矜莊也，方受先生之道，當正己矜莊也，顏容通語耳。聽必恭者，聽師長之說宜恭敬也。勦說者，語當稱師友而言無得，取人之說以為己語。毋雷同者，凡為人之法當自立己心，斷其是不得聞他人之語，輒附而同之，若聞而輒同則似萬物之生，聞雷聲而應，故云毋雷同，但雷之發聲物無不同時而應者人之言當各由己不當然也。」頁35。

20 見〔清〕孫希旦：《禮記集解》〈曲禮〉上。《禮記正義》：「毋側聽者此已下，亦是侍君子之法，凡人宜當正立不得傾欹側聽人之語，嫌探人之私，故注云：側聽耳屬於垣，若側聽則耳於垣壁聽旁人私言也。毋噭應者，噭謂聲響高急如叫之號呼也。應答宜徐，徐而和不得高急也。毋淫視者，淫謂流移也，目當直瞻視不得流動邪盼也。毋怠荒者，謂身體放縱不自拘斂也。」頁36。

謂之隱；未見顏色而言，謂之瞽。」（《論語‧季氏》）子貢也說：「君子一言以為知，一言以為不知，言不可不慎也！」（《論語‧子張》）都是勸勉人要注意說話的禮貌，以免遭人鄙夷。

第二段文句，也是說明和長者說話時應該注意之基本禮儀，首先要注意自己的儀態，不可以做出側耳探聽的樣子，要全神貫注仔細聆聽；不可以粗聲暴氣的回答長者的問話，不可以左顧右盼，轉動眼珠心不在焉的樣子，不可以態度散漫，舉止輕浮。劉備訓勉其子劉禪說：「毋以善小而不為，毋以惡小而為之。」都是勸勉人們，平日就要改正不雅的動作或不良的習慣，以免「少成若天性，習慣成自然」後，就積重難返了。所以《禮記‧曲禮》上說：「禮，不踰節，不侵侮，不好狎。修身踐言，謂之善行；行修言道，禮之質也。」說明禮的本質，在於教導青年學子謹言慎行，敦品勵學，懂得尊師敬長，做個循規蹈矩的好青年。

（五）生命禮儀之傳承

《禮記‧曲禮》中有關於生命禮儀的傳承，植根於血緣的宗法社會，立足於人倫道德之間，雖然歷經二千多年時代洪流的洗禮，落實在人間世中，仍是經世致用，永恆不移，所以荀子說：「禮者，謹於治生死者也。生，人之始也，死，人之終也，終始俱善，人道畢矣。故君子敬始而慎終，終始如一，是君子之道，禮義之文也。」[21]（《荀子‧禮論》）現代人如果能夠玩味其中義涵，躬行踐履，定能滌盡暴戾氣燄，使社會風氣日趨祥和。所以〈曲禮〉上就以下述幾句話語，強調禮是規範人倫族群的重要法則：

---

21 見〔清〕王先謙：《荀子集解‧禮論》，頁599-560。

　　夫禮者，所以定親疏，決嫌疑，別同異，明是非也。[22]
　　君臣、上下、父子、兄弟，非禮不定。[23]

　　《周易‧序卦傳》上說：「有天地然後有萬物，有萬物然後有男
女，有男女然後有夫婦，有夫婦然後有父子，有父子然後有君臣，有
君臣然後有上下，有上下然後禮義有所錯。」[24]說明中國之倫理制
度，建立於父子血緣親情，而導源於夫婦之結合，以家庭倫理制度為
基礎，然後推展於社會國家，而維繫此種倫常關係的原動力，就是
禮。禮最大的作用在於規範家庭倫理，區分親疏內外之別，使家庭中
「父子有親，夫婦有別，長又有序」，推展至社會使「君臣有義，朋
友有信」，來凝聚族群力量，進而建立一個人人明禮知恥、講道德、
明是非的國家。所以《禮記‧曲禮》上說：「道德仁義，非禮不成；
教訓正俗，非禮不備；分爭辯訟，非禮不決。」彰顯禮是維繫民族命
脈之磐石，凝聚宗族之根本，更是端正社會風氣之指針。

---

22 見〔唐〕孔穎達：《十三經注疏‧禮記正義‧疏》。〔唐〕孔穎達曰：「禮者，所以定
　　親疏者，五服之內，大功已上，服纇者為親，小功已下，服精者為疏，故《周禮》
　　小史掌定系世，辨昭穆也。決嫌疑者，若妾為女君期，女君為妾若報之，則太重。
　　降之，則有舅姑為婦之嫌。故全不服是決嫌疑者，孔子之喪。門人疑所服，子貢
　　曰：昔者夫子喪顏回，若喪子而無服，喪子路亦然，請喪夫子若喪父而無服是決疑
　　也。別同異者，賀瑒云：本同今異，姑姊妹是也，本異今同，世母叔母及子婦是
　　也。明是非也者，得禮為是，失禮為非，若主人未斂。子游裼裘而弔，得禮，是
　　也。曾子襲裘而弔失禮非也，但嫌疑同異是非之屬，在禮甚眾，各舉一事為證，而
　　皇氏具引，今亦略之。」頁3。
23 同上註，〔唐〕孔穎達曰：「君臣、上下、父子、兄弟，非禮不定者，上謂公卿大
　　夫，下謂士也。君父南面，臣子北面，公卿大夫則列位於上，士則列位於下，兄前
　　弟後，唯禮能定也。《白虎通》云：「君，群也，群也，下之所歸心也，臣堅也，屬
　　志自堅也，父，矩也，以法度教子也。」
24 見〔魏〕王弼，〔晉〕韓康伯，〔唐〕孔穎達疏：《周易‧賁卦‧象傳》，頁188。

四　結論

　　展讀《禮記・曲禮》篇章，映入眼簾的是包蘊宏富的治世名言、處世格言。限於篇幅，只能擇要記述五點發人深省的醒世哲言。掩卷之餘，猶如餘音繞樑不絕於耳，古聖先賢的智慧結晶，化為字字珠璣的名言佳句，恰如源遠流長的源頭活水，為中國文化的傳承，澎湃奔騰。德國哲學家黑格爾（Georg Wilhelm Friedrich Hegel，1770-1831）說：「經典是永恆的，因為它會不斷激起讀者心靈中的理念典型。」這的確是深中肯綮的言論，採擷書中的佳言名句，使我們的腦力得以激盪，心靈更為澄澈。

　　《禮記・經解》上說：「禮之於正國也，猶衡之於輕重也，繩墨之於曲直也，規矩之於方圓也。」與《荀子・修身》上所說：「禮者，所以正身也。師者，所以正禮也；無禮何以正身，無師吾安知禮之為是也。」[25]都是強調禮教是提升人文素養的準繩，而每位教師是推動禮教的原動力。所謂「良師興國」，洵非虛言。明儒王陽明先生（1472-1528）也說：「聖人之學，日遠日晦，而功利之習，愈趨愈下。」[26]這的確是足以發人深省之言論，因此每位國語文教師，應該有「兩肩負重任，心懷千萬年」的薪傳責任，繼往開來，將中國傳統禮教思想的精髓發揚光大，來匡正貪婪暴戾之社會風氣，進而提升國人的人文素養。

25　見〔清〕王先謙：《荀子集解・禮論》，頁147。

26　見〔明〕王陽明《傳習錄》中〈答顧東橋書〉（臺北市：臺灣商務印書館，人人文庫，1974年），頁133。

參考文獻

（一）古籍部分

〔漢〕鄭玄注　〔唐〕孔穎達正義　《十三經注疏・禮記正義》　臺
　　　北市　藝文印書館　1993年9月1日2刷

〔魏〕王肅偽孔安國傳　〔唐〕孔穎達正義　《十三經注疏・尚書
　　　正義》　臺北市　藝文印書館　1993年9月1日2刷

〔魏〕王弼　〔晉〕韓康伯　〔唐〕孔穎達疏　《周易・賁卦・彖
　　　傳》　臺北市　藝文印書館　1993年9月1日2刷

〔晉〕杜預注　〔唐〕孔穎達正義　《十三經注疏・春秋左氏傳正
　　　義》　臺北市　藝文印書館　1993年9月1日2刷

〔宋〕司馬光　《書儀》欽定文淵閣本四庫全書本，經部　臺北市
　　　臺灣商務印書館　1986年

〔明〕王陽明　《傳習錄》　臺北市　臺灣商務印書館　人人文庫
　　　1974年5月

〔清〕孫希旦　沈嘯寰、王星賢點校　《禮記集解》　臺北市　文史
　　　哲出版社　1990年8月文一版

〔清〕王先謙　《荀子集解》　臺北市　藝文印書館　1946年9月3日
　　　1刷

〔清〕陳澧　《東塾讀書記》　臺北市　臺灣商務印書館　1970年8
　　　月臺3版

梁啟雄　《荀子約注》　臺北市　世界書局　1971年5月3版

（二）近人論著

高　明　《禮學新探》　香港　集成圖書公司　1963年11月初版
周　何　《禮學概論》　臺北市　三民書局公司　1998年1月

王夢鷗　《禮記今註今譯》　臺北市　臺灣商務印書館　1987年9月
　　　　修訂3版

王　鍔　《禮記成書考》　北京市　中華書局　2007年3月第1次印刷

呂思勉　《經子解題》　臺北市　臺灣商務印書館　人人文庫　1972
　　　　年4月臺2版

（三）期刊論文

林素英　〈先秦儒家的喪葬觀〉　《漢學研究》　第19卷第2期
　　　　2001年12月

從《禮記‧學記》談全人教育的理念[*]

摘要

　　《禮記‧學記》是中國第一部教育理論專著，更是儒家教育學者智慧的瑰麗結晶，全篇不僅從教師的角度，闡述先秦時期儒家教育制度、教育目的和教學內容，並且從學生的角度，探討學習心理、學習原則和學習方法等教育理論，是弘揚我國古代儒家教育思想的重要文獻，至今仍有其重要的教育價值。《禮記‧學記》所闡述的教育目標是著重於人格修養，運用人文教育的方法，實現全人發展的理想。在二十一世紀以知識經濟為導向的時代中，全人教育理念為今日全國各級學校的主流風潮，也是開發學生多元能力，實現全人發展的理想目標。本文希望藉由探究《禮記‧學記》所蘊涵的全人教育理念，以引導學生認識儒家教育思想的精隨，進而提升人文素養，以重建校園倫理。

關鍵詞：《禮記‧學記》　儒家教育思想　全人教育理念　孔子

---

[*]　本文刊載於2015年8月28日《孔孟月刊》第53卷第11、12期。

一 前言

　　中華民族五千多年的悠久歷史，源遠而流長，載浮著古聖先賢的智慧結晶，孕育了亮麗璀璨的中華文化；而文化之承傳，胥賴「為天地立心，為生民立命，為往聖繼絕學，為萬世開太平」的教育工作者，經由締造、積累、傳承的工夫，點燃民族的生命與照亮中華文化。《孟子‧滕文公篇》上說：「夏曰校，殷曰序，周曰庠，學則三代共之；皆以明人倫也。」[1]說明學校教育的理念，是在培育有才德的君子，或為當代的君主造就人才，來匡時濟世。《禮記‧學記》也說：「是故古之王者建國君民，教學為先。兌命曰：『念終始典於學，其此之謂乎？』」[2]可見古代的國君治理國家，把教育視為當務之急，國君念茲在茲的就是如何教導人民學習知識，學校教育的重要由此可見。

　　為因應廿一世紀多元化的社會發展趨勢，為挽救人類生態環境及傳統文化所面臨的諸多挑戰，落實「全人教育」（Holistic education）的理念，以提升全民的人文素養，乃是學校教育的重要課題。全人教育是用人文教育的方法，實現全人發展的理想。[3]全人教育理念為今日全國各級學校主流風潮，本文希望藉由探究《禮記‧學記》所蘊涵的全人教育理念，引導學生認識儒家思想的精隨，進而落實人文素養教育，以重建校園倫理。德國大哲學家康德（Immanuel Kant, 1724-1804）強調：「好教育即是世界上一切善的泉源」，這的確是深中肯綮的言論，正說明教育是推動社會進步的原動力。

1　〔宋〕朱熹：《四書章句集註‧孟子集注》（臺北市：藝文印書館，1998年），卷5，頁255。

2　〔漢〕鄭玄注，〔唐〕孔穎達疏：《禮記正義》（臺北市：藝文印書館，1998年），卷36，頁648。

3　吳清山、林天祐著：《教育小辭書》（臺北市：五南圖書出版公司，2003年），頁28-29。

二 全人教育的教育義涵

一九九〇年代，高度科技化下的社會偏差現象湧現，有識之士重新檢視教育體系後發現，過度重視認知、技術、專門而忽視情意、人文、通識的教育過程，是造成個人人格失衡，進而導致社會脫序的重要原因。有鑑於此，一九九〇年來自七國八十位關注全人教育的學者專家，針對美國《目標2000：美國教育法案》（*Goals 2000: Educate America Act*）提出「芝加哥宣言」並揭示全人教育的十大原則：一、為人類的發展而教；二、將學習者視為獨立的「個體」；三、承認「經驗的」在學習中的關鍵角色；四、以「整全觀」為切入點的教育；五、教學者的新角色；六、選擇的自由；七、教養學生成為一個能夠參與民主社會的公民；八、為文化及倫理的多元性、地球公民權而教；九、為地球的人文關懷而教；十、性靈和教育。正說明了全人教育是開啟學習者心中自我覺醒之門——道德、文化、生態保育、經濟、專技與政治的自覺。而課程內容是跨學科的，係從社群整體，也從地球整體的觀點來考量，是人類精神最大的激動力。[4]可見全人教育的目標，與國家社會的進步發展有著休戚與共的關係。

全人教育旨在建立一個永續的、公正的、和平的社會，期使人類能與地球及地球上的生命體和諧共處（Collister, 2001; Flake, 1993）。黃俊傑教授根據儒家的觀點指出，「全人教育」包括三個互有關聯並交互滲透之層面：一、身心一如：人的心靈與身體不是撕裂而是貫通的，不是兩分的而是合一的關係；二、成己成物不二：人與自然世界及文化世界貫通而為一體，既不是只顧自己福祉的自了漢，也不是只

4　陳能治譯：〈公民2000年教育宣言——從全人教育觀點〉（Education 2000：A Holistic Perspective），頁1-6。

顧世界而遺忘個人的利他主義者，而是從自我之創造通向世界之平治；三、天人合一：人的存在既不是孤零零的個體，也不是造物者所操弄的無主體性之個人，而是具有「博厚高明」的超越向度的生命。[5] 由上述可知，全人教育的目標在開發學生的多元能力，全人教育的精神與內涵，在於揭櫫「教學的內容重在能力的啟發培養，而不是知識的記誦」，「教學方式著重於老師提供開放、尊重、討論的教學環境，以生命感動生命，啟動學生對生命的熱愛與實踐」。可見全人教育的推展是任重而道遠的。

三　《禮記・學記》所蘊涵全人教育的理念

《禮記・學記》是中國第一部教育理論專著，主要記載有關先秦時期儒家教育制度、教育目的、教學內容、教育方法等一系列教育理論。其論述主要是探討古代大學裡「如何教？如何學？」的議題，與《禮記》另一篇〈大學〉專論「教什麼？學什麼？」的內容，有著互為表裡的關係，可比並閱讀，是研究儒家教育思想的珍貴資料。《禮記・學記》是儒家教育學者智慧的瑰麗結晶，至今仍有其重要的教育價值，值得後人學習與借鑒。茲臚列《禮記・學記》所蘊涵全人教育的理念，如下：

（一）落實人文教育，以營造溫馨和諧社會

人文精神是中華文化的支柱，更是維繫倫理道德的基石。我們中國自孔子以來的歷代先哲，都重視「以人為本」的教育思想。人文一

5　黃俊傑：〈二十一世紀全球化時代的大學理念與大學教育：問題與對策〉，收入黃俊傑：《全球化時代大學通識教育的新挑戰》（高雄市：中華民國通識教育學會，2004年），頁167-180。

詞,最早見於《周易・賁卦・彖傳》:「觀乎人文,以化成天下」[6],
儒家重視教育的教化作用,因此主張以倫理道德來教化萬民。從《禮
記・學記》論述古代的學校制度與教育階程的次第,可以了解古代興
學設教的各種具體措施。〈學記〉云:

> 比年入學,中年考校。一年視離經辨志,三年視敬業樂群,五
> 年視博習親師,七年視論學取友,謂之小成;九年知類通達,
> 強立而不反,謂之大成。[7]

說明古代九年學程之規劃與考核學習成績的制度,每隔一年考察學生
學習成效如何?視察之重點,以德育與智育為圭臬。從考問經書的文
辭句讀,解析文義、辨別志意之趨向開始,循序漸進,觀察學生的言
行,考察學生是否專注於學業,樂於與朋友和睦相處,是否能夠尊師
重道,是否能擇取益友以進德修業,完成上述進學階段就可以稱之為
小成。九年時知識通達,能夠觸類旁通,遇事不惑而且不違背師訓,
就可以稱之為大成。可見古代的大學教育,在於教導學生由認知層
次,提升為篤實踐履,以培養健全的人格,進而發揮所學,以淑世治
人,營造溫馨和諧的社會為最終目標。

由上述可知,古代學校教育,教導學生為學的原則包含:博學篤
志(《論語・子張篇》)、親師擇友(《論語・述而篇》)、見賢思齊
(《論語・里仁篇》)、以文會友、以友輔仁《論語・子路篇》)等要
項。學校教育的目的,在培育學生成為智德兼備的人才,除了達到

6　〔魏〕王弼,〔晉〕韓康伯,〔唐〕孔穎達疏:《周易・賁卦・彖傳》:「觀天之文,
　　則時變可知也;觀人之文,則化成可為也。」(臺北市:藝文印書館,1998年),卷
　　3,頁62。

7　〔漢〕鄭玄注,〔唐〕孔穎達疏:《禮記正義》,卷36,頁649。

「己立、己達」(《論語・雍也篇》) 的成效之外，更應關懷社會「立
人、達人」(《論語・雍也篇》)；《大學》八條目：「格物、致知、誠
意、正心、修身、齊家、治國、平天下。」從一個人內在的德智修
養，到外發的事業完成，構成一貫不斷開展的過程。可見我國自孔孟
以還的儒家思想即以全人發展為教育核心，以止於至善的「聖賢」為
教育目標。[8]而終極目標是「學而優則仕」(《論語・子張篇》) 擔負起
建國君民，經邦濟世、化民成俗之重責大任。

(二) 實施適性教育，以啟發學生潛能

學校教育是家庭教育的延伸，也是莘莘學子們學習各種知識，培
育健全人格，發展良好人際關係的重要場所。道德之培養與人格成
長，與生活教育息息相關，因此學校教育的內容應與生活結合，並以
適時、適性、適切的方法，來引導學生發揮人格特質，以開創自己光
明的未來。〈學記〉云：

> 大學之教也，時教必有正業，退息必有居學。不學操縵，不能
> 安弦；不學博依，不能安詩；不學雜服，不能安禮；不興其
> 藝，不能樂學。故君子之於學也，藏焉，脩焉，息焉，遊焉。
> 夫然，故安其學而親其師，樂其友而信其道。[9]

說明古代大學施教的方法是循序漸進的，例如春、秋教導學生禮、
樂；冬、夏以詩、書教導學生，除了學校所規定的教學科目，學生下
課及放假的時候，也都有指定的課外作業。學習要有方法，例如學彈
琴、瑟，要從「操、縵」小曲學起；學作詩，要從通曉鳥獸、草木之

8　吳清山、林天祐：《教育小辭書》，頁28-29。

9　〔漢〕鄭玄注，〔唐〕孔穎達疏：《禮記正義》，卷36，頁651。

名及廣博譬喻學起；要動容周旋中禮，就要從灑掃應對諸事學起。在為學方面，要以「日知其所無，月無忘其所能」（《論語‧子張篇》）念茲在茲的方法，專心致志於課業上，能夠博習親師與廣結益友，學業一定能夠日益精進。

由上述，可見古代大學教育，從社會禮儀、生活規範，以及詩歌音樂之學習中，給他們倫理道德的涵養，逐漸啟發學生的潛能與人格的成長，把書本的知識應用在日常生活中，以引發學生的學習興趣，讓教育之基本原理與生活相結合，以彰顯知識的力量。〈學記〉中所展現的適性揚才的教育方法，與美國教育家杜威（John Dewey）博士的教育理念：「生活即教育，教育即生活」有異曲同工之處。《孝經‧廣要道》上也說：「移風易俗，莫善於樂。安上治民，莫善於禮。」[10] 可見孔子教導學生進德修業之方法，即把學校教育和個人修身養性以及生活教化結合為一。教育的進行並不限於正式的課堂，生活的處所，隨處隨地皆是教育施行之所，如此始可達到「藏焉、脩焉、息焉、游焉」（《禮記‧學記》）之境界。學校教育必須與社會密切聯繫，輔導學生課外生活，透過道德仁藝教育的薰陶，以培育身心健全的國民。

（三）落實啟發誘導教學，以增進多元學習能力

橫邁古今，跨越西東，學習的天空，是無限的寬廣。兩千多年前，至聖先師孔子以啟發誘導的教學原則與方法，循循善誘學生。並以「有教無類」、「因材施教」的教育理念，引領學生開啟《六經》的堂奧，來陶冶心性及增長見聞，進而提升自己的德業修養。〈學記〉

---

10 〔唐〕唐玄宗注，〔宋〕邢昺疏：《孝經正義》（臺北市：藝文印書館，1998年），卷6，頁43。

中所敘述古代大學教人的方法，即是在闡揚孔子啟發誘導的教學方法，以引發學生的學習興趣。〈學記〉云：

> 大學之法，禁於未發之謂豫，當其可之謂時，不陵節而施之謂孫，相觀而善之謂摩。此四者，教之所由興也。發然後禁，則扞格而不勝；時過然後學，則勤苦而難成；雜施而不孫，則壞亂而不脩；獨學而無友，則孤陋而寡聞；燕朋逆其師；燕辟廢其學。此六者，教之所由廢也。[11]

說明古代大學教人的方法，在一切邪惡的念頭未發生之前，就用禮教來約束禁止，以防患於未然。當學生可以教誨的時候，依據學生的程度，循序漸進適時的加以教導。使同儕之間互相觀摩學習。這四種教學方法，是大學教育之所以興盛的原因。邪惡的念頭已經發生，然後再來禁止，教育亦難以矯正根深柢固的錯誤觀念。錯過適當的學習時機，雖然努力苦學，也難有成就。不循序漸進而雜亂無章的學習，所學必然是支離破碎而毫無條理可言。沒有同學之間的切磋琢磨，就會使得見識短淺狹隘。結交損友，因而違背師長的教誨，不良的習慣，會荒廢自己的學業。這六項是導致教育失敗的原因。

　　由上述，可知古代大學教育之所以成功，即是教師擅於運用「預防法」、「及時法」、「漸進法」、「觀摩法」等四要素，並發揮孔子「因材施教」的教育精神，了解學生之心理傾向，啟發學生能主動學習，循循善誘，不要壓抑學生，以激發其創意思考的能力。可見〈學記〉所強調的教學方法，與孔子「舉一隅不以三隅反」（《論語・述而篇》）的教學主張如出一轍，均是經由啟發誘導教學方法，以引導學

---

11 〔漢〕鄭玄注，〔唐〕孔穎達疏：《禮記正義》，卷37，頁651。

生多元學習的興趣。因此教師教導學生的重要目標，就是使「人盡其材」，並且要引導學生「見賢思齊焉，見不賢而內自省也」（《論語‧里仁篇》），鼓勵他們發揮所長，進而培育出健全的人格。

四　《禮記‧學記》教育理念對現代教育之啟示

　　《禮記‧學記》全篇不僅從教師的角度，闡述先秦的教育制度、教學管理和教學方法，而且還從學生的角度，探討學習心理、學習的正確原則和方法，在教學的過程中，要學者自動自發的深思其意涵，然後才啟發之，如此才能學有心得，所以〈學記〉所闡發的教學理念，是弘揚我國古代教育學術思想與儒家文化的重要文獻，值得大家認真研讀。茲述《禮記‧學記》教育理念對現代教育之啟示，如下：

（一）人文關懷的落實

　　〈學記〉開宗明義篇，即強調學習的重要與教育的目的在化民成俗。〈學記〉云：「君子如欲化民成俗，其必由學乎！」；「古之王者建國君民，教學為先。」[12]強調建設國家，維繫社會安定進步須賴教化之功。經由教育的陶冶，以培育能適應社會生活與時代需要的優秀人才。在古代儒家思想中，為政者的首要工作，即是推行教育。教育的目的，不僅求個人品德之精進，更進一步要追求眾人的福祉，即所謂的「化民成俗」，也就是孔子：「修己以安人，修己以安百姓」（《論語‧憲問篇》）[13]之理想。孟子也說：「親親而仁民，仁民而愛物。」（《孟子‧盡心上篇》）[14]，這是儒家倫理道德最偉大的思想，就是把

12　〔漢〕鄭玄注，〔唐〕孔穎達疏：《禮記正義》，卷37，頁648。

13　〔魏〕何晏集解，〔宋〕邢昺正義：《論語注疏》，卷14，頁131。

14　〔東漢〕趙岐注，舊題〔宋〕孫奭疏：《孟子注疏》，卷13，頁244。

小我擴充到與天地萬物為一的境界，把仁愛的精神由父母之愛，推廣
到全人類，普及到天下的萬物。這正是中華文化精神的所在，也是中
華民族所以悠久綿延的根基。

　　為了因應知識經濟時代的來臨，多元化的教育理念：人本化、民
主化、科技化、國際化，已成為新世紀各國推動教育改革的發展趨
勢。美國微軟公司總裁比爾蓋茲（Bill Gates, 1955- ）說：「在許多高科
技相關問題中，沒有一項要比教育對國家未來經濟活力的影響來得
重要。」[15]的確，唯有掌握教育變革的契機，才能因應未來國際地
球村的變遷。孔子說：「人能弘道，非道弘人。」（《論語・衛靈公
篇》）[16]，因此當前學校教育不應該墨守成規，應該推陳出新，發揚傳
統文化的精華，擷取西方科學的長處，使西方的科學精神和中國傳統
的人文精神相互交流；在因應未來更具開放性的與多元化的社會發展
趨勢，我們應該加強國語文教學，尤其是儒家禮樂思想的教育，引領
學生開啟儒家人文思想的堂奧。

（二）公民教育的提升

　　《禮記・學記》云：「凡學之道，嚴師為難。師嚴然後道尊，道尊
然後民知敬學。」[17]儒家重視教育的教化作用，而推動教育發展的原
動力即是教師。教育的成敗，實繫於教師的良窳，所謂「良師興
國」，洵非虛言。尊師重道不但是〈學記〉中所強調學者的學習原
則，也是儒家教育思想上的一大特色。儒家重視教育的教化作用，因
此主張以倫理道德來教化萬民。〈學記〉云：「大學始教，皮弁祭菜，

15　美國微軟公司總裁比爾蓋茲在美國國會召開的一次「科技高峰」座談會中的講稿，
　　Washington Post, Jane 7 2000。
16　〔魏〕何晏集解，〔宋〕邢昺正義：《論語注疏》，卷15，頁140。
17　〔漢〕鄭玄注，〔唐〕孔穎達疏：《禮記正義》，卷37，頁654。

示敬道也，宵雅肄三，官其始也；入學鼓篋，孫其業也；夏楚二物，收其威也。」[18]提示教育原理精警透闢，大學開學的時候，學生都穿著禮服，以蘋藻之菜祭祀先聖先師，表示尊師重道；學習《詩經‧小雅》之〈鹿鳴〉、〈四牡〉、〈皇皇者華〉三篇，乃藉此誘諭學生任官服務的初志，勉其力學報國；入學擊鼓，發篋出書，希望學生以謙遜謹慎的態度敬重其學業；以夏楚二物作教鞭，則是用以整肅學生威儀，以收其放心，這些都明示學生須對學習懷著敬慎的態度。從社會禮儀、生活規範，以及詩歌禮儀之學習中，逐漸啟發其內在本心與人格的成長。

通過儒家文化的薰陶，可以喚醒人們道德的自覺，以提升學生具有公民教育的專業素養，進而開啟道德的理想世界。公民教育的重點在強調客觀法則性的共同認定，而客觀法則性的共同認定，就是要建立在具有個體性的個人做基礎來思考。一個人自幼開始就要從倫理親情學習起，長大進入公民社會便經由客觀法則性建制起來一套社會觀。這個過程是從「禮義之教」轉為「師法之化」，再轉為現代的法律制；這個學習是在現代化過程中經由自然的調適，歷史的推移慢慢演進而成的歷程。因此目前的學校教育應如何來落實公民教育，當務之急，便是在學校或社區多建構次級團體或小型社團，讓學生從其中學習到公共性、公民的概念以及「公民道德」、「倫理教養」離不開具體生命的情境[19]，讓學生從做中學，才不至於流於「坐而言，而不知起而行」的疏失。

---

18 〔漢〕鄭玄注，〔唐〕孔穎達疏：《禮記正義》，卷37，頁650。
19 參見牟宗三：〈第七章「公民教育」的哲學思考〉，《道德的理想主義》（臺北市：臺灣學生書局，1985年），頁182-183。

（三）全人教育的推展

　　《禮記・學記》所闡述的教育目標是著重於人格修養，運用人文教育的方法，實現全人發展的理想：教育方法是運用潛移默化，循循善誘的精神感召，達成全人教育的目標。〈學記〉云：「知其心，然後能救其失也。教也者，長善而救其失者也。」[20]教師要了解學生之心理傾向，針對學生才智高低與學習缺失，採用啟發誘導之教學方法，施以適性之教育，才能有所成效。並且闡揚儒家「因材施教」的傳統教育精神，引導學生發揮其優點，見賢思齊，取長補短，以開拓視野增長見聞。讓學生能夠發展自己的潛能與才性，此即為全人教育的真諦。優秀的教育家，能讓人繼承其志業而努力不懈。〈學記〉所闡釋的是一種志的教育，強調老師傳道授業的目標是傳承文化的理想。

　　在二十一世紀以知識經濟為導向的時代中，全人教育已成為開發學生多元能力，實現全人發展的理想目標。全人教育是一種「心」的教育，「心」教育的精神與內涵，植基在人格的感化與因材施教上，徹底了解學生心性發展，針對其長短與需要，使用適切的不同教材，適時適地加以教導，以塑造學生的健全人格。〈學記〉一文，也強調了解學生「心性」發展，以啟發誘導之教學方法補救其缺失的重要。《禮記・學記》上說：「學然後知不足，教然後知困。知不足，然後能自反也；知困，然後能自強也。故曰教學相長也。」[21]這段話揭櫫兩個教育觀念：一、教育是一種正面向上力量的提升過程、二、教育是一種雙向互動的過程（吳智雄，2013年）。可見「教學相長」是彰顯全人教育真諦的一種教學模式，也是促進教師專業成長的一種教學方式，更是當今學校教育不可以偏廢的人文教育目標。

---

20 〔漢〕鄭玄注，〔唐〕孔穎達疏：《禮記正義》，卷36，頁653。

21 〔漢〕鄭玄注，〔唐〕孔穎達疏：《禮記正義》，卷36，頁64。

五　結論

　　〈學記〉是我國古代教育文獻中，最早且體系較嚴謹的一篇，是儒家教育學生的代表作。從學制的設立和劃分，有其獨到的見解和課程標準規範。論述教學的準則與方法，周延且妥切適用。其中所揭示的教育理念與全人教育的重要理論，有異曲同工之處。全人教育的目標在培育兼具榮譽、思考、學習能力與關懷特質的學生，其目的在促使學生知覺並了解各種足以塑造並賦予生命意義的脈絡（Holistic Education Network, 2003）。在此理念下，學習是積極的、自我激發的、相互支持的、人類靈性的鼓舞的（Collister, 2001）。全人教育對臺灣當前學校教育的發展有深遠的影響力，而〈學記〉所闡述的教育理論，也蘊涵著全人教育的功能，可以讓每位學生的智能，藉由不同的方式和才華表現出來，並且尊重每位學生的潛能，使專業技能與人文素養能夠相輔相成。

　　社會的變遷與時推移，科技的文明日新月異，各種知識的傳播無遠弗屆。全球化的教育思潮，伴隨著全人教育、數位學習的步履，猶如奔騰的江河水，不斷衝擊著臺灣的未來及莘莘學子的心靈。誠如聯合國教科文組織主席狄洛（Jacques Delors）說：「當人類面臨種種未來的衝擊，教育不可避免的成為人類追求自由、和平與社會正義最珍貴的工具。」[22]正說明了教育是百年樹人的興國大計，是人類在具體的生活世界中，肩負起傳承文化、傳遞知識、啟發智慧、培育人才的神聖偉業。落實「全人教育」的理念，才能激發學生的潛能，朝著終身學習的途程勇往邁進，以孕育學生具有通識教育的人文素養及開闊

22　引自聯合國教科文組織的二十一世紀國際教育委員會發表新世紀的學習社會宣言，1996年11月。The International Commission on Education for the Twenty-first Century. (1996). *Learning: The Treasure Within*. France: UNESCO.

的胸襟與宏觀的視野，使學生擁有圓融而健康的個體，進而組成一個健康的社會。[23]的確，在全人教育教育思潮的推波助瀾下，唯有掌握教育變革的契機，才能因應未來國際地球村的變遷。

參考文獻

（一）古籍部分（依《四庫全書》分類法）

〔漢〕孔安國傳　〔唐〕孔穎達正義　《尚書正義》　臺北市　藝文印書館　1998年

〔魏〕王弼　〔晉〕韓康伯注，〔唐〕孔穎達正義　《周易正義》　臺北市　藝文印書館　1998年

〔漢〕鄭玄注　〔唐〕孔穎達正義　《禮記正義》　臺北市　藝文印書館　1998年

〔魏〕何晏集解　〔宋〕邢昺正義　《論語注疏》　臺北市　藝文印書館　1998年

〔漢〕孔安國傳　〔唐〕孔穎達正義　《尚書正義》　臺北市　藝文印書館　1998年

〔東漢〕趙岐注　舊題〔宋〕孫奭疏　《孟子注疏》　臺北市　藝文印書館　1998年

〔唐〕唐玄宗注　〔宋〕邢昺疏　《孝經正義》　臺北市　藝文印書館　1998年

---

23 林淑瓊：〈淺談全人教育〉，《海軍軍官》第22卷第1期（2003年），頁70-71。

（二）現代專著（依作者姓氏筆劃排序）

牟宗三　《道德的理想主義》　臺北市　臺灣學生書局　1985年

吳清山　林天祐　《教育小辭書》　臺北市　五南圖書出版公司　2003年3月

吳智雄　顏智英　《生命·海洋·相遇——詩文精選》　臺北市　五南出版社　2014年8月

（三）期刊論文（依作者姓氏筆劃排序）

古明峰　〈「學記」中的教學思想〉　《國教世紀》　178期　1997年12月　頁47-51

林淑瓊　《淺談全人教育》　《海軍軍官》　第22卷第1期　2003年2月　頁70-71

洪雲庭　〈中國教育經典——禮記學記篇的現代教育意義〉　《高市鐸聲》　7卷1期　1996年10月　頁14-21

高莉芬　〈禮記學記所中所見之儒家教育思想〉　《孔孟月刊》　29卷5期　1991年1月　頁9-13

陳能治譯　〈公民2000年教育宣言——從全人教育觀點〉（Education 2000：A Holistic Perspective）　頁1-6

黃信二　〈《禮記·學記》篇之教育哲學思想〉　《哲學與文化》　296期　1999年　頁47-66

黃俊傑　〈二十一世紀全球化時代的大學理念與大學教育：問題與對策〉　《通識教育》9期　2002年　頁167-180。

黃陶陶　〈學記所言「善喻」與孔子的教術〉　《國教世紀》　177期　1997年10月　頁59-64

張崑將　〈從《禮記·學記》篇看古代教育的「教」與「學」關係〉　《史原》　第20期　1997年5月　頁1-31

鐘丁茂 〈禮記「學記」的教育思想〉 《國立臺灣體專學報》 1
    期 1992年6月 頁269-279

潘正德 魏主榮 〈全人教育的意涵與研究變項分析〉 義守大學通
    識教育中心《人文與社會》學報 第1卷第9期 2006年12月
    頁163-196

美國微軟公司總裁比爾蓋茲在美國國會召開的一次「科技高峰」座談
    會中的講稿，*Washington Post*, Jane 7, 2000.

The International Commission on Education for the Twenty-first Century.
    (1996). *Learning: The Treasure Within*. France: UNESCO.

Flake, C. L. (1993). Holistic education: Principles, Perspectives and
    Practices. U. S.: Vermont.

Collister, R. (2001). Revitalising maginalised communities by increasing
    social capital through holostic education and the lifelong
    learning strategies of indigenous people. Paper presented at the
    National Biennial Conferrence of the Australia Curriculum
    Studies Association, September 29-October 1.

Holistic Education Network.〈2003〉. What is holistic education? July 21,
    2006 retrieved from http://members.iinet.net.au/-rstack1/introl.htm.

王文錦《禮書通故》點校本析論[*]

摘要

晚清學者的禮學研究，承襲著清代中葉以來的說釋禮義、考證禮制傳統，其中又以浙江定海學者黃以周（1828-1899）《禮書通故》為最著。《禮書通故》全書共一〇二卷，其書篇目廣大，幾涵蓋所有經部、子部論禮之書，凡詳考禮制，多正舊說之誤，釋後人之疑。全書凡列五十目，其書參酌戴德《石渠奏議》、許慎《五經異義》編撰體例，凡所徵引成說，或約舉，或竄改，而自成一家之言。王文錦（1927-2002）以當代禮學專家的深厚學養，擔任校點《禮書通故》的重任，他以重修本為工作本，吸收黃家鷟、黃家驥《禮書通故校文》的成果，對全書做了全面而精到的校勘和標點，凡有改動都寫出校記。《禮書通故》點校本的成書，嘉惠後代學者閱讀的方便。本文首先簡介王文錦的生平事略及著作大要，其次論述點校《禮書通故》的體例與特色，最後歸納《禮書通故》點校本的學術價值，及整理解讀此書對當今研究《三禮》的貢獻。在取材方面注重背景知識之探討，蒐集王文錦點校《三禮》之相關著作，加以判讀，整理、分析、歸納、比較研究，以其能深入王文錦禮學思想之全貌，作一學術研究總結，梳清各章節脈絡關係，呈一完整之研究成果。

關鍵詞：黃以周　王文錦　《禮書通故》　《三禮》　點校

---

* 本文刊載於2011年7月14日中央研究院文哲所「變動時代的經學與經學家（1950-2010）第七次學術研討會」論文集。

一　前言

　　我國古典文獻卷帙浩繁，歷經朝代之更迭、傳抄版本之異同、句讀斷句之訛誤等因素，造成後代學者引用或檢索文獻之不便，常有郢書燕說之現象發生。因此要讀懂、讀通古籍，必須明辨句讀。古人讀書，重視句讀，《禮記‧學記》說到大學教育，首先就要明白句讀，故曰：「一年視離經辨志。」鄭玄注解：「離經，斷句絕也。辨志，謂別其心意所趣鄉也。」[1]指出句讀明白，文理始通，是大學生研讀古籍的基本工夫。

　　古籍整理目前最主要的工作方式是點校，在版本、目錄、校勘、訓詁各層次問題當中，校勘最值得討論。[2]近年來臺灣和中國大陸有許多專家學者及出版社，積極投入整理古籍並加以「點校」的工作，以落實「回歸原典」[3]及方便讀者閱讀的目標。「點校」是對古籍標點、校訂的簡稱，亦稱校點。它是重新編輯古籍，並加上新式標點，使詰屈聱牙的文句，成為便於閱讀的書籍，是整理古典文獻的一項基礎性工作，也是出版事業的一大進步。因為正確的標點，有助於古典文獻的流傳和普及。

1　〔漢〕鄭玄注，〔唐〕孔穎達疏：〈學記〉，《十三經注疏‧禮記正義》（臺北市：藝文印書館，1993年），卷36，頁649。

2　橋本秀美：〈古籍整理的理論與實踐〉「儒家經典之形成」第十一次專題演講，中央研究院中國文哲研究所，2007年2月8日。按喬秀岩即橋本秀美。

3　詳參林慶彰：〈中國經學發展的幾種規律〉：「所謂『原典』，指儒家原始經典。這些經典的形成過程，因都跟聖人有關，所以經書中有聖人的微言大義。……所謂『回歸』，至少有兩層的意義。其一，以原典作為尊崇和效法的對象，這是因為原典有聖人之道在內。其二，以原典作為檢討的對象，詳細考辨原典是否與聖人有關，如果無關，這些典籍最原始的面貌是什麼？這兩層意義的『回歸』，目的雖有不同，但都以原典為對象來進行各自的學術活動。」收入《經學研究集刊》第7期（2009年），頁110。

　　王文錦（1927-2002）以當代禮學專家的深厚學養，承擔點校《禮書通故》的重任，他以重修本為工作本，吸收黃家駿、黃家驥《禮書通故校文》的成果，對全書做了全面而精到的校勘和標點，凡有改動都寫出校記。又為全書編制了詳細目錄，後附胡玉縉（1859-1940）《禮書通故跋》，供讀者參考。[4]王文錦去世以後，其弟子喬秀岩受囑托之重，代為覆閱處理《禮書通故》的校樣，他對王先生的點校有所增訂補益，並撰為〈覆校記〉。今排在全書之末，正文相關部分則加星號（＊）作為標誌，以便參閱。[5]因此《禮書通故》點校本的成書，對研究晚清禮學思想的學者而言，可以減少迂迴摸索的困境，更具有重要的學術參考價值。

二　王文錦生平與著作述要

　　王文錦，祖籍天津，於一九二七年三月五日生於北京。一生愛好文史，一九四九年二月畢業於中國大學文學系。課業之外，受業於孫蜀丞先生（1896-1966）鑽研《三禮》。一九六三年經孫先生推薦，到中華書局古代史組作臨時工，參加校點《二十四史》項目。《二十四史》由名家校點，王文錦擔任編輯，負責整理《北齊書》、《北周書》，另校閱《續漢志》、《晉書》、《南齊書》、《隋書》中《禮志》、《輿服志》等，提出修改意見。一九六六年王文錦與陳氏（諱玉霞）結婚。此年文化大革命開始，《二十四史》校點項目停頓。一九七九年二月新華社為王文錦平反，正式安排在新華社圖書館工作。[6]

4　〔清〕黃以周撰，王文錦點校：〈點校前言〉，《禮書通故》（北京市：中華書局，2007年），頁1-4。

5　〔清〕黃以周撰、王文錦點校；〈點校前言〉，《禮書通故》，頁6。

6　詳參喬秀岩：〈王文錦老師的生平與學術〉：「王文錦夫妻被迫遷居海淀，找各種臨

　　一九八〇年三月，正式調入中華書局。校點整理《通典》之同時，一九八一年起用業餘時間點校《大戴禮解詁》、《周禮正義》。《通典》、《周禮正義》交稿後，陸續校點《野客叢書》、《識小編》、《抱經堂文集》、《校禮堂文集》等，皆由中華書局出版。又標點《古逸叢書》本《莊子義疏》，收入中華書局補刊《叢書集成》。此外，中華書局出版《唐律疏義》、《廿二史劄記校證》等書，王文錦為責任編輯，用力極勤。王文錦點校古籍，集中在一九八〇年至一九九〇年十年之間。《禮書通故》、《求古錄禮說》亦在此期間完成點校。二〇〇一年撰寫《禮記譯解》。此書由中華書局出版。二〇〇二年二月三日病逝於北京廣安門醫院，享年七十五。[7]

　　綜合上述，可知王文錦一生歷經政移時變化之時代，雖然遭逢文化大革命之迫害，與夫人歷經十年之艱困生活。但他憑著堅定之意志力，在平反之後，仍擔任中華書局編審，為當代公認的禮學名家，他的著作，大多以禮學為範疇，在禮學方面的研究成就，嘉惠後代學者。王文錦一生的著述包括著作與點校古籍二部分，茲概述如下：

時雜工續命。一九七〇年開始到延慶僻壤過農村生活。王文錦日後曾用筆名夢樵，據云當時砍柴極其艱苦，睡中猶作砍柴夢。一九六六年至一九七八年王師與師母相濡以沫，十幾年之艱難生活，殊非外人得以想像。一九七九年二月新華社為王師平反，正式工作安排在新華社圖書館。新華社有意為文化事業，組織人員編輯《通鑑》節選本。此工作後由王師一人完成，由新華社出版《通鑑故事百篇》。此書銷路甚佳，一九九六年中華書局重版，二〇〇一年又改編為《資治通鑑精粹解讀》。」見《經學研究論叢》第18輯，2010年。

7　詳參喬秀岩：〈王文錦老師的生平與學術〉：「至一九八九年底，以編審身分離休。一九九〇年又點校《求古錄禮說》。」見《經學研究論叢》第18輯，2010年。

（一）著作

1 《禮記譯解》

（清）王文錦著，二〇〇一年九月一日北京中華書局出版。

內容簡介：

　　本書是清人研究《禮記》的代表作。作者認為十三經中唯《禮記》一種，清人沒有作新疏，清人關於注釋《禮記》的著作，從總的情況來看，還沒有超過唐人孔穎達《禮記正義》的。因此，讀《禮記》的注解，還是應以鄭玄的《禮記注》為主，孔穎達的《禮記正義》為輔。其他著作只能算是參考書籍，聊備翻檢而已。該書在鄭玄《禮記注》和孔穎達《禮記正義》的基礎上，博採宋、元以來各家之說，不僅對字句進行充分詮釋，而且對典章、名物、制度詳加考證，還對宋代理學有所闡發，為研究中國古代政治、經濟、哲學、文教及禮儀制度的讀者提供了方便。

（二）點校古籍

1 《周禮正義》（共十四冊）

（清）孫詒讓撰；王文錦，陳玉霞點校，一九八七年，北京中華書局出版。

內容簡介：

　　孫詒讓之新疏《周禮》，主要以《爾雅》、《說文》正其詁訓，以《禮經》、大小戴記證其制度，而「博採漢唐宋以來，迄於乾嘉諸經儒舊詁，參互證繹，以發鄭註之淵奧，裨賈疏之遺闕」（孫詒讓：《周禮正義序》）。其於前人成說，既能取其長，亦不護其短，而以實事求是的為學精神，求其確解。

2 《野客叢書》

（宋）王楙撰；王文錦點校，一九八七年七月，北京中華書局出版。
內容簡介：

　　《野客叢書》在宋人的學術筆記當中，為較著名的一種。《野客叢書》是一部以作者個人讀書心得為主的雜著筆記，雜著筆記多針對事、物、人或書的考證，沒有取材的限制，也沒有嚴謹的撰寫方式，亦無嚴謹的編排條例，大多是作者的見聞及針對閱讀內容評論、訂正的記錄。[8]

3 《校禮堂文集》

（清）凌廷堪著；王文錦點校，一九九八年二月，北京中華書局出版。
內容簡介：

　　本書為清代乾嘉時期著名經學家、史學家和文學家凌廷堪（1755-1809）所著，共三十卷，共收各體文章（包括學術性書信）共一百九十章，有考證禮經樂律，精審無比；有讀史論人，充滿卓見；有探索日月五星運行之故，論說中西算學之法，皆有心得；還有其所著詩、詞、文、賦，大都遣詞妙，用典工，卓然大家風範。從中我們可以看到乾嘉時期學者廣泛的學術素養和貢獻。

4 《通典》校點本（共五冊）

（唐）杜佑撰；王文錦、王永興、劉俊文、徐庭雲、謝方點校：《（校點本）通典》（精裝二十五開全五冊），一九八八年十二月，北京中華

8　蘇芳潔：《王楙《野客叢書》研究》（臺北市：臺北市立教育大學中國語文學系碩士論文，2010年）。

書局出版。

內容簡介：

　　《通典》專敘歷代典章制度的沿革變遷，從遠古時代的黃帝起，到唐玄宗天寶末年止（肅宗、代宗以後的變革，有時也附載於注中），分為九類，以食貨居首，次以選舉、職官、禮、樂、兵、刑、州、郡、邊防，每類又各分子目。對於歷代典章制度，都詳細地敘述了它們的源流，有時不但列入前人有關的議論，而且用說、議、評、論的方式，提出自己的見解和主張。《通典》的體例仿效紀傳體正史中的志書，將斷代體改為通史體，是一部專門記載歷代政治、經濟等制度沿革變遷的典志體史書。

5 《大戴禮記解詁》

（清）王聘珍著，王文錦點校：《大戴禮記解詁》，二○○四年五月一日，北京中華書局出版。

內容簡介：

　　本書是一部研究上古社會和儒家思想的重要參考資料書。原書八十五篇，現存三十九篇，王聘珍這部《解詁》注重保留舊本原貌，依《爾雅》、《說文》及兩漢經師訓詁，無杜撰之言。

6 《禮書通故》（共六冊）

（清）黃以周 撰，王文錦點校，二○○七年四月一日，北京中華書局出版。

內容簡介：

　　《禮書通故》是清人詮釋古禮古制的學術名著。作者黃以周從一八六○年至一八七九年，歷時十九年才完稿。全書分為五十目，共一○二卷。王文錦先生以當代禮學專家的深厚學養承擔此書校點重任，

他以重修本為工作本，吸收黃家鷟、黃家驥《禮書通故校文》的成果，對全書做了全面而精到的校勘和標點，凡有改動都寫出校記。又為全書編制了詳細目錄，後附胡玉縉《禮書通故跋》，供讀者參考。[9]

　　綜上所述，可知王文錦之著作，以點校古籍為主，雖然是「點校」而非創作，但要校點晚清禮學大家黃以周（1828-1899）《禮書通故》六冊和孫詒讓（1848-1908）《周禮正義》十四冊之鉅著，非學養深厚者，難以完成此任重道遠之艱鉅任務。王文錦功力深厚，態度嚴謹，始終兢兢業業，不敢掉以輕心。其弟子喬秀岩對王文錦先生的點校有所增訂補益，並撰為《覆校記》，排在全書之末。[10]二位先生為點校《禮書通故》所作之努力，為研究《禮書通故》者，開啟方便之門。

三　《禮書通故》點校本的注解方法及原則

　　《禮書通故》是清人詮釋古禮、古制的一部名著。作者黃以周，字元同，號儆季，浙江定海人，生於道光八年（1828）。其父黃式三（1789-1862），是嘉慶、道光時期博貫群經、著述等身的有名學者。《禮書通故》體大思精，是黃氏瘁盡心力的鉅著。黃氏在〈敘目〉中說：「是書草創於庚申，告藏於戊寅。爰取卷首之名，以命其書。」[11]歷時十九年才完稿，全書分五十目，共一〇二卷，本書內容相當廣泛，並不限於古禮，故作者說「取卷首以命其書」。不過，書中如井田、田賦、職役、樂律、刑法、車制、名物諸門所研討的問題，大都出自《周禮》、《儀禮》、《禮記》三書，所以命名《禮書通故》，概

9　〔清〕黃以周撰、王文錦點校：〈點校前言〉，《禮書通故》，頁1-4。

10　〔清〕黃以周撰、王文錦點校：〈點校前言〉，《禮書通故》，頁6。

11　〔清〕黃以周撰、王文錦點校：〈敘目〉，《禮書通故》第五十，頁2713。

念也是周延的。[12]茲敘述《禮書通故》點校本的的注解方法及原則，如下：

（一）以《禮書通故》重修本為工作本

古籍整理的出發點是版本，調查各種現存傳本，分析其間的關係，是版本學的任務。[13]的確，探究版本之源流，攸關古籍點校之正確性。關於《禮書通故》一書流傳至後代的版本，茲參酌王鍔：《三禮研究論著提要》一書與「臺灣‧中文古籍書目資料庫」之所述，表列如下：

項目 / 卷數	版本／撰者	出版者／成書時間	現藏地點
《禮書通故》五十卷	1 原稿本〔清〕黃以周撰	《北京圖書館館藏普通線裝書名目錄》	中國國家圖書館、浙江大學圖書館共藏四部。[14]
《禮書通故》五十卷	2 刻本〔清〕黃以周撰	《續修四庫全書總目提要》載有清光緒癸巳（19年）（1893）黃氏試館刻初印本。[15]	內蒙古線裝古籍聯合目錄、中國國家圖書館、國家圖書館[16]、中央圖書館臺灣分館。

---

12 〔清〕黃以周撰、王文錦點校：〈點校前言〉，《禮書通故》，頁2。

13 喬秀岩：〈古籍整理的理論與實踐〉，《版本目錄學研究》（北京市：中國國家圖書館出版社，2009年），頁5。

14 王鍔：〈三禮綜論〉，《三禮研究論著提要》（蘭州市：甘肅教育出版社，2001年），頁4243。

15 《續修四庫全書》第111冊-112冊，《經部‧禮類》。

16 國家圖書館：（通稱國圖），原名「國立中央圖書館」，英文名稱：National Central Library，位於中華民國臺北市中正區中山南路20號。

項目 卷數	版本／撰者	出版者／成書時間	現藏地點
《禮書通故》 五十卷	3 影印本 〔清〕黃以周撰	影印華東師大圖書館藏清光緒十九年（1893）刻黃氏試館本（1976年）。	臺北華世出版社
《禮書通故》 五十卷	4 刊本 〔清〕黃以周撰	清光緒十九年（1893），定海黃氏試館刊本	國家圖書館、臺灣大學圖書館、東海大學圖書館、普林斯頓大學東亞圖書館、東京大學東洋文化研究所、大阪府立中之島、京大人文研本館、京大人文研東方[17]
《禮書通故》 五十卷 附《禮書通故》校文	〔清〕黃以周撰、馮一梅等校	清光緒十九年（1893），定海黃氏試館刊本	日本立命館大學[18]
《禮書通故》 一〇二卷	1 刊本 〔清〕黃以周撰；〔清〕黃家鷟、黃家驥撰校文	清光緒十九年（1893），定海黃氏試館刊本	東京大學東洋文化研究所[19]
《禮書通故》 一〇二卷	2 點校本 〔清〕黃以周撰；王文錦點	二〇〇七年四月北京市：中華書局排印本，十三經清人	目前通行本、京大人文研東方[20]

---

17 臺灣・中文古籍書目資料庫，http://rarebook.ncl.edu.tw/rbook.cgi/frameset4.htm。

18 臺灣・中文古籍書目資料庫，http://rarebook.ncl.edu.tw/rbook.cgi/frameset4.htm。

19 臺灣・中文古籍書目資料庫，http://rarebook.ncl.edu.tw/rbook.cgi/frameset4.htm。

20 臺灣・中文古籍書目資料庫，http://rarebook.ncl.edu.tw/rbook.cgi/frameset4.htm。

卷數＼項目	版本／撰者	出版者／成書時間	現藏地點
	校、日本喬秀岩覆校	注疏之一	
《禮書通故》不分卷	刊本〔清〕黃以周撰	清光緒十九年（1893），定海黃氏試館刊本	京大文、広島大、一橋大、高知大、二松學舍、蓬左文庫、大阪府立中之島、京大人文研本館、京大人文研東方[21]
《禮書通故》四十八卷	〔清〕黃以周撰	清光緒十九年（1893），定海黃氏試館刊本	東京都立中央[22]

由上表所列，可知《禮書通故》版本的源流可分為四類：五十卷本與一〇二卷本、不分卷、四十八卷等四類；現今流傳的版本，可分為原稿本、刻本、影印本、刊本四種。現藏地點分佈於中國、臺灣之國家圖書館與日本各大學圖書館，足證此書受到中外研究晚清禮學家的重視。

黃以周《禮書通故》二〇〇七年王文錦點校本，為現今流傳最普遍的版本。王文錦在〈點校前言〉說：

> 讀黃以周之子黃家鷟、黃家驥的《禮書通故校文》（以下簡稱《校文》）得知，《禮書通故》共有四個本子，即原稿本、初印本、重修本、後定本。我只見到初印本和重修本兩種刻本。所

---

21 臺灣・中文古籍書目資料庫，http://rarebook.ncl.edu.tw/rbook.cgi/frameset4.htm。

22 臺灣・中文古籍書目資料庫，http://rarebook.ncl.edu.tw/rbook.cgi/frameset4.htm。

謂後定本，就是作者對重修本又做了一些修改，並未再刻。這
個點校本以重修本為工作本，《校文》收有一百八十餘條校
記，共十五頁，原來就刻在重修本的正文之前，我們沒有照
排，而根據《校文》意見，對正文做了改補刪移，並在有關各
條後以《校文》名義出了校記。尤其是《校文》指出後定本的
改動，一般我都照改，又於校記中保留了被改刪的文字。所以
這個點校本，既在正文上反映了後定本的面貌，又在校記中保
存了重修本的舊文。[23]

由上述引文，可知王文錦說明黃以周之子黃家鷟、黃家驥的《禮書通
故校文》共有四個本子，即原稿本、初印本、重修本、後定本。但王
文錦只見到初印本和重修本兩種刻本。所謂的「重修本」是否為「黃
氏試館刻初印本」已無從考證。《禮書通故》結撰不易，成書後又經
數次改訂刊刻。據黃以周之子黃家鷟、黃家驥《禮書通故校文》，《校
文》原附刻《通故》重修本卷首，王文錦整理本並未照排，而將其散
入重修本各條之中出以校記。[24]王文錦以嚴謹的態度點校《禮書通
故》，參酌「重修本」增補刪改，逐條做「校記」，並於「校記」中保
存了「重修本」的舊文，讓研讀《禮書通故》點校本的讀者能夠考辨
全文之脈絡。王文錦的弟子喬秀岩對王先生的點校有所增訂補益，並
撰為〈覆校記〉。為研讀《禮書通故》點校本的學者，開啟方便之門。

（二）全書編列目錄，以便閱覽和稱引

為了便於閱覽和稱引，王文錦點校本加有目錄，前四十七門，每

---

23 〔清〕黃以周撰，王文錦點校：〈點校前言〉，《禮書通故》，頁5。
24 顧遷：〈《禮書通故》所見黃以周之學風〉，《黃以周及其《禮書通故》研究》（南京
　　市：南京大學中國古代文學專業碩士論文，2008年），頁16。

門皆由若干條組成，以每門為單位，逐條編上阿拉伯數碼。茲列舉本書檢目，如下：

第一〈禮書通故〉、第二〈宮室通故〉、第三〈衣服通故〉、第四〈卜筮通故〉、第五〈冠禮通故〉、第六〈昏禮通故〉、第七〈見子禮通故〉、第八〈宗法通故〉、第九〈喪服通故〉、第十〈喪禮通故〉、第十一〈喪祭通故〉，第十二〈郊禮通故〉、第十三〈社禮通故〉、第十四〈群祀禮通故〉、第十五〈明堂禮通故〉、第十六〈宗廟禮通故〉、第十七〈肆獻祼食禮通故〉、第十八〈時享禮通故〉、第十九〈改正頒朔禮通故〉、第二十〈耕田躬桑禮通故〉、第二十一〈相見禮通故〉、第二十二〈食禮通故〉、第二十三〈飲禮通故〉、第二十四〈燕饗禮通故〉、第二十五〈射禮通故〉、第二十六〈投壺禮通故〉、第二十七〈朝禮通故〉、第二十八〈聘禮通故〉、第二十九〈覲禮通故〉、第三十〈會盟禮通故〉、第三十一〈即位改元禮通故〉、第三十二〈學校禮通故〉、第三十三〈選舉禮通故〉、第三十四〈職官禮通故〉、第三十五〈井田通故〉、第三十六〈田賦通故〉、第三十七〈職役通故〉、第三十八〈錢幣通故〉、第三十九〈封國通故〉、第四十〈軍禮通故〉、第四十一〈田禮通故〉、第四十二〈御禮通故〉、第四十三〈六書通故〉、第四十四〈樂律通故〉、第四十五〈刑法通故〉、第四十六〈車制通故〉、第四十七〈名物通故〉、第四十八〈禮節圖表〉二卷、〈宗法表〉一卷、〈井田表〉一卷、〈學校表〉一卷、〈六服朝見表〉一卷、〈禮節圖〉三卷、第四十九〈名物圖〉四卷、第五十〈敘目〉一卷。[25]

---

25 〔清〕黃以周撰，王文錦點校：〈點校前言〉，《禮書通故》，頁2。

綜合上述，可見王文錦的用心，將卷帙浩繁的《禮書通故》一〇二卷，整理分類，前四十七門，逐條加上目錄及頁碼，第四十八以圖表為主，包括：禮節、宗法、學校、六服朝見表等，第四十九為名物圖，第五十為〈敘目〉。條分縷析，可以說是綱舉目張，方便讀者閱覽和檢索《禮書通故》的全文內容。

（三）辨析《禮書通故》的疑難問題

晚清黃以周之《禮書通故》，最博贍精審，蓋清代禮學之後勁矣。[26]凡詳考禮制，多正舊說之誤，釋後人之疑，而意在覈明古禮，示後聖可行。所著《禮書通故》百卷，列五十目，先王禮制備焉。[27]根據《禮書通故》〈點校前言〉所述：

> 《禮書通故》是清人詮釋古禮古制的學術名著。作者黃以周從一八六〇年至一八七九年，歷時十九年才完稿。全書分為五十目，共一〇二卷。王文錦先生以當代禮學專家的深厚學養承擔此書校點重任，他以重修本為工作本，吸收黃家駑、黃家驥《禮書通故校文》的成果，對全書做了全面而精到的校勘和標點，凡有改動都寫出校記。又為全書編制了詳細目錄，後附胡玉縉〈禮書通故跋〉，供讀者參考。[28]

由上述引文，可知王文錦吸收黃家駑、黃家驥《禮書通故校文》的成果，對全書做了全面而精到的校勘和標點，凡有改動都寫出校記，足

---

26 梁啟超：《清代學術概論》（臺北市：臺灣中華書局，1985年），頁38。

27 〔清〕徐世昌等編纂：〈黃先生以周〉，《清儒學案・儆居學案》（北京市：中華書局，2008年），卷154，頁5957。

28 〔清〕黃以周撰、王文錦點校：〈點校前言〉，《禮書通故》，頁1-4。

證其用心。茲舉證如下：

〈燕饗禮通故〉第十八條：

> 鄭玄云：「『序進酌散，交于楹北』。楹北，西楹之北。交而相
> 待于西階上。既酌右還而反，往來以右為上。『實觶序進，坐
> 奠于薦南』。序進，往來由尊北，交于東楹之北。」敖繼公
> 云：「交于楹北，交相右也。凡經文惟言交者，皆謂相右。階
> 上之位，退者在東，進者在，以相右為便。」張惠言云：「〈大
> 射〉注云：『　先者既酌，右還而反，與後酌者交于西楹北，
> 相左，俟于西階上，乃降，往來以右為上。』又云：『既酌而
> 代進，往來由尊北，交于東楹北，亦相左。』若如疏說，則是
> 相右，非。蓋誤會注『以右為上』之文也。凡往來無相右者，
> 〈鄉射禮〉可證。鄭云：『以右為上』者，謂階下並行時，來
> 既上媵居右，及其升堂，上媵由階上之東進奠觶，右還，與進
> 者相左，則在西方，而降又居右也。」²⁹

以周案：

> 凡經于交曰相左者，皆謂往來兩相左。兩相左者，各以右尊人
> 也。故注釋相左之義曰「往來以右為上」，〈大射儀〉注亦同。
> 但交相左者必左還，交相右者乃右還，注「右還」蓋「左還」
> 字之誤。據疏云「先者于南西過，後者于北東行」，是賈氏所
> 見此注尚作「左還」也。〈大射〉注亦誤「右還」，賈疏云：
> 「西楹北之相左，後者南相東鄉，先者北相西鄉。東楹北之相

---

29 〔清〕黃以周撰、王文錦點校：〈燕饗禮通故〉，《禮書通故》第二十四，頁1057-
1058。

交，先者楹北北畔過，後者楹北南畔過。」是賈氏所見注已誤
「右還」矣。夫燕、大射本一禮，其西楹北、東楹北之相左，
皆謂往來兩相左，與〈燕禮〉之相左正同，與〈大射〉三耦之
相左者亦甚合。賈氏不正〈大射〉注「右還」之誤，隨文曲
解，又謂相左者以左相近，是人各爭居其右矣。往來以右為
上，爭居其右，非君子不多上人之義也。淺人不察，妄據〈大
射〉注以改此注，張皋文又據〈大射〉疏以駁此疏，此皆以妄
為不妄者也。凡經曰相交，必相左，此為往來通例。惟凶事反
吉則相右，故鄭注〈既夕〉云：「吉事交相左，凶事交相
右。」敖氏以右還必相右，遂以相交不言左為俱相右，據其誤
字以易正義，此又以不妄為妄者也。[30]

案：〈燕饗禮通故〉第十八條，黃以周節引《儀禮注疏・燕禮》論述
諸侯與群臣燕飲以樂之，「序進酌散，交于楹北」[31]之事宜，並轉引敖
繼公、張惠言之說，來證明鄭注「往來以右為上」之意。因而誤駁張
惠言相左之說。鄭意「上射下射二人並行」，「往來皆以右為上」，本
與二人迎面往來者無涉。相左者，謂「二人對面行來，往者于來者之
左，來者于往者之左，交臂而過也。」[32]黃以周的解析與此正相反，
值得商榷。

---

30 〔清〕黃以周撰、王文錦點校：〈燕饗禮通故〉，《禮書通故》第二十四，頁1058-
1059。

31 〔漢〕鄭玄注，〔唐〕賈公彥疏：〈燕禮〉，《儀禮注疏》：「媵爵者立於洗南，西面，
北上。序進，盥，洗角觶，昇自西階，序進，酌散，交於楹北。降，阼階下皆奠
觶，再拜稽首，執觶興，公答再拜。（序，次第也，猶代也。楹北，西楹之北也。
交而相待於西階上，既酌，右還而反，往來以右為上。）」（臺北市：藝文印書館，
1993年）卷14，頁164。

32 〔清〕黃以周撰，王文錦點校：〈點校前言〉，《禮書通故》，頁4。

綜合上述，可知禮學繁雜，許多問題自古就眾說紛紜，《禮書通故》提出並加以解釋的疑難問題共有三千四百七十條，如此繁多的問題，黃以周的分析判斷難免有疏漏之處，胡玉縉在〈禮書通故跋〉中已經指出幾條。而王文錦點校時，亦有補正。[33]足證黃以周博古通今，撰述《禮書通故》一書，博採眾說，非學養深厚者無以點校此書。

四 《禮書通故》點校本的學術價值

《禮書通故》探討的範圍相當廣，時限相當長，舉凡經注史說，諸子雜家，上自秦漢經師，下逮當代學者，義有分歧，率皆甄錄，然後明辨是非，折衷至當。值得稱道的是，作者研討問題，堅持實事求是，不存門戶之見。比如《三禮》之學，向以鄭玄注為宗，而此書駁鄭處不下百條，其申鄭處亦復不少。對待歷代數十百家的經師、學者也莫不如此，皆是採擇其精言，發揮其勝解，匡補其不逮，糾正其誤說，或申或駁，大都有根有據。黃氏通過這部鉅著，將兩千年來的古代禮制研究成果，做了出色的總結。[34]而王文錦《禮書通故》點校本的出刊，對研究晚清禮學的學者而言，頗有助益。茲述《禮書通故》點校本的學術價值，如下：

（一）補正訛誤，可資校勘參考

禮學繁雜，許多問題自古就眾說紛紜，莫衷一是。《禮書通故》提出並加以解釋的疑難問題大大小小共有三千四百七十條，這麼多問題，黃氏的分析判斷自然不可能做到條條令人滿意。王文錦說：「我

---

33 〔清〕黃以周撰，王文錦點校：〈點校前言〉，《禮書通故》，頁4。
34 〔清〕黃以周撰，王文錦點校：〈點校前言〉，《禮書通故》，頁4。

通過他校也發現了若干文字失誤的地方，凡有校正，都在有關條目之後出了校記。」[35]胡玉縉〈禮書通故跋〉已經指出幾條。此外，王文錦覺得尚有可議處，今約舉數端，聊供參考。

1 〈社禮通故〉第二十六條

王肅云：「〈郊特牲〉言祭社『君南鄉于北墉下，答陰之義』，陰氣北鄉，故君南鄉以答之也。」「秦靜云：「社稷別營，自漢以來相承南鄉。漢之于周，世代未遠。郜上頹基，商丘餘樹，猶應尚存，迷失方位，未至于此。通儒達識，不以為非。」何佟之云：「祭社北鄉，故君答南鄉，[36]社主陰氣故也。餘祀雖亦地祇之貴，而不主此義，故位鄉不同，不得見餘陰祀不北鄉，便謂社應南鄉也。據《周禮》祭社南鄉，君求幽宜北鄉，而《記》云君南鄉答陰之義，則求幽之論不乖與？」[37]

以周案：

墉以依主，君鄉南，墉必非北；墉在北，君必不能南鄉。《記》文宜「君南」連讀，「鄉于北墉下」連讀。社壇無屋有墉，北墉下，社主之所在也。君在社南而鄉于北墉，是為答陰，答之言對也。〈郊特牲〉又言「君之南鄉，答陽之義」，則此云答陰之義，是君鄉北明矣。且自南北二郊以及羣神小祀位皆南鄉，初無陽祀陰杞之分。何氏既知餘陰祀不北鄉，而謂社

---

35 〔清〕黃以周撰，王文錦點校：〈點校前言〉，《禮書通故》，頁5。

36 〔清〕黃以周撰，王文錦點校：〈社禮通故〉，《禮書通故》第十三：「注（一）故君答南鄉：『君答』原倒，據〈校文〉引後定本乙。」頁669。

37 〔清〕黃以周撰，王文錦點校：〈社禮通故〉，《禮書通故》第十三，頁669。

獨不然，君可以南面臨之，其足信乎！至稷主束鄉之說，尤為
謬妄之不待辨者。[38]

案：〈社禮通故〉第二十六條，黃以周轉引《南齊書・志第一・禮上》
卷九，永明十一年，兼祠部郎何佟之議論《禮記・郊特牲》：「君南向
於北墉下，答陰之義也」一事[39]，而刪改原文。王文錦認為黃以周將
《禮記・郊特牲》「君南鄉于北墉下」讀為「君南，鄉于北墉下。」
《三禮》無此句法，令人難以信服[40]。黃以周之解讀，值得商榷。

2 〈宗廟禮通故〉第三十三條

鄭玄云：「小宗伯辨廟祧之昭穆，自始祖之後，父曰昭，子曰
穆。」孔廣森云：「昭，左也；穆，右也。人道尚左，神道尚
右。廟祧之位，當先三穆，後三昭。又〈冢人〉人墓地亦『以
昭穆為左右』，而謂先昭後穆，得無于地道尊右之義尤未協
與？文王稱穆，武王稱昭，二祧並立，百世不毀。若以昭先
穆，是周之諸王無不子先于父矣。」[41]

以周案：

---

38 〔清〕黃以周撰，王文錦點校：〈社禮通故〉，《禮書通故》第十三，頁669。

39 〔梁〕蕭子顯〈志第一・禮上〉，《南齊書》：「永明十一年，兼祠部郎何佟之議：
「案《禮記・郊特牲》：『社祭土而主陰氣也，君南向於北墉下，答陰之義也』。鄭
玄云：『答猶對也』。『北墉，社內北墻也』。王肅云『陰氣北向，故君南向以答之。
答之為言是相對之稱』。……魏世秦靜使社稷別營，稱自漢以來，相承南向。漢之
於周，世代未遠，鄗上頹基，商丘餘樹，猶應尚存，迷方失位，未至於此，通儒達
識，不以為非。」（臺北市：鼎文書局，1987年），卷9，頁137-138。

40 〔清〕黃以周撰，王文錦點校：〈點校前言〉，《禮書通故》，頁4。

41 〔清〕黃以周撰，王文錦點校：〈宗廟禮通故〉，《禮書通故》第十六，頁738。

左昭右穆，據人子入廟助祭為文。若以始祖坐向而言，其父曰
昭，居右；其子曰穆，居左，正合神道尚右之義。經言昭穆，
不言穆昭，以此。其後子孫各以昭穆之班祔，自為尊卑，又不
以昭穆為尊卑。如新死者入昭廟，與其父並列四親，豈亦可謂
尊于穆廟乎？文王稱穆，武王稱昭，其舊班本如此，非周公欲
先文王而穆之也。孔說泥矣。[42]

案：〈宗廟禮通故〉第三十三條，黃以周節引《周禮‧春官宗伯》鄭
玄論「小宗伯辨廟祧之昭穆」[43]之事宜，又節引孔廣森論述昭穆之
說。王文錦指出〈宗廟禮通故〉二第三十三條，言昭穆之位，與鄭玄
〈禘祫志〉不合，非是。

3 〈射禮通故〉第七十四條

鄭玄云：「『賓、主人、大夫若皆與射』，言若者，或射或否，
在時欲耳。」敖繼公云：「賓與主人或有一人不欲射，則闕此
一耦，蓋不可與餘人為耦故耳。」焦以恕云：「《記》云『眾賓
不與射者不降』，是凡在堂上者或射或否，各順其欲，初無一
定也。《義疏》云：『主人以射故而請賓，賓以射故而應主人之
請，必無不與之事。而《經》云若者，蓋不為必然之辭，且為

---

42 〔清〕黃以周撰，王文錦點校：〈宗廟禮通故〉，《禮書通故》第十六，頁738。

43 〔漢〕鄭玄注，〔唐〕賈公彥疏：〈春官‧宗伯〉，《周禮注疏》云：「辨廟祧之昭
穆。祧，遷主所藏之廟。自始祖之後，父曰昭，子曰穆。〔疏〕：『周以文武為二
祧，文王第稱穆，武王第稱昭。當文武，後穆之木主入文王祧，昭之木主入武王
祧，故云遷主所藏之廟曰祧也。云：『自始祖之後，父曰昭，子曰穆』者，周以后
稷廟為始祖，特立廟不毀，即從不窋已後為數，不窋父為昭，鞠子為穆。從此以
后，皆父為昭，子為穆，至文王十四世，文王第稱穆也。』（臺北市：藝文印書
館，1993年），卷19，頁290-291。

大夫及三賓言之耳。」案：此禮為鄉人習射，則賓、主人及眾賓無妨以不能自謙也。[44]

以周案：

> 下《經》云「眾賓將與射者皆降」，《記》云「眾賓不與射者不降」，則此云「若皆與射」，明指眾賓言，賓、主人斷無不射之理。《記》言不與射，亦未嘗及賓、主人。且上文司射請射，賓即許諾，明著賓之射矣。《經》文「賓主人大夫」句，「若皆與射」連下「則遂告」為義，謂眾賓若皆與射，於賓、主人、大夫前，必告其人也。故下文直接之曰「則遂告賓，適阼階上告于主人，遂告于大夫」，為賓、主人、大夫尊也。於眾賓直云「作射」，不以告，故經文上列「賓、主人、大夫」五字以起例。經文又云「主人與賓為耦，大夫雖眾，皆與士為耦，以耦告于大夫曰某御于子」，明告眾賓與射之時，即以其耦并告之也。〈大射禮〉於司射初請射之後，亦「遂告曰，大夫與大夫，士御于大夫」；再請射之後，亦「遂告賓御于公，諸公卿則以耦告于上，大夫則降即位而後告」，與此正同。所異者，〈鄉射〉二事并告之，〈大射〉則分為二次耳。舊解此經多誤。[45]

案：〈射禮通故〉第七十四條，黃以周節引《儀禮‧鄉射禮》第五，卷十二所述：「賓、主人、大夫若皆與射，則遂告於賓，適阼階上告

---

44 〔清〕黃以周撰、王文錦點校：〈射禮通故〉，《禮書通故》第二十五，頁1127。
45 〔清〕黃以周撰、王文錦點校：〈射禮通故〉，《禮書通故》第二十五，頁1127。

於主人，主人與賓為耦。」[46]之事宜，又節引引敖繼公、焦以恕、《義疏》之言[47]，說明此禮為鄉人習射，則賓、主人及眾賓無妨以不能自謙也。王文錦指出，讀〈鄉射禮〉「賓主人大夫若皆與射則遂告於賓」，謂「大夫」下圈斷，「若皆與射則遂告於賓」謂「眾賓若皆欲射，於賓主人大夫前必告其人也。」黃以周所解，則「賓主人大夫」形同虛設，而另以「眾賓」為主語，經外添說，殊為牽強。[48]

---

46 〔漢〕鄭玄注、〔唐〕賈公彥疏：〈鄉射禮〉，《儀禮注疏》：「司射倚撲於階西，昇，請射於賓，如初。賓許諾。賓、主人、大夫若皆與射，則遂告於賓，適阼階上告於主人，主人與賓為耦。言若者，或射或否，在時欲耳。射者繹己之志，君子務焉。大夫，遵者也。告賓曰：『主人御於子。』告主人曰：『子與賓射。』〔疏〕：射者繹己之志者，《禮記‧射義》文，繹謂陳己之志意也。云：『大夫，遵者也』者，上云大夫有遵者是也，故與賓主同在任情之限。云告賓曰：『主人御於子。』告主人曰：『子與賓射。』此約下大夫與士射之辭，以賓比大夫，以主人比士，尊賓之義也。」卷12，頁127。

47 〔漢〕鄭玄注，〔唐〕賈公彥疏：〈鄉射禮〉，《儀禮注疏》：「遂告於大夫，大夫雖眾，皆與士為耦。以耦告於大夫，曰：『某御於子。』大夫皆與士為耦，謙也。來觀禮，同爵自相與耦，則嫌自尊別也。大夫為下射而云御於子，尊大夫也。士謂眾賓之在下者，及群士來觀禮者也。禮，一命已下，齒於鄉里。〔疏〕釋曰：云『大夫為下射，而云御於子，尊大夫也』者，上命三耦云：『命上射曰某御於子，命下射曰子與某子射。今命大夫雲某御於子，與上射同』，言眾賓則與賓俱來者也。下記云：『大夫與，則公士為賓。』鄭注云『公士，在官之士。』則眾賓之內亦有士矣，與賓俱至，則得主人之所命者也。其將射而至者，非主人之所命，直來觀禮者也。但是一命已下，莫問先后而至，皆齒於堂下，故鄭總云：『士謂眾賓之在下者及群士來觀禮者也。』云：『《禮》一命以下，齒於鄉里』者，《周禮》黨正禮十月行正齒位之禮云：『一命齒於鄉里，再命齒於父族，三命不齒。』案《鄉飲酒》注云：『此篇無正齒位之禮』，則鄉射先行鄉飲酒之禮，亦無正齒位之法。而云一命以下齒於鄉里者，《鄉飲酒》、《鄉射》雖無正齒位之禮，士立於下，是以一命者在下，與鄉里齒，是其常法。諸侯之士無再命以上，若為公卿大夫，自在尊東，為遵也。言士與眾賓之在下者，則堂上三賓不與大夫為耦矣，亦皆射，故下文云：『眾賓與射者皆降』是也。」卷12，頁127。

48 〔清〕黃以周撰，王文錦點校：〈點校前言〉，《禮書通故》，頁4。

4 〈職官禮通故〉第一三五條

《周官》〈春官〉有大宗伯、小宗伯，諸侯以司馬兼之，無宗
伯而有宗人。《左氏傳》云夏父弗忌為宗伯，說者謂魯有宗伯
之官。[49]

以周案：

定四年《傳》云「分魯以祝宗卜史」，杜注解宗為宗人，明魯
止有宗人之官也。哀二十四年《傳》云「使宗人釁夏獻其
禮」，亦不稱宗伯。且《國語》記此事亦止云「夏父弗忌為
宗」，又云「宗人夏父展」，鄭注〈大宗伯〉及〈禮器〉引《左
傳》俱云「夏父弗忌為宗人」，則今本作「宗伯」字誤也。胡
氏〈釋官〉云：「《周禮》大宗伯卿，小宗伯中大夫，諸侯五大
夫無小宗伯，則宗人不在大夫之列，當使士為之，但其職亦有
大小。〈雜記〉云：『大夫之喪，大宗人相，小宗人命龜。』
《皇侃》云：『大小二宗並是其君之職，來為喪事，如司徒旅
歸四布是也。』孔疏因以為大小宗伯。」劉執中疑為都宗人、
家宗人。考仕冠禮筮日有宗人，鄭注「宗人，有司主禮者」。
〈士喪禮〉卜日亦云「族長涖卜，宗人命龜」，鄭注「族長，
有司掌族人親疏者」，則大夫之小宗人即宗人，其大宗人猶族
長也。小宗人亦謂之宗有司。《魯語》「宗有司」韋注：「宗官
司事臣。」大宗人，其對宗有司言之也。[50]

49 〔清〕黃以周撰，王文錦點校：〈職官禮通故〉，《禮書通故》第三十四，頁1471。
50 〔清〕黃以周撰，王文錦點校：〈職官禮通故〉，《禮書通故》第三十四，頁1471。

案：〈職官禮通故〉第一三五條，黃以周節引《周禮‧春官》論述大
宗伯、小宗伯之言[51]，並節引定四年《傳》，來論述大宗伯、小宗伯之
職官。王文錦指出，「定四年傳」至「作宗伯字誤也」九十九字，乃
胡匡衷（1728-1801）《儀禮釋官》中語，不應冠以「以周案」，據為
己說。[52]

5 〈衣服通故〉第四十一條

> 鄭玄云：「〈士冠禮〉，爵弁服，纁裳，純衣，緇帶，韎韐。爵
> 弁者，冕之次，其色赤而微黑，如爵頭然，或謂之緅。纁裳，
> 淺絳裳。純衣，絲衣也。餘衣皆用布，唯冕與爵弁服用絲耳。
> 先裳后衣者，欲令下近緅，明衣與帶同色。」賈公彥云：「凡
> 衣與冠同色者，先言衣，後言裳。今爵弁與衣異，故退純衣於
> 下，使與帶同色也。」[53]

以周案：

> 爵古通雀。《爾雅》「鶅黃楚雀」，鶅黑而黃，謂之爵弁。鄭與
> 緅釋爵，其意色以赤為體，而更染之以黑，與緇相近，正明爵
> 弁衣冠同色也。賈疏非。凌氏沿其訛。爵弁服緇衣纁裳，其裘
> 狐青，玄綃衣以裼之。（見疏引熊氏）其帶（一）大夫以上

---

51 〔漢〕鄭玄注，〔唐〕賈公彥疏：〈春官‧宗伯〉，《周禮注疏》：「惟王建國，辨方正
位，體國經野，設官分職，以為民極。乃立春官宗伯，使帥其屬而掌邦禮，以佐王
和邦國……《傳》曰：『夏父弗忌為宗人』，又曰：『使宗人釁夏獻其禮』。《禮‧特
性》云：『宗人昇自西階，視壺濯及豆籩。然則唐虞曆三代，以宗官典國之禮與其
祭祀，漢之大常是也。』」卷17，頁259。

52 〔清〕黃以周撰，王文錦點校：〈點校前言〉，《禮書通故》，頁4。

53 〔清〕黃以周撰，王文錦點校：〈衣服通故一〉，《禮書通故》，頁96-97。

素，士以緇。其韠靺韐，《隋志》云「爵韠」，誤以玄端之韠當之。《通典》云：「士祀弁爵玄冠，皆玄衣，其裳上士以玄，中士以黃，下士雜裳。」又誤以玄端之衣裳當之。皆非。[54]

王文錦點校：

（一）其帶：此上原有「司服凡兵事韋弁服以靺韋為弁又以為衣裳見鄭注靺為赤黃其裳狐黃黃衣以裼之。見《詩‧羔羊》疏」凡正文三十一字，注文八字。《校文》云：「原稿本在韋弁節，誤衍在此。後定本刪去。」今據刪。[55]

案〈衣服通故〉第四十一條，黃以周節引《儀禮注疏‧士冠禮》鄭玄注「爵弁服，纁裳，純衣，緇帶，靺韐」[56]之形制，並參引《隋志》、《通典》所述，以說明「爵韠」誤以玄端之韠當之，是訛誤的。王文錦點校時，刪去原稿本在「韋弁節」中所引《詩‧羔羊》疏」凡正文三十一字，注文八字。

綜觀上述，可知《禮書通故》六冊內容繁複，黃以周他的學術觀點、研究方法、資料運用諸方面，有些不愜人意的地方，這是很自然的事。[57]尤其在引文方面，黃以周在節引或轉引古籍上，經常有增刪

---

54 〔清〕黃以周撰，王文錦點校：〈衣服通故一〉，《禮書通故》，頁96-97。

55 〔清〕黃以周撰，王文錦點校：〈衣服通故一〉，《禮書通故》，頁96。

56 〔漢〕鄭玄注，〔唐〕賈公彥疏：〈士冠禮〉，《儀禮注疏》注：「爵弁服，纁裳，純衣，緇帶，靺韐。此與君祭之服。《雜記》曰：『士弁而祭於公。』爵弁者，冕之次，其色赤而微黑，如爵頭然，或謂之緅。其布三十升。纁裳，淺絳裳。凡染絳，一入謂之縓，再入謂之赬，三入謂之纁，朱則四入與？純衣，絲衣也。餘衣皆用布，唯冕與爵弁服用絲耳。先裳后衣者，欲令下近緇，明衣與帶同色。」卷2，頁15。

57 〔清〕黃以周撰，王文錦點校：〈點校前言〉，《禮書通故》，頁5。

文字與版本乖違之現象產生。「智者千慮，或有一失」（《舊唐書‧宇
文融傳》），我們不能因此而忽視他的學術成就。

（二）改古字為通用正體，方便讀者閱讀

黃以周崇尚古雅，因此在《禮書通故》的正文注文中，引用大量
的古字，茲舉例證，如下：

> 「于」作「亏」……「西」作「卤」……「年」作「秊」……
> 「別」作「冎」……「還」作「遑」（〈宗法通故〉第八），
> 「戾」作「盭」（〈羣祀禮通故〉第十四），「邪」作「衺」（〈井
> 田通故〉第三十五），「臆」作「肊」（〈敘目〉第五十）[58]

王文錦點校《禮書通故》時提到：「黃以周特意用了大量的古字，即
使最常用的字，也都採用古體，此類甚多，不勝枚舉。為了排印和閱
讀的方便，除有關分析字形之處與〈六書通故〉三所附韻表保留原字
外，其他各卷都將古字，一一改成常見繁體字。」[59]將古字改成繁體
字，使此書的流通更廣泛。

（三）增列目錄，方便檢索文獻

《禮書通故》全書分為五十目，共一〇二卷。各卷均由若干條組
成，每條討論一個問題，按順序選錄幾家有代表性的見解，然後加上
案語、分析綜合，提出自己的論斷。本書探討的範圍廣、時間長，舉
凡經注史說，諸子雜家，上自秦漢經師，下至當代學者，無不廣泛涉

---

58 徐世昌等編纂：〈敘目〉，《清儒學案‧儆居學案下》，卷154，頁5975。
59 〔清〕黃以周撰，王文錦點校：〈點校前言〉，《禮書通故》，頁5-6。

及。從門目方面看，本書對《周禮》、《儀禮》、《禮記》三書的基本內容可謂囊括無遺。本書考辨詳明，斷制準確，澄清和解決了大量疑難問題，在學術上享有盛譽，是研究古禮古制的重要基本文獻。

章學誠在《校讎通義‧序》上說：「辨章學術，考鏡源流。」[60]說明目錄學之重要。王文錦先生點校此書，為了方便學者閱覽和稱引，又為全書編制了詳細目錄，前四十七門，每門皆由若干條組成，以每門為單位，逐條編上阿拉伯數碼。並且對全書做了全面而精到的校勘和標點，凡有改動都寫出校記，後附胡玉縉《禮書通故跋》，供讀者參考。綱舉目張，方便學者檢索文獻。

五 《禮書通故》點校本的商榷

胡玉縉先生評《禮書通故》云：「作者難，讀者亦不易。」誠然《三禮》經文的古奧、禮制問題的繁雜，致使斷句頗為不易，王文錦點校《禮書通故》已為此書解決許多疑難問題，但閱點校本，仍發現有諸多值得商榷之處。茲臚列如下：

（一）斷句疑誤

翻閱《禮書通故》點校本之標點符號，大多以逗號表示語意未完，用句號來斷句，其他新式標點符號鮮少用到。在斷句方面，參看引文原典之斷句，與王文錦點校本有些差異。茲舉例說明如下：

---

60 〔清〕章學誠：《文史通義》、《校讎通義》（臺北市：盤庚出版社，出版年不詳），頁227。

1 〈禮書通故〉第十五條云

> 鄭玄云:《論語》『雅言《詩》《書》執禮』,讀先王典法,必正言其音,然後義全,故不可有所諱也。禮不誦,故言執。」朱熹云:「雅,常也。執,守也。獨言執者,以人所執守而言,非徒誦說而已也。」
>
> 以周案:記有「讀喪禮」、「讀祭禮」、「讀樂章」之文,禮非不誦也。朱子謂非徒誦說而已,較為可通。然揆諸文義,終嫌不類。執猶掌也。執禮,猶後人所謂掌故是也。[61]

案:〈禮書通故〉第十五條黃以周轉引《論語·述而》:「子所雅言,《詩》,《書》,執《禮》,皆雅言也。」[62],與鄭玄云:《論語》『雅言《詩》《書》執禮』之斷句相異。而朱熹云:「雅,常也。執,守也。《詩》以理情性,《書》以道政事,《禮》以謹節文,皆切於日用之實,故常言之。《禮》獨言執者,以人所執守而言,非徒誦說而已也。」[63]不僅斷句不同,引文亦有刪改,王文錦在點校時,卻未能指摘其訛誤之處。

2 〈宮室通故〉第三條云

> 《書·顧命》:「延入翼室恤宅宗」,《偽孔傳》以翼室為路寢之別名,非也。
>
> 翼室者,《伏傳》所謂北堂是也。以南堂言之,謂之北堂,以

---

61 〔清〕黃以周撰,王文錦點校:〈禮書通故〉,《禮書通故》第一,頁18。

62 〔魏〕何晏:〈述而〉,《論語集解》(臺北市:新興書局,1973年),頁32。

63 〔宋〕朱熹:〈述而〉,《論語集注》(臺北市:鵝湖出版社,1998年),頁97。

太室言之，謂之翼室，異名同地。天子路寢以太室為最尊，北
堂之翼室次之。子貢觀于魯廟，有北堂九，蓋其尊可知也。時
尸在太室，斂殯在南堂，故以北堂為恤宅，尊之也。故曰宗。[64]

案：〈宮室通故〉第三條：「有北堂九，蓋其尊可知」，斷句有誤，當
於「蓋」字斷句，應作「北堂九蓋，其尊可知」。子貢觀魯廟，事見
《荀子・宥坐篇》：「子貢觀於魯廟之北堂，出而問於孔子曰：『鄉者
賜觀於太廟之北堂，吾亦未輟，還復瞻被九蓋皆繼，被有說邪？匠過
絕邪？』楊倞注：「北堂，神主所在也。輟，止也。九，當為『北』。
被，皆當為『彼』。蓋，音『盍』，戶扇也。」[65]依據楊倞之注解，
「九」，當為北，傳寫有誤。《禮書通故》立文未從其說，仍作「有北
堂九」，此說不正確。王文錦在點校時，卻未能摘其訛誤之處。

3 〈衣服通故〉第一九五條云

《毛詩》傳云：「縞衣白色男服，綦巾蒼色女服。」《說文》
云：「綼，帛蒼艾色也。《詩》曰：『縞衣綼巾』。未嫁女所
服。」鄭箋云：「綦，綦文也。縞衣綦巾，己所為作者之妻服
也。」[66]

以周案：

---

64 〔清〕黃以周撰，王文錦點校：〈宮室通故〉，《禮書通故》第二，頁25。

65 梁叔任：〈宥坐〉，《荀子約注》：「久保愛曰：『吾亦未、元本作『未既』，被九蓋、
作『九蓋被』。……楊曰：『皆繼，謂其材木斷絕，相接繼也。子貢問北盍皆繼續，
彼有說邪？匠過誤而遂絕之也？』」（臺北市：世界書局，1971年），第29篇，頁
392。

66 〔清〕黃以周撰，王文錦點校：〈衣服通故第三〉，《禮書通故》，頁185。

許說從毛，是。[67]

案：〈衣服通故〉第一九五條，黃以周節引《毛詩》、《說文》之說，來詮釋「縞衣綦巾」[68]之詞義與用途，並說明許慎《說文》之說是依據《毛詩》之說。觀察節引之文不僅刪改原文《鄭風·出其東門》：「縞衣，白色，男服也。綦巾，蒼艾色，女服也。願室家得相樂也。」[69]且斷句有誤。王文錦點校時，並未指摘出來。

綜合上述三條，可知王文錦點校《禮書通故》，斷句有訛誤，全書中有此現象者，尚有多處，限於篇幅，無法一一列舉。

（二）失校與漏校

王文錦點校《禮書通故》，在校勘方面，以「重修本」為基礎，增補刪改，逐條做「校記」，並於「校記」中保存了「重修本」的舊文，讓研讀《禮書通故》點校本的讀者能夠考辨全文之源流。但百密仍有一疏，點校本中，仍有許多語焉不詳之處，茲舉隅《禮書通故》第三〈衣服通故〉之篇章，來指摘點校本「失校漏校」之處，說明如下：

---

67 〔清〕黃以周撰，王文錦點校：〈衣服通故第三〉，《禮書通故》，頁185。

68 〔漢〕毛亨傳，鄭玄箋，〔唐〕孔穎達等正義：〈鄭風·出其東門〉，《毛詩正義》：「縞衣，白色，男服也。綦巾，蒼艾色，女服也。願室家得相樂也。」（臺北市：藝文印書館，1993年），卷4，頁181。

69 〔漢〕毛亨傳，鄭玄箋，〔唐〕孔穎達等正義：〈鄭風·出其東門〉，《毛詩正義》：「鄭箋云：『縞衣綦巾，己所為作者之妻服也，時亦棄之，兵革之難，不能相畜。心不忍絕，故言且留樂我員。此思保其室家。窮困不得有其妻，而以衣巾言之，恩不忍斥之。綦，綦文也。』」見《毛詩正義·鄭風·出其東門》，卷4，頁181。

1 〈衣服通故〉第四條云

孔安國、鄭玄說，麻冕三十升布為之。蔡邕云：「周爵弁，殷哻，夏收，皆以三十升漆布為殼。」江永云：「古布幅闊二尺二寸，當今尺一尺三寸七分半。若容三十升之縷，則今尺一分之地，幾容一十八縷，此必不能為者也。冠升倍衣，唯喪服斬衰三升、冠六升則然。自齊衰以下，則非倍半之數矣。禮無冠倍于衣之制，麻冕之布、亦不過十五升。」[70]

以周案：

冠衣升數，惟喪服有明文。舊注以斬衰之冠倍以例之，故云麻冕升。江氏以小功緦麻冠衰同升例之，故云麻冕十五升，說各有據。但麻冕之布，本屬細密難成，金仁山欲減其縷，江慎修又減其升，皆疑二尺二寸之幅，節以今尺，不能容如此數也。夫今古尺之長短，說人人殊。今以諸書記尺寸者參攷之，惟云古尺得今尺之八寸一分，其說近是。江氏定古尺當今尺六寸二分半，則車廣六尺六寸，何以容三人？席長八尺，何以容四人？（見〈曲禮〉注）。

簠深尺內方尺，何以容米八斗？臂寸，何以容米四升？不特麻冕之升縷無以容也。且麻冕果止十五升，與他布同，又何細密難成之有乎！（右布縷）[71]

案：〈衣服通故〉第四條，黃以周轉引《論語・子罕》，孔子談論「麻

---

70 〔清〕黃以周撰，王文錦點校：〈衣服通故一〉，《禮書通故》，頁76-77。
71 〔清〕黃以周撰，王文錦點校：〈衣服通故一〉，《禮書通故》，頁76-77。

冕禮」，朱熹以「緇布冠，三十升布為之，升八十縷，則其經二千四百縷矣。細密難成，不如用絲之省約。」[72]加以詮釋。其次又節引《禮記・郊特牲》之經文說明「周爵弁，殷哻，夏收」[73]為三代之冠禮；節引《儀禮注疏・士冠禮》，說明君祭之服長短之尺寸。[74]黃以周在案文中節引《周禮注疏・考工記》：「車廣六尺六寸」、「鬴深尺內方尺」、「臀寸」[75]三段經文，並以詰問之筆法來申論之。依據〈考工記・㮚氏〉：「量之以為鬴，深尺，內方尺而圜其外，其實一鬴。」[76]鄭玄《注》：「四升曰豆，四豆曰區，四區曰鬴，鬴六斗四升也，鬴十

---

72 〔宋〕朱熹《四書章句集註》：〈子罕〉，《論語集注》：「子曰：『麻冕禮也；今也純。儉，吾從眾。』《朱熹集註》注：『麻冕，緇布冠也。純，絲也。儉，謂省約。緇布冠，以三十升布為之，升八十縷，則其經二千四百縷矣。細密難成，不如用絲之省約。』（臺北市：鵝湖出版社，1984年），卷5，頁109。

73 〔漢〕鄭玄注，〔唐〕孔穎達：〈郊特牲〉，《禮記正義》云：「冠義：始冠之，冠緇布冠也。太古冠布，齋則緇之，其緌也。孔子曰：『吾未之聞也。』冠而敝之可也。適子冠於阼，以著代也。醮於客位，加有成也。三加彌尊，喻其志也。冠而字之，敬其名也。委貌，周道也。章甫，殷道也。毋追，夏后氏之道也。周弁，殷哻，夏收，三王共皮弁素積。」卷36，頁504。

74 〔漢〕鄭玄注，〔唐〕賈公彥疏：〈士冠禮〉，《儀禮注疏》云：「爵弁服，纁裳，純衣，緇帶，韠韐。此與君祭之服。《雜記》曰：『士弁而祭於公。』爵弁者，冕之次，其色赤而微黑，如爵頭然，或謂之緅。其布三十升。注：『此與『至作『纁』。釋曰：『士禮昏冠，自祭以爵弁服助君祭，故云『與君祭之服』也。云『爵弁者，冕之次』者，凡冕以木為體，長尺六寸，廣八寸，績麻三十升布，上以玄，下以纁，前後有旒。其爵弁制大同，唯無旒，又為爵色為異。又名冕者，俛也，低前一寸二分，故得冕稱。」卷2，頁15。

75 〔漢〕鄭玄注，〔唐〕賈公彥疏：〈考工記〉，《周禮注疏》云：「兵車之輪六尺有六寸，田車之輪六尺有三寸，乘車之輪六尺有六寸。六尺有六寸之輪，軹崇三尺有三寸也；加軫與轐焉，四尺也；人長八尺，登下以為節。」卷39，頁598。

76 〔漢〕鄭玄注，〔唐〕賈公彥疏：〈考工記・㮚氏〉，《周禮注疏》云：「量之以為鬴，深尺，內方尺而圜其外，其實一鬴。」鄭玄《注》：「四升曰豆，四豆曰區，四區曰鬴，鬴六斗四升也，鬴十則鍾。」見〔漢〕鄭玄注，〔唐〕賈公彥疏：《周禮注疏・考工記・㮚氏》，卷40，頁619。

則鍾。」[77]與黃以周之案語:「畐深尺內方尺」不相符,王文錦點校時,未指摘出來。

2 〈衣服通故〉第五條云

弁師掌王之五冕,皆玄冕。鄭玄云:「冕服有六,而言五冕者,大裘之冕蓋無旒,不聯數也。」陸佃、鄭鍔說,大裘被袞,則同一冕,故服六而冕五。[78]

以周案:

〈司服〉言王之冕服有六,而〈弁師〉云五冕者,不數玄冕也。玄冕無旒,〈弁師〉言垂繅綴玉之制,故不及玄冕,而云五冕皆玄冕,以玄冕為質也,則五冕內不數玄冕可知,合玄冕則有六冕亦可知。〈郊特牲〉云:「戴冕璪十有二旒」[79],則大裘之冕有旒,而卻非即袞冕。鄭、陸二說並誤。[80]

案:〈衣服通故〉第五條,黃以周轉引《禮記·郊特牲》論述「弁師掌王之五冕」[81]之禮制,並引鄭玄之說,服六而冕五[82],是因「大裘

---

77 〈考工記·陶人〉云:「陶人為甒:實二鬴,厚半寸,脣寸。盆,實二鬴,厚半寸,脣寸。甑,實二鬴,厚半寸,脣寸,七穿。鬲,實五觳,厚半寸,脣寸。庾,實二觳,厚半寸,脣寸。」卷41,頁636。

78 〔清〕黃以周撰,王文錦點校:〈衣服通故一〉,《禮書通故》,頁77。

79 〔漢〕鄭玄注,〔唐〕孔穎達:〈郊特牲〉,《禮記正義》:「案周郊祭天大裘而冕,〈郊特牲〉云:『王被袞,戴冕璪十有二旒。』故知是魯禮,非周郊也。」卷25,頁480。

80 〔清〕黃以周撰,王文錦點校:〈衣服通故一〉,《禮書通故》,頁77。

81 〔漢〕鄭玄注,〔唐〕賈公彥疏:〈弁師〉,《周禮注疏》,卷32,頁482。

82 〔漢〕鄭玄注,〔唐〕孔穎達:〈郊特牲〉,《禮記正義》:「《周禮·司服》云:『王祀

之冕蓋無旒，不聯數也。」之故。但查考《禮記・郊特牲》孔穎達
疏：引「《周禮・司服》云：『王祀昊天上帝，則大裘而冕，祀五帝亦
如之。』又云：『王被衮，戴冕璪十有二旒。』故知是魯禮，非周郊
也。」與黃以周之案語：「大裘之冕有旒，而卻非即衮冕」之說不同。

3 〈衣服通故〉第七條云

> 玉府共王之服玉、佩玉、珠玉。鄭玄云：「《詩傳》曰：「佩
> 玉，上有蔥衡，下有雙璜，衝牙蠙珠，以納其閒。」鄭司農
> 云：「珠玉，冠飾，十二玉。」」[83]

以周案：

> 服玉統辭，佩玉珠玉別辭。先鄭注釋珠玉，非澤服玉。今本作
> 「服」字。誤。阮氏《校勘記》未正。玩先鄭意，五采繅十有
> 二就，皆五采玉十有二，謂就皆用五采之玉，就各一玉，十二
> 就，有十二玉也。康成不用其說，故注〈弁師〉云：「合五采
> 絲為繩，每一匝而貫五采玉十二，旒則十二玉也。」暗斥先鄭
> 注義。其實依先鄭注，五采玉為一玉有五采，三采玉認為一玉
> 有三采，就各一玉，制與瑱同，亦足備一解。[84]

案：〈衣服通故一〉第七條，黃以周轉引《周禮注疏・天官冢宰下・
玉府》中共王之服玉、佩玉、珠玉之形制[85]，及鄭玄引《詩傳》說明

昊天上帝，則大裘而冕，祀五帝亦如之。』五帝若非天，何為同服大裘？」卷25，
頁480。

83 〔清〕黃以周撰，王文錦點校：〈衣服通故第三〉，《禮書通故》，頁78。

84 〔清〕黃以周撰，王文錦點校：〈衣服通故第三〉，《禮書通故》，頁78-79。

85 〔漢〕鄭玄注，〔唐〕賈公彥疏：〈天官冢宰下・玉府〉，《周禮注疏》：「共王之服

佩玉外觀之形式。黃以周誤將卷名「玉府」雜入正文，而出現「玉府共王之服玉、佩玉、珠玉」令人不解之文字。王文錦點校時，未指摘出來。

　　綜合上述三條，可知王文錦點校本失校與漏校之處，全書中諸如此類者，尚有多處，限於篇幅，無法一一羅列。

六　結論

　　子曰：「工欲善其事，必先利其器」（《論語・衛靈公》），隨著學術的分工日漸細密，古籍點校本已成為當今學者從事學術研究，蒐集資料、掌握參考文獻，不可或缺的參考書籍。古籍整理的內容雖然要注意與新材料、新視角的銜接，但是校點、注釋、輯佚、編纂、考訂等傳統方法仍需綜合運用，珍貴古籍的影印和古籍的普及（包括白話翻譯）也不可輕視。[86]考據家把古代的典籍做了種種辨偽、校勘、注釋的工作，因辨偽而去除古籍中的附會，並啟發懷疑精神，因校勘、注釋使不能讀的古書變成可讀。[87]這些論點，說明古籍點校本之出書，嘉惠後代學者。

　　禮學繁雜，諸多問題，眾說紛紜，猶如抽絲剝繭，治絲益棼。黃以周《禮書通故》是體大思精的著作，經由王文錦點校，更彰顯此書

玉、佩玉、珠玉。佩玉者，王之所帶者。《玉藻》曰：「『君子於玉比德焉。天子佩白王而玄組綬。』《詩傳》曰：『佩玉，上有蔥衡，下有雙璜、沖牙，蠙珠以納其間。』共王之服玉、佩玉、珠玉。佩玉者，王之所帶者。《玉藻》曰：『君子於玉比德焉。天子佩白王而玄組綬。』《詩傳》曰：『佩玉，上有蔥衡，下有雙璜、沖牙，蠙珠以納其間。』」卷6，頁96。

86 吳國武：〈古籍整理是古代文史研究的創新動力〉，《社會科學報》（北京大學中國古文獻研究中心，2008年）。

87 詳參林慶彰：〈實證精神的尋求──明清考據學的發展〉，收入《中國文化新論學術篇──浩翰的學海》（臺北市：聯經出版社，1981年），頁335。

的學術價值。筆者不揣譾漏，歸納三點此書對研究清代禮學者的影響，如下：

（一）王文錦《禮書通故》點校本，在校勘方面頗為用心，雖然全文有疏漏之處，但是瑕不掩瑜，為後代研究清代禮學者提供了優良的研究條件，可以此書為藍本，開拓禮學的研究領域。

（二）北京中華書局大量出版點校本古籍，採用新式標點符號。但閱讀《禮書通故》點校本引文之斷句，與原典之標點符號斷句，略有差異。大陸學者顧遷亦有撰文探討此問題，足證用新式標點符號點校古籍，已引起學者的迴響。

（三）王文錦點校此書，為全書編制了詳細目錄，並逐條編上阿拉伯數碼，方便學者閱覽和稱引。但此書凡六冊、共二七五六頁，在本書檢目上，卻未標明冊數，對學者而言，在檢索全書文獻上，稍嫌不便。

總之，要為卷帙浩繁之《禮書通故》逐篇加以點校，非學養深厚者，難以承擔此項任重道遠之工作，王文錦點校此書，部分篇章雖有值得商榷之處，但對後學者而言，《禮書通故》點校本，仍為研究晚清禮學之重要參考書籍。

參考文獻

（一）專書

〔漢〕毛亨傳 〔漢〕鄭玄箋 〔唐〕孔穎達疏 《毛詩正義》 臺北市 藝文印書館 1993年9月12刷
〔漢〕鄭玄注 〔唐〕賈公彥疏 《周禮注疏》 臺北市 藝文印書館 1993年9月12刷

〔漢〕鄭玄注　〔唐〕賈公彥疏　《儀禮注疏》　臺北市　藝文印書館　1993年9月12刷

〔漢〕鄭玄注　〔唐〕孔穎達疏　《禮記正義》　臺北市　藝文印書館　1993年9月12刷

〔魏〕何晏　《論語集解》　臺北市　新興書局　1973年10月

〔南朝梁〕蕭子顯撰　《南齊書》　臺北市　鼎文書局　1987年5月

〔唐〕杜佑撰　王文錦、王永興、劉俊文、徐庭雲、謝方點校　《通典》　北京市　中華書局　1988年12月

〔宋〕朱熹　《論語集注》　臺北市　鵝湖出版社　1998年10月

〔清〕梁啟超　《清代學術概論》　臺北市　臺灣中華書局　1985年

〔清〕章學誠　《文史通義》、《校讎通義》　臺北市　盤庚出版社　出版年月不詳

〔清〕黃以周撰　王文錦點校　《禮書通故》　北京市　中華書局　2007年4月第1版

〔清〕孫詒讓　《周禮正義》　北京市　中華書局　1987年

徐世昌等編纂　《清儒學案‧儆居學案》　北京市　中華書局　2008年10月

梁叔任　《荀子約注》　臺北市　世界書局　1971年5月

〔南朝梁〕蕭子顯撰　《南齊書》　臺北市　鼎文書局　1987年5月

（二）學位論文

顧　遷　《黃以周及其《禮書通故》研究》　南京市　南京大學中國古代文學專業碩士論文　2008年6月

蘇芳潔　《王楙《野客叢書》研究》　臺北市　臺北市立教育大學中國語文學系碩士論文　2009年

（三）期刊論文

王義耀　〈《野客叢書》點校商榷〉　《古籍整理研究學刊》　1990
　　　　年第3期
林慶彰　〈實證精神的尋求——明清考據學的發展〉　收入《中國文
　　　　化新論學術篇——浩翰的學海》　臺北市　聯經出版社
　　　　1981年12月
林慶彰　〈中國經學發展的幾種規律〉　收入國立高雄師範大學經學
　　　　研究所　《經學研究集刊》　第7期　2009年11月
吳國武　〈古籍整理是古代文史研究的創新動力〉　收入北京大學中
　　　　國古文獻研究中心　《社會科學報》　2008年4月3日第4版
橋本秀美　〈古籍整理的理論與實踐〉　「儒家經典之形成」第十一
　　　　次專題演講　中央研究院中國文哲研究所　2007年2月8日
喬秀岩　〈王文錦老師的生平與學術〉　收入《經學研究論叢》　第
　　　　18輯　2010年9月

（四）數位資源

顧　遷　〈《禮書通故》整理本點校訂補〉　2010年7月31日
　　　　http://www.douban.com/note/83235494/
臺灣中文古籍書目資料庫
　　　　http://rarebook.ncl.edu.tw/rbook.cgi/frameset4.htm

王鍔《三禮研究論著提要》探析[*]

摘要

近十餘年來，在中國大陸掀起研究經學的熱潮，最明顯者為《三禮》研究，各界人士對於經學所提供之人倫教化再度予以肯定。南京師大文學院教授王鍔（1964-）著《三禮研究論著提要》一書，即是從古典文獻學的角度，考察了《周禮》、《儀禮》、《禮記》各篇的成篇年代和全書的編纂者、編纂時間。作者廣泛吸收古今中外學者研究《三禮》的成果，包括近年來的考古發掘成果，對前人所作的研究進行補充論證，利用新的材料推進研究結論，表現了學術創新的功效。本文首先簡介王鍔的學行述略，其次論述其《三禮研究論著提要》著作大要與特色，最後歸納《三禮研究論著提要》的學術價值，及整理解讀此書對當今研究《三禮》的貢獻。在取材方面注重背景知識之探討，蒐集有關王鍔生平事蹟、禮學思想等方面之著作，加以整理、分析、歸納、比較研究，以其能深入王鍔禮學思想之全貌，作一學術研究總結，梳清各章節脈絡關係，呈一完整之研究成果。

關鍵詞：王鍔　三禮　《周禮》　《儀禮》　《禮記》

---

[*] 本文刊載於2015年9月國立臺灣師範大學國文學系第37期（秋季號）中國學術年刊。

一 前言

　　西漢末年，劉向撰作的《別錄》是中國歷史上最早的群書提要目錄，在古代文獻學史和學術史上佔有極重要的地位。根據《漢書・藝文志》的記載：「光祿大夫劉向校經傳諸子詩賦……。每一書已，向輒條其篇目，撮其指意，錄而奏之。會向卒，哀帝復使向子侍中奉車都尉歆卒父業。歆於是總群書而奏其《七略》，故有《輯略》，有《六藝略》，有《諸子略》，有《詩賦略》，有《兵書略》，有《術數略》，有《方技略》。」[1]班固稱「條其篇目」、「撮其指意」的「敘錄」，開創了我國目錄學上敘錄體的提要先例。而提要應寫的項目可分成八項：「一、版本資料（又細分為七小項，如版框的長寬，每半頁大字幾行、幾字等）；二、作者簡介；三、傳本演變；四、內容概述；五、內容篇目；六、內容評價；七、流傳版本；八、參考文獻。」[2]由此可見，論著提要是開啟學術堂奧的門扉，經由論著提要的引領，得見各類學術宗廟之美，百官之富的殿堂。孔子（西元前551-479年）說：「工欲善其事，必先利其器」（《論語・衛靈公》）。隨著學術的分工日漸細密，論著提要已成為從事學術研究，蒐集資料、掌握參考文獻，不可或缺的工具。

　　《三禮研究論著提要》一書分上、下兩編，上編收錄漢至一九九九年歷代學者研究《周禮》、《儀禮》、《禮記》（包括《大戴禮記》）的專著共二六八〇部。民國以前的專著撰有提要，提要內容包括書名、卷數、作者簡介、內容、價值、版本、存佚狀況及藏書單位，對相關

1　〔漢〕班固，〔唐〕顏師古注：《漢書・藝文志》：「師古曰：『輯與集同，謂諸書之總要。』」（臺北市：鼎文書局，1987年），卷30，頁1701。

2　林慶彰、劉春銀：〈重要的提要著作〉，《讀書報告寫作指引》（臺北市：萬卷樓圖書公司，2001年），頁157-158。

的版本源流等問題做了考證。下編收錄一九一二年至一九九九年國內外研究《三禮》的論文共二一一二篇，每篇論文著錄篇名、作者、刊物名稱、發表時間、卷（期）號和頁碼。「補遺」部分，收錄一九九九至二〇〇〇年出版的三本專著、十一篇論文。該書的編著，就《三禮》而言，可使經學、禮學、文學、史學、哲學、考古學、文獻學、圖書館學等研究者省去檢索群書的很多麻煩，閱讀此書，即可以了解古今中外研究「三禮」的相關著作，對學者而言，具有重要的學術參考價值。該書是由蘭州：甘肅教育出版社於二〇〇一年十二月出版，經由作者之增補，於二〇〇七年七月出刊《三禮研究論著提要》（增訂本），全書由第一版之六五九頁，增訂為七三九頁。近年來有關《三禮》之學術研究著作，逐年在遞增，王鍔不斷在蒐集整理，終於在六年後出刊增訂本，更方便學者檢索相關資料。

二 王鍔學行述略與著作述要

王鍔（1964-）甘肅省甘谷縣人，西北師範大學文學博士，南京師範大學文學院教授。主要從事文獻學及《三禮》研究。著作有《三禮研究論著提要》、《禮記成書考》等。《三禮研究論著提要》一書，曾獲中國國家圖書獎。

王鍔於二〇〇四年四月以《禮記成書考》一文獲得西北師範大學文學博士學位，該書後由北京中華書局出版，列入南京師範大學古典文獻研究叢刊。該書從古典文獻學的角度，考察了《禮記》四十九篇的編纂者，「或單篇流傳，或收錄在某一弟子的著作中，或被編選在儒家弟子傳授的不同『記』文中，作者並非一人」[3]；各篇的成篇年

3　王鍔：〈緒論〉，《禮記成書考》（北京市：中華書局，2007年），頁2。

代，大約在「西漢元帝時期至漢成帝初期，由戴聖編纂而成」[4]；全書的內容「記述了以周王朝為主的秦漢以前的典章、名物制度和自天子以下各等級的冠、昏、喪、祭、燕、享、朝、聘等禮儀及家庭、社會人際關係交往中的各種禮俗，反映了儒家學派的思想觀念。」[5]王鍔旁徵博引古今研究《禮記》的文獻，包括近年來的考古發掘成果，對前人正確結論進行補充論證，利用新的材料推進研究結論，表現了學術的創新風貌。

王鍔回首往事，除了父母養育之深恩大德外，令他銘記在心的即是恩師的教誨。一九八六年六月，從西北師範學院歷史系畢業後，留任母校古籍整理研究所工作，他說：

> 有幸侍恩師李慶善先生十載。先生為人厚道，治學謹嚴，用數年之力，將太老師金少英先生的《〈漢書食貨志〉集釋》、《〈大金弔伐錄〉校補》整理完畢，並由中華書局先後於一九八六年十月、二〇〇一年十月出版。[6]

由上述可知，李慶善先生是王鍔的經師亦是人師，引領他做人處事之道和治學門徑，如果沒有李先生的引導，王鍔今天也不會與學術結緣的。二〇〇一年四月，以同等學歷報考趙逵夫先生博士生，承蒙趙先生提攜，給了王鍔一個深造的機會。趙先生給學生的印象是：

> 治學勤奮嚴謹，為文特別重視文獻資料，無論是對自己或學生，都嚴格要求：做人嚴以律己，寬以待人。他淵博的知識、

4　王鍔：〈緒論〉，《禮記成書考》，頁2。

5　王鍔：〈緒論〉，《禮記成書考》，頁2。

6　王鍔：〈後記〉，《禮記成書考》，頁347-348。

紮實的舊學根基、宏觀與微觀相結合的思維方式，在《屈原與他的時代》、《古典文獻論叢》等大作中有充分的體觀。[7]

趙師常講，學問貴在交流，師兄弟之間更要互相學習，揚長避短。在攻讀博士學位期間，經常向諸位師兄弟討教。伏俊璉、池萬興、郭令原、郭向東、饒恆久。徐正英、羅家湘、俞志慧等師兄，均給愚弟以教導和啟迪。《禮記‧學記》曰：「獨學而無友，則孤陋而寡聞。」實非虛語。[8]

綜上所述，可知廣泛的師友人脈關係，宏觀的學術視野，引領他開啟古典文獻學的堂奧。教學相長的互動，實事求是與言必有據的學術態度，以及師兄弟的切磋琢磨，為王鍔學術研究的發展，奠定了良好基礎。

王鍔近年來從事於古文獻的整理、《三禮》的研究和教學工作。經常參與國內外學術研討會發表論文，並在刊物發表諸多論文，茲以表格方式，臚列學術專著、學術研討會論文與單論文篇名，如下：

（一）學術專著

序號	書名	出版社	出版日期	備註
1	三禮研究論著提要	甘肅教育出版社	2001年12月	第一版
2	三禮研究論著提要	甘肅教育出版社	2007年9月	增訂本
3	《禮記》成書考	中華書局	2007年3月	
4	隴右文獻叢稿	甘肅人民出版社	2012年12月	

7　王鍔：〈後記〉，《禮記成書考》，頁348。
8　王鍔：〈後記〉，《禮記成書考》，頁348。

（二）學術研討會論文

序號	論文名稱	學術研討會	發表時間
1	《禮記・曲禮》成篇年代考	淡江大學第四屆文獻學學術研討會——文獻的學理與應用	2003年11月28、29日
2	八行本《禮記正義》的刊刻、流傳和價值	北京大學中國古文獻與文學國際學術研討會	2006年11月27日至29日
3	《禮記》的形成及其流傳	中央研究院中國文哲所學術座談會	2008年8月21日
4	經、經學和經學史研究——兼序《南北朝經學史》	嶺南大學中文系、中央研究院中國文哲所合辦經學國際學術研討會（香港）	2009年5月29日
5	阮刻本《禮記注疏校勘記》質疑——以《禮運》篇為例	嶺南大學中文系「經學之傳承與開拓」國際學術會議暨「聲音與意義——古典詩歌新探」國際研討會（香港）	2014年3月7、8日
6	國圖藏八行本《禮記正義》浮簽考辯	清華大學中國禮學研究中心第三屆禮學國際學術研討會（中國）	2014年12月6-8日

（三）單篇論文

序號	論文名稱	刊物名稱及卷期號
1	鄭玄《儀禮注》版本考辨	《圖書與情報》，1995年第3期
2	《儀禮注疏》版本考辨	《古籍整理研究學刊》，1996年第6期
3	《儀禮》白文經版本考辨	《古籍整理研究學刊》，1998年第1期

序號	論文名稱	刊物名稱及卷期號
4	《月令》與農業生產的關係及其成篇年代	《古籍整理研究學刊》，2006年第5期；《中國經濟史》（人大複印資料），2007年第1期。
5	戴聖生平和《禮記》的編選	《中國文化研究》，2006年第1期
6	清代《王制》研究及其成篇年代考	《古籍整理研究學刊》，2006年第1期
7	大同、小康與《禮運》的成篇年代	《西北師大學報》，2006年第6期
8	字大如錢　墨光似漆 —— 八行本《禮記正義》的刊刻、流傳和價值	《圖書與情報》，2006年第5期
9	《孔子閒居》、《民之父母》之比較及其成篇年代	《禮學與中國傳統文化》，中華書局，2006年12月
10	宋本《纂圖互注禮記》二十卷評議	《圖書與情報》，2007年第6期
11	《禮記·禮器》成篇年代考	《古籍整理研究學刊》，2007年第5期
12	《禮記·曾子問》成篇年代考	《歷史文獻研究》26輯，華中師大出版社，2007年10月
13	宋聶崇義《新定三禮圖》的價值和整理	《孔子研究》，2008年第2期
14	讀《四庫存目標注》	《圖書館工作與研究》2008年第3期
15	戰國楚簡的發現和《禮記》研究的反思	《古文獻研究集刊》第2輯，鳳凰出版社，2008年11月
16	《五禮通考》徵引《二十四史》考異	《國學研究》第22卷，北京大學出版社，2008年12月
17	整理本《禮記正義》平議	《中華文史論叢》，2009年第4期
18	《檀弓》成篇年代考	《經學研究論叢》第17輯，臺灣學生書局，2009年12月

序號	論文名稱	刊物名稱及卷期號
19	《南北朝經學史》序	《南北朝經學史》，上海古籍出版社，2009年7月
20	宋本《纂圖互注禮記》二十卷的流傳和文獻學價值	《傳統中國研究》第7輯，上海人民出版社，2010年3月
21	從《曲禮》、《少儀》看《禮記》禮學思想的現代價值	《儒家文化研究》第3輯，生活・讀書・新知三聯書店，2010年7月
22	東漢以來《禮記》的流傳（上、下）	《井岡山大學學報》，2010年第5、6期
23	《三禮學》	卞孝萱主編《新國學三十講》，鳳凰出版社，2011年1月
24	宗周禮制與先秦散文	《先秦文學與文化》第1輯，上海遠東出版社，2011年7月
25	〈論《五禮通考》對阮刻本《儀禮注疏》的校勘價值〉	《傳統中國集刊》第8輯，2011年11月
26	南宋婺州本《禮記注》研究	《齊魯文化研究》第10輯，泰山出版社，2011年12月
27	《五禮通考》徵引《十三經注疏》考異（續）	《首屆國際〈尚書〉學學術研討會論文集》，臺灣萬卷樓，2012年4月出版
28	析疑論道研經典，續火添薪譜新篇	《中國文哲所通訊》第22卷第1期，臺灣中央研究院出版
29	再論宋本《纂圖互注禮記》的特徵及其影印本	《古文獻研究集刊》第5輯，鳳凰出版社，2012年8月

　　王鍔先生的學術研究，皆是以文獻的整理、闡釋與研究為基礎，先後在《國學研究》、《中國文化研究》、《孔子研究》、《古籍整理研究學刊》等刊物發表論文，出版《三禮研究論著提要》、《〈禮記〉成書考》等著作，嘉惠士林學子。

三　《三禮研究論著提要》的成書由來

　　彭林教授在《三禮研究論著提要‧序》中說：「中國傳統文化是禮樂文化。以《周禮》、《儀禮》、《禮記》為主要研究對象的《三禮》之學，是中國禮樂文化的理論形態，也是中國傳統學術的重要組成部分。《三禮》所記載的儀章文物，歷來被看作是我國古代禮制的淵藪、歷代典制的修訂，如《大唐開元禮》、《政和五禮新儀》、《大明集禮》等，無不參照於此。《三禮》所蘊藉的禮學思想，對古代中國乃至東亞、東南亞的文化，產生了極為深遠的影響。」[9]說明《三禮》之學，熔學術與治術於一爐，因而受到歷代統治者和學者的重視。彭林教授敘述《三禮》的重要性：

> 歷代研究《三禮》的著述，數量驚人，僅漢唐舊注、清儒新疏，已不下千餘卷。而且或單本獨行，或散在文集、叢書之中，搜尋之難，每至令人生畏。近代以來，出版業飛速發展，報章雜誌，名目繁多，查找更是不易。詳盡佔有資料為學術研究之先務，因此，禮學研究的發展，迫切需要一部通貫古今的《三禮》研究論著目錄，使研究者從繁重的、重複的勞動中解放出來。西北師範大學古籍整理研究所的王鍔先生，素好禮學，沉潛求索，積十年之功，編為《三禮研究論著提要》一書，可謂解決了學術界的燃眉之急，為禮學研究做出了可喜的貢獻。[10]

9　彭林：〈三禮研究論著提要序〉，收入王鍔：《三禮研究論著提要》（蘭州市：甘肅教育出版社，2001年），頁1。

10　彭林：〈三禮研究論著提要序〉，收入王鍔：《三禮研究論著提要》第1版，頁2。

　　彭林教授說明歷代研究《三禮》的學術著作，猶如車載斗量，窮畢生精力，難以窺其全貌。而王鍔的《三禮研究論著提要》一書的出刊，對當今學術界研究「三禮」有重要的貢獻。一九九一年十月，王鍔先編成《三禮研究論著目錄》（1900-1990），此稿分論文、專著兩部分，後附有「經學、婚喪制度、祭祀及其他禮制等論著」、「本目錄所收雜誌、出版社一覽表」二個附錄及「著者索引」，並請李慶善教授審閱。李教授說：

> 甚好！然遺憾較多。《三禮》之學，漢、唐、宋、清學者成就最為突出，你書中對一九○○年以前歷代學者研究論著未予體現，實不應該，此其一；清人朱彝尊《經義考》曾對清初以前論著著錄詳盡，理應有所交代，此其二；處今之時，編纂古文獻研究論著目錄，當撰寫提要，發揚中國目錄學的優良傳統，考辨版本源流，評介論著得失，充分吸收古代目錄學思想之精華，方可為學人帶來極大便利，《三禮》目錄亦應如是，此其三；近年來，考古發掘的古文獻甚多，尤以簡帛和敦煌遺書為最，如武威漢簡《儀禮》等，應仿效王國維先生，重視這些材料，與傳世文獻相印證，目錄中對這方面的材料理當著錄，此其四；港臺及國外日本、韓國等，對中國國學尤其是禮學很重視，當盡力搜集，此其五。你應有「板凳願坐十年冷」的精神，方能完成此任務，望努力！[11]

王鍔在李慶善教授猶如醍醐灌頂般語重心長的訓勉後，努力鞭策自己，念茲在茲，不敢稍懈。一九九三年，經郭晉稀先生推薦，又請湖

---

11 王鍔：〈後記〉，《三禮研究論著提要》第1版，頁657。

南師範大學陳戍國先生審閱《三禮研究論著目錄》（1900-1990），陳先生回信說：

> 反覆讀過王鍔君編輯的《三禮研究論著目錄》（1900-1990），很受鼓舞，當今之世仍然不夠重視禮學，而王君於禮學竟如此用功，令人欣喜而且欽佩。茲事體大，非矢志於此而且心細手勤者無以任斯役。可以相信：《三禮研究論著目錄》（應當包括1900以前）之出，必將大有助於經學、禮學、史學、考古學、文獻學、版本目錄學以及整個中國思想文化史（國學）的研究。[12]

在恩師李慶善教授的諄諄期勉和陳戍國先生的獎掖之下，王鍔砥勉自己，刻苦研讀，歷時十餘載，終於完成百餘萬字的《三禮研究論著提要》一書。此書於一九九一年十月編稿完成，當時，尚未見到林慶彰先生主編的《經學研究論著目錄・三禮》（1912-1987、1988-1992），後來將二書參照對比，發現互有缺失，乃以原稿為基礎，利用林師的書和其他工具書加以增補，並擴充至一九九九年。善本書影主要取材於《中國版刻圖錄》等書。[13]由上述可知，王鍔先生治學的嚴謹，著書的詳審，經由名師與專家學者的引導，益之以自己的勤奮，耗時十餘年，《三禮研究論著提要》一書終於問世，嘉惠士林學子。

四 《三禮研究論著提要》的體例

學術著作，與時推移。自《三禮研究論著提要》一書，於二〇〇

---

12 王鍔：〈後記〉，《三禮研究論著提要》第1版，頁658。
13 王鍔：〈後記〉，《三禮研究論著提要》第1版，頁658。

一年問世以來，有關《三禮》的學術著作，如雨後春筍，層出不窮，有鑒於此，王鍔乃以六年時間，旁搜博覽中外學者有關《三禮》的著作，終於二○○七年《三禮研究論著提要》增訂本付梓成書。茲分述第一版、增訂本之體例與前後兩版體例比較，如下：

（一）第一版體例

依據彭林教授在《三禮研究論著提要‧序》中所述，通觀該書，內容齊備，從漢代到西元一九九九年，舉凡《三禮》之學的經、注、疏以及論文、專著、譯介、工具書等，搜羅殆盡，總數達四八○六種之多。這是迄今為止，內容最為齊備的禮學工具書。[14]現在臚列《三禮研究論著提要》第一版全書凡例，如下[15]：

1. 本書收錄漢至一九九九年歷代學者研究《周禮》、《儀禮》、《禮記》（包括《大戴禮記》）的專著和論文。
2. 全書分上、下兩篇，上編收錄專著，下編收錄論文。每編分《周禮》、《儀禮》《禮記》（包括《大戴禮記》）、《三禮》綜論四大類。
3. 《三禮》綜論類，分《三禮》總義、通禮類、雜禮書類三小類。
4. 漢至清人的專著，列書名、卷（冊）數、朝代和作者，並撰寫提要；民國以來的專著，除個別有提要外，只列書名、卷（冊）數、作者、出版單位及出版時間、頁數，不詳者闕如。所有專著均按作者時代和科第先後為次序排列。
5. 提要內容包括作者生平、內容、成書年代、價值、版本、藏書單位和存佚；若一人有數書分見於各類中，其生平惟見於首部中，

---

14 彭林：〈三禮研究論著提要序〉，《三禮研究論著提要》第1版，頁2。
15 彭林：〈三禮研究論著提要序〉，《三禮研究論著提要》第1版，頁1。

後只在出現的書中，曰「某有某書，已著錄」；凡同一書有異名
或卷數不同者，均在提要中說明。

6. 著錄版本，先書名、卷數，次作者、刊刻時代（或抄寫年代）。
凡是善本（包括稿本、抄本、名家校本）書，有資料可考或親睹
其書者、詳細著錄該版本的刊刻年代、刻書處、刊刻者、版本行
款、牌記、序跋、遞藏源流或抄寫者姓氏、抄寫年代等，間著版
本尺寸；如無據可考或因資料缺乏未見者，則統稱某朝刻本或某
朝抄本，其餘暫闕如；一書有多種版本者，按卷數分別著錄，依
時代先後分（1）（2）（3）……排列，先稿本，次刻本、抄本。

7. 有名家題跋，於考查版本特徵、源流甚有益者，則將全文附錄於
該版本後，並據題跋、藏書印等，間加按語，考辨版本源流及藏
書家生平。

8. 凡收入叢書的書，只寫「某某某叢書」本，查《中國叢書綜錄》
即知詳情。

9. 在上編每類前，寫序一篇，詳細綜述《周禮》、《儀禮》、《禮
記》、《大戴禮記》的成書年代、內容、價值、今古文問題及經書
白文的版本、收錄範圍、立類緣由等。

10. 論文著錄篇名、作者、刊名、時間及頁碼；期刊相同者，後加圓
括號說明。

11. 國外學者研究《三禮》的專著和論文，列在每類之後，並在作者
前標明國籍。

12. 收錄的所有專著和論文，用流水號從0001號起，按作者先後及發
表時間為順序編號。

13.「參考文獻」，列出參考引用過的專著，以示論有所據。

14. 為查閱方便，書後編有「書名索引」和「作者索引」。

　　由上述所列十四條凡例，可以大略了解《三禮研究論著提要》第一版全書體例的梗概。全書目錄分為上下篇，上編包括專著：《周禮》類、《儀禮》類、《禮記》類附《大戴禮記》、《三禮》綜論、《三禮》總義、通禮類、雜禮書類等八類。下編包括論文：《周禮》類、《儀禮》類、《禮記》類附《大戴禮記》、《三禮》綜論、《三禮》總義、通禮類、雜禮書類、補遺等九類。書前附有宋元版善本書影十餘幅，書後附有參考文獻、書名索引、作者索引。善本書影、序、凡例。

（二）增訂本體例

　　《三禮研究論著提要》於二○○一年十二月出版，王鍔不斷在蒐集整理，終於在六年後，於二○○七年九月出刊《三禮研究論著提要》（增訂本），王鍔指出此次修訂的資料來源主要有三：「一是自己近年的積累，將自己書架上的書翻閱一過，得增補條目之半；二是利用林慶彰先生主編的《經學研究論著目錄》（1993-1997），補充不少；三是查找《全國報刊索引》以及相關學術刊物，二○○○年以來的論文，主要來源於此。」[16]，增訂本的刊行，更方便學者檢索相關資料。

（三）前後兩版體例比較

　　《三禮研究論著提要》第一版（2001年）與增訂本（2007年）比較表

---

16 王鍔：〈增訂本後記〉，《三禮研究論著提要》增訂本（蘭州市：甘肅教育出版社，2007年），頁738。

項目內容	相同處	相異處
（一） 善本書影	《周禮注疏》： 1 宋紹熙年間兩浙東路茶鹽司刻 　元印本《周禮注疏》五十卷 2 宋婺州市門巷唐宅刻本《周禮 　注》十二卷 《儀禮注》： 1 宋淳祐十二年魏克愚刻 本《儀禮要義》五十卷 2 武威漢簡本《儀禮》甲本《特 牲》第三十至三十七簡上半部 分 3 武威漢簡本《儀禮》甲本《特 牲》第三十至三十七簡下半部 分 4 清道光十年汪士鍾藝蕓書舍影 宋刻本《儀禮疏》 《禮記注》： 1 宋刻遞修本《禮記注》二十卷 2 宋淳熙四年撫州公使庫刻本 　《禮記注》二十卷 3 宋紹熙三年兩浙東路茶鹽司刻 　宋元遞修本《禮記正義》七十 　卷 4 宋淳熙二年鎮江府學刻公文紙 印本《新定三禮圖》二十卷 5 宋嘉熙四年新定郡齋刻本《禮 　記集說》一六〇卷 6 元至正十四年嘉興路儒學刻本 　《大戴禮記》十三卷	增訂本 《周禮注疏》增列三種： 1 宋刻巾箱本《京本點校附音 　重言重意互注周禮》 2 宋建陽刻本《纂圖互注重言 　重意周禮》 3 嘉慶二十三年（1818）黃丕 烈士禮居刻《周禮注》 《儀禮注》增列二種： 1 清乾隆五十七年（1792）嚴 元照手抄本《儀禮要義》 2 清嘉慶二十年（1815）黃丕 烈士禮居刻《儀禮注》 《禮記注》增列七種： 1 宋刻本重言重意《禮記注》 2 宋紹熙間兩浙東路茶鹽司刻 八行本《禮記正義》黃唐跋 3 上海博物館藏《戰國楚竹 書‧民之父母》 4 上海博物館藏《戰國楚竹 書‧緇衣》 5 宋紹熙間建陽刻《纂圖互注 重言重意禮記注》 6 清初武英殿活字本《大學章 句序》 7 宋刻巾箱本《禮記注》

項目內容	相同處	相異處
（二） 凡例	收錄漢至一九九九年歷代學者研究《周禮》、《儀禮》、《禮記》（包括《大戴禮記》）的專著和論文。	收錄的朝代與年限，延伸到「漢至二○○四年」歷代學者研究《周禮》、《儀禮》、《禮記》（包括《大戴禮記》）的專著和論文。
（三） 上編	收錄專著，包括 1 《周禮》類： 　收錄五五一部專著。 2 《儀禮》類： 　收錄五四二部專著。 3 《禮記》類（附《大戴禮記》）： 　收錄九三二部專著。 4 《三禮》綜論（《三禮》總義、通禮類、雜禮書類）：收錄六五五部專著。	無
（四） 下編	收錄論文，包括 1 《周禮》類： 　收錄四五七篇論文。 2 《儀禮》類： 　收錄二七八篇論文。 3 《禮記》類（附《大戴禮記》）： 　收錄八七五篇論文。 4 《三禮》綜論（《三禮》總義、通禮類、雜禮書類）： 　收錄五○二篇論文。 5 補遺：收錄三部專著，十一篇論文。	增訂本 補遺續： 專著部分 收錄 1 《周禮》類十三部專著 2 《儀禮》類十一部專著 3 《禮記》類三十三部專著 4 《三禮》綜論五十六部專著 論文部分 收錄 1 《周禮》類二一○篇論文 2 《儀禮》類一二九篇論文 3 《禮記》類三○六篇論文 4 《三禮》綜論五○七篇論文

項目內容	相同處	相異處
（五） 參考文獻	1 書名索引 2 作者索引 3 專家評審意見 4 後記	增訂本 增列 1 補遺續書名索引 2 補遺續作者索引 3 增訂本後記

由上列表格所述，可知《三禮研究論著提要》第一版與增訂本之差異，略述如下：

1 善本書影

有關《周禮注疏》方面，增列宋刻巾箱本《京本點校附音重言重意互注周禮》、宋建陽刻本《纂圖互注重言重意周禮》、清嘉慶二十三年（1818）黃丕烈士禮居刻《周禮注》等三種；有關《儀禮注》方面，增列清乾隆五十七年（1792）嚴元照手抄本《儀禮要義》、清嘉慶二十年（1815）黃丕烈士禮居刻《儀禮注》等二種；有關《禮記注》方面，增列宋刻本重言重意《禮記注》、宋紹熙間兩浙東路茶鹽司刻八行本《禮記正義》黃唐跋、上海博物館藏《戰國楚竹書‧民之父母》、上海博物館藏《戰國楚竹書‧緇衣》、宋紹熙間建陽刻《纂圖互注重言重意禮記注》、清初武英殿活字本《大學章句序》、宋刻巾箱本《禮記注》等七種；在《大戴禮記》，增列清光緒九年（1883）王灝謙德堂刻孔廣森《大戴禮記補注》、明刻本《大戴禮記》等二種；並增列清初武英殿活字本《大學章句序》一種。增訂本在「善本書影」上，共列二十一種。但其中第十二與第十三均為「宋紹熙間建陽刻《纂圖互注重言重意禮記注》」，第七與第二十一均為「宋紹熙間兩浙東路茶鹽司刻八行本《禮記正義》」，是否為重複列出，抑是內容有別？值得再深入探討。

2 凡例

　　增訂本收錄的朝代與年限，從第一版的「漢至一九九九年」，延伸到「漢至二〇〇四年」歷代學者研究《周禮》、《儀禮》、《禮記》（包括《大戴禮記》）的專著和論文。

3 增列補遺續

　　增訂本增列「補遺續」一項，在專著部分，收錄近二十年來海峽兩岸各大學中文研究所學生的博、碩士論文，例如：《禮記》類，林素英教授著《從古代之祭禮透視其政教觀以——以《禮記》為主之義理論釋》（臺北市：臺灣師範大學國文研究所博士論文，1996年9月，周何教授指導）、彭美玲教授著《古代禮俗左右之辨研究——以《三禮》為中心》（臺北市：臺灣大學中國文研究所博士論文，1996年5月，葉國良教授指導）、王鍔著《《禮記》成書考》（西北師範大學文學院博士論文，2004年6月，趙逵夫教授指導）、吳玉燕著《儒家的和諧觀及其現代詮釋——以《禮記》為例》（臺北縣：輔仁大學中國文學研究所碩士論文，1996年6月，林慶彰教授指導）、游雯絢著：《從社會道德層面剖析《禮記》吉禮之倫理思想》（嘉義縣：中正大學中國文學研究所碩士論文，1995年6月，莊雅州教授指導）等與《三禮》有關的博、碩士論文。

　　其次，收錄與《三禮》有關的出土文獻，例如：荊門市博物館編：《郭店楚墓竹簡》（北京市：文物出版社，1998年2月）、馬承源主編：《上海博物館藏戰國楚竹書》（一）（上海市：上海古籍出版社，2001年11月）、馬承源主編：《上海博物館藏戰國楚竹書》（二）（上海市：上海古籍出版社，2002年12月）、《簡帛書法選》編輯組：《郭店楚墓竹簡‧緇衣》（北京市：文物出版社，2002年10月）等專著；在

論文方面，例如：羅振玉著：《敦煌本《禮記》卷三〈檀弓〉殘卷跋》
（《雪堂校刊群書敘錄》卷下，上虞羅氏貽安堂凝清室刊本，1917
年）、劉信芳著：《〈太一生水〉與〈曾子天圓〉的宇宙論問題》（《中
華文史論叢》第77輯，頁132-153，上海市：上海古籍出版社，2004
年8月）、余欣著：《敦煌的入宅與暖房禮俗──唐宋居住生活之一側
面》（《中華文史論叢》第78輯，頁98-111，上海古籍出版社，2004年
10月）等論文，並收錄日本學者小島毅著，連清吉譯：《〈冬官〉未亡
說之流行及其意義》（《元代經學國際研討會論文集》下冊，頁539-
558，臺灣中央研究院；中國文哲研究所籌備處，楊晉龍主編，辰益
出版有限公司，2000年10月，2002年12月再版）。

綜合上述，可見王鍔編撰此書之用心，綱舉目張，條分縷析，符
合目錄學「辨章學術，考鏡源流」的原則，方便讀者檢索學術論文
資料。

五　王鍔《三禮研究論著提要》的學術價值

王鍔《三禮研究論著提要》一書是一部有價值的學術研究著作，
甘肅教育出版社慧眼識珠，決定不計成本出版此書，使王鍔先生多年
的心血得以轉化為學術界的共同財富。本書的出版，必將受到國內外
讀者的歡迎。茲將本書的學術價值，臚列如下：

（一）體例的編制嚴謹

作者既使用了傳統的目錄學方法，也吸收了現代的編排方法，每
目均編有流水號，方便查檢資料。所收錄論文，詳細記載所在刊物的
頁碼，讀者即此可知論文篇幅的情況。如此，不僅給讀者帶來極大方
便，而且與國際的工具書編撰體例接軌。可以清楚知曉編輯者費心經

營與從善如流的識見，目的就是提供讀者資料索檢的便捷。從漢代到西元一九九九年，舉凡《三禮》之學的經、注、疏以及論文、專著、譯介、工具書等，搜羅殆盡，總數達四八○六種之多。這是迄今為止，內容最為齊備的禮學工具書。該書不僅提供著述的篇名、卷數、出處，而且在每目之後，盡可能詳細地介紹相關的資料，如作者生平、版刻行款、流布過程、鑒定情況等等，應有盡有。一書在手，如見眾書，為讀者作進一步研究提供了很大的方便。[17]

大、小戴《禮記》的編次雖較為雜亂，但內容非常豐富，包括社會觀、人生觀和以「禮治」為主體的儒家思想學說以及教育方式、政治制度、道德修養、人生哲理、音樂教化，天文考據等各個方面，舉凡中國傳統文化的精華、如尊老愛幼、孝敬父母、尊師重教、任人唯賢、朋友之誼、崇尚禮治等等，都可以從此二書中尋找到根源。《禮記》成為歷代學子的必讀之書，受到封建王朝的重視，可見其影響之大。[18]所以，大、小戴《禮記》為我們研究先秦的社會狀況、倫理觀念和中國禮學史以及儒家學說的源流提供了非常寶貴的資料，它們是研究中國傳統文化的重要典籍，應該受到國人的重視，以便汲取其優秀的營養成分，創造更為燦爛的中華文化。

（二）匯集資料廣泛詳博

本書並非單純提供索引的目錄學資料，而且是一部具有較高學術品位的著作。全書分為《周禮》、《儀禮》、《禮記》、三禮綜論等幾大部分，每一部分之前均有綜論一篇，詳細介紹相關的學術背景。由此可見作者對《三禮》之學有比較深入的研究，能比較準確地把握《三

---

17 彭林：〈三禮研究論著提要序〉，收入王鍔：《三禮研究論著提要》第1版，頁2。
18 王鍔：專著《禮記》類，《三禮研究論著提要》第1版，頁230。

禮》研究的脈絡及要點。[19]本書目錄所收之專書和論文，採混合排列，有專書、論文集論文、研究報告、學位論文、期刊等；收錄地區兼及大陸、香港、新加坡各地，並酌收日本、韓國和歐美人士以中文寫作之資料。在收集出土文獻的相關論文方面，例如、李學勤的《郭店簡與禮記》（北京市：人民出版社《中國哲學史》，1998年4期，頁29-32）、《郭店楚簡之〈性自命出〉篇初探》（濟南市：《孔子研究》，1998年3期，頁52-60）等；在收集研究所編印的論文方面，例如《今本〈禮記‧月令〉必出於〈呂氏春秋〉》（臺南市：《成大中文學報》1995年3卷，頁161-169）、《從〈禮記‧禮運〉、〈禮器〉、〈郊特牲〉探討先秦儒家制禮的原理》（臺中市：《興大中文研究生論文集》）；在收集出版社發行的期刊方面，如、《國文天地》、《中國語文》、《學術論壇》等；有收集博碩士論文，例如、莊雅州教授著《夏小正研究》（臺北市：臺灣師範大學國文研究所博士論文，1981年，高明指導）、張曉生教授著《姚際恆及其《尚書》、《禮記》學》（臺北市：東吳大學中文研究所碩士論文，1990年，劉兆祐教授指導）等。

　　總之，這種兼及中外的搜集群書，從中國古代禮學曾經傳播到朝鮮、日本等地，禮學研究在這一地區擁有相當多的研究者與著述，成為禮學研究不可或缺的組成部分。作者對朝鮮、日本的禮學論著也作了詳盡的收集和介紹，其對學術研究的貢獻自不待言。[20]由上述可知，本書的編輯從漢代到西元二〇〇四年，並搜集中外與《三禮》有關的專著與論文，堪稱貫通古今中外文獻與目錄的禮學著作。

（三）詳實分析古籍版本的源流

　　王鍔所撰寫的《鄭玄〈周禮注〉版本考》（《圖書與情報》，1996

---

19 彭林：〈三禮研究論著提要序〉，收入王鍔：《三禮研究論著提要》第1版，頁2。
20 彭林：〈三禮研究論著提要序〉，收入王鍔：《三禮研究論著提要》第1版，頁2。

年第2期）和《鄭玄〈儀禮注〉版本考》（《圖書與情報》，1995年第3
期）兩篇文章，對鄭玄《周禮注》和《儀禮注》兩書的最早刊刻、歷
代所刻之版本源流、存佚狀況等均做了較為詳細的考辨。此外，王鍔
在他所主編的《三禮研究論著提要》一書的《禮記》類中，將鄭玄
《禮記註》的版本分為三大類：唐以前寫本、石經本和刻本[21]。現在
舉《禮記正義》單疏本之版本可考者為例[22]，條列如下：

（1）古卷子本《禮記正義‧曲禮》殘卷，唐孔穎達等撰，汪紹
楹《阮氏重刻宋本十三經注疏考》云：《禮記正義》殘本
一、古抄卷子疏本，存《曲禮》下，凡四百七十七行，前
後略有缺闕。分卷起訖，與孔疏本同。有日本影印卷子
本。二、北宋刊殘本《禮記正義》，存六十三至七十，日
本享延文庫舊藏。

（2）《四部叢刊三編》本《禮記正義‧曲禮》殘卷，唐孔穎達
等撰。《四部叢刊三編》據以影印，後有張元濟跋。按，
今天，我們賴 《四部叢刊三編》，得以看見古卷子本《禮
記正義》殘卷，其可校正今傳《禮記正義》之處甚多，實
張元濟等先生之功勞也。

（3）嘉業堂影本《禮記正義‧曲禮》殘卷，唐孔穎達等撰。今
藏北京大學圖書館。

（4）日本影印古抄本《禮記正義‧曲禮》殘卷，唐孔穎達等
撰。按，此即影印日本藏古抄卷子本《禮記正義‧曲
禮》，今國家圖書館、北京大學圖書館均有藏本。

---

21 潘斌：〈近二十多年來鄭玄《三禮注》研究綜述〉，《古籍整理研究》，2007年第5
期，轉引自http://www.3su.net/article/20061113235549.htm
22 王鍔：專著《禮記》類，《三禮研究論著提要》第1版，頁266-268。

（5）抄本《禮記正義・曲禮》殘存一卷，清楊守敬抄，《復旦
大學圖書館善本目錄》載之，今藏復旦大學圖書館。

（6）北宋刻本《禮記正義》七十卷，唐孔穎達等撰。可校勘今
傳注疏本之訛者甚多。今藏日本享延文庫。

（7）《四部叢刊三編》本《禮記正義》七十卷，唐孔穎達等
撰。據日本享延文庫北宋淳化刻本影印，殘存八卷（卷
63-70）。後有張元濟先生跋語。

（8）和刻本《禮記正義》七十卷，殘存八卷（卷63-70），唐孔
穎達等撰。按據此國家圖書館、北京大學圖書館、浙江大
學圖書館、湖北省圖書館均藏此本。

（9）抄本《禮記正義》殘卷，存八卷，清楊守敬抄。《復旦大
學圖書館善本目錄》載之，今藏復旦大學圖書館。按，此
即殘存之卷六十三～七十是也。

由上述引文可知，《禮記正義》七十卷，漢鄭玄《注》，唐孔穎達《正
義》：宋兩浙東路茶鹽司刻八行本《禮記正義》七十卷，是《禮記》
經注疏合刊之最早刻本，以後所刊經注疏合刊的《禮記正義》之版本
皆其流也。《禮記正義》之版本，可分為兩大類，一為未附唐陸德明
《釋文》者，一為附唐陸德明《釋文》者。未附唐陸德明《釋文》之
版本[23]，敘述如下：

（1）宋元遞修本《禮記正義》七十卷，漢鄭玄注，唐孔穎達正
義，南宋紹熙三年（西元1192年）宋兩浙東路茶鹽司刻宋
元遞修本。按《考文》所據宋刊《禮記正義》，藏日本足

---

23 王鍔：專著《禮記》類，《三禮研究論著提要》第1版，頁269-274。

利學，至今猶存。

（2）宋刻本《禮記正義》七十卷，漢鄭玄注，唐孔穎達正義，
南宋紹熙三年（西元1192年）兩浙東路茶鹽司刻本。殘存
六十二卷，殘卷三十三至四十，《阮氏重刻宋本十三經注
疏考》載之，今藏日本足利學。

（3）宋刻本《禮記正義》七十卷，漢鄭玄注，唐孔穎達正義，
南宋紹熙三年（西元1192年）兩浙東路茶鹽司刻本。原藏
涵芬樓，有張元濟跋，今藏國家圖書館。北京大學圖書館
所藏者，為汪紹楹所云殘本一卷者。上海圖書館所藏者疑
即所云殘存七卷者也。此三本原為一書，後分散矣。

（4）影印宋刻本《禮記正義》七十卷，漢鄭玄注，唐孔穎達正
義，南宋紹熙三年（西元1192年）兩浙東路茶鹽司刻本。
十六冊，今藏國家圖書館。

（5）影印宋刻本《禮記正義》七十卷，漢鄭玄注，唐孔穎達正
義，一九二七年潘宗周影印南宋紹熙三年（西元1192年）
兩浙東路茶鹽司刻本。二十四冊，今藏國家圖書館。

（6）影印宋刻本《禮記正義》七十卷，漢鄭玄注，唐孔穎達正
義，一九八四年中國書店據上海市文管會藏潘宗周影印南
宋紹熙三年（西元1192年）兩浙東路茶鹽司刻本《禮記正
義》書版影印。

綜合上述引文，可見王鍔對《禮記正義》流傳至今之版本源流、存佚
情形、收藏在何處，均有詳實之敘述，可以縮短學者爬疏古籍原典資
料的耗時費事。

（四）條分縷析善本書影

依據本書所著錄善本的體例（包括稿本、抄本、名家校本）書，有資料可考或親睹其書者、詳細著錄該版本的刊刻年代、刻書處、刊刻者、版本行款、牌記、序跋、遞藏源流或抄寫者姓氏、抄寫年代等，間著版本尺寸；如無據可考或因資料缺乏未見者，則統稱某朝刻本或某朝抄本，其餘暫闕如；一書有多種版本者，按卷數分別著錄，依時代先後分（1）（2）（3）……排列，先稿本，次刻本、抄本。[24]茲舉《周禮注疏》為例，《周禮注疏》五十卷，由〔漢〕鄭玄注，〔唐〕賈公彥疏。玄有《周禮注》、公彥有《周禮疏》，以著錄。《四庫全書總目》云：

> 玄於《三禮》之學，本為專門，故所釋特精。惟好引緯書，是其一短。《歐陽修集》有《請校正五經劄子》，欲刪削其書，然緯書不盡可據，在審別其是非而已，不必竄易古書也。又好改經字，亦其一失。然所注但曰當作某耳，尚不似北宋以後連篇累牘，動稱錯簡，則亦不必苛責於玄矣。公彥之《疏》中，亦極博贍，足以發揮鄭學。《朱子語類》稱五經《疏》中，《周禮疏》最好，蓋宋儒惟朱子深於禮，故能知鄭賈之善云。[25]

由上述可知，鄭玄在鄭興、鄭眾、賈逵等人研究的基礎上，集眾家之長，博綜兼採，成《周禮注》。賈公彥在晉陳邵《周官禮異同評》、北周沉重《周官禮義疏》等人的基礎上，發揮鄭義，成《周禮疏》五十

---

24 王鍔：〈善本書影〉，《三禮研究論著提要》第1版，頁1。

25 〔清〕永瑢、紀昀等撰：《經部·禮類一》，《四庫全書總目提要》（臺北市：臺灣商務印書館，1983年），卷19，頁390。

卷。然有唐一代，經注與疏各自別行。清乾隆年間修《四庫全書》時，四庫館臣尚不知《十三注》經注、義疏、釋文各自別行，分別經、義疏、釋文之別行，始於清盧文弨。《周禮注疏》的版本，可分為兩大類，一為未附唐德明《釋文》者，一為附唐德明《釋文》者。然就分卷而言，又有五十卷、十八卷、四十二卷之別。[26]

宋兩浙東路茶鹽司刻宋元遞修本《周禮疏》五十卷，漢鄭玄注，唐賈公彥疏，宋刻本。半頁八行，每行十五字至十七字不等，小字雙行二十二字，白口，左右雙邊。《北京圖書館古籍善本書目》云：

> 《周禮疏》五十卷，唐賈公彥等撰。宋兩浙東路茶鹽司刻，宋元遞修本，三十六冊，八行十五字至十七字不等，小字雙行二十二字，白口，左右雙邊。[27]

《中國版刻圖錄》亦云：

> 《周禮疏》唐賈公彥等撰。宋兩浙東路茶鹽司刻宋元遞修本，紹興，圖版七一。匡高二十一釐米，廣十五，八釐米，八行，行十五字至十七字不等，注雙行，行二十二字，白口，左右雙邊。此為《周禮》經注、單疏合刻第一本。黃唐於浙東路茶鹽司本《禮記正義跋文》云：本司舊刊《易》、《書》、《周禮》，正經注疏萃見一書，即指此本。卷中刻工約分三期，徐亮、梁濟、朱明、陳錫、徐茂、梁文、王珍、丁璋、毛昌、洪乘、陳高、洪新、黃琮、李憲等南宋初葉杭州地區良工分為第一期；

---

26 王鍔：專著《周禮》類，《三禮研究論著提要》第1版，頁28-30。
27 王鍔：專著《周禮》類，《三禮研究論著提要》第1版，頁30。

王恭、宋琚、方至、方堅、等南宋中葉補版工人為第二期；鄭野、何厚、徐淵、陳天錫、何建、李寶、任阿伴、徐友山、李德瑛等元時補版工人為第三期。因知此本迄經宋元兩朝修版，此為元時印本，傳世凡三帙，一商邱宋牧仲舊殘本，存二十七卷，今藏北京大學圖書館；二故宮博物院藏本，近年董氏誦芬室刻本，即據以上兩帙影刻；三即此帙，原為朱氏結一廬藏書，今藏北京圖書館。[28]

由上述引文，可知國家圖書館所藏「宋兩浙東路茶鹽司刻宋元遞修本《周禮疏》」，原為朱氏學勤結一廬藏書。雖名為《周禮疏》，實為《周禮注疏》。依據彭林教授在〈序〉中所述，本書信息詳博。不僅提供著述的篇名、卷數、出處，而且在每目之後，盡可能詳細地介紹相關的資料，如作者生平、版刻行款、流布過程、鑒定情況等等，應有盡有。一書在手，如見眾書，為讀者作進一步研究提供了很大的方便。[29]誠然，研讀此書所著錄善本書影的內容條例，在檢索《三禮》資料上，可以收事半功倍之效。

（五）提升大陸學術界編輯專科目錄的水準

一九八五年臺灣中央研究院文哲所林慶彰教授鑒於民國以來經學研究之成果與日遽增，但由於迭經戰亂，加上兩岸學術訊息中斷，當時國內未見較具規模的經學論著目錄可供參考，於是邀請李光筠、張廣慶、陳恆嵩、劉昭明等四位研究生共同編輯，目的在了解民國以來經學研究的成果，並提供學界檢索資料的便利。當時大陸出版品嚴禁

---

28 王鍔：專著《周禮》類，《三禮研究論著提要》第1版，頁30。
29 彭林：〈三禮研究論著提要序〉，收入王鍔：《三禮研究論著提要》第1版，頁2。

輸入，國內圖書館收藏資料有限，加以借閱手續繁瑣，抄錄資料困
難。彼等以堅忍毅力和熱愛學術的使命感，終於完成一部分類翔密、
著錄謹嚴的重要工具書，也是臺灣有專科目錄以來所僅見。[30]林慶彰
教授苦心孤詣，突破種種困境，完成臺灣學術界的創舉，讓經學的研
究成果豐碩，嘉惠士林，的確，功不可沒。王鍔的《三禮研究論著提
要》增訂本一書，亦參酌林慶彰教授主編的《經學研究論著目錄
（1993-1997）》加以修訂。

南京師範大學中文系古文獻專業建立於一九八三年，為中國教育
部直屬古籍整理與研究專門人才的培養基地，是全中國四家古典文獻
專業之一（另三家分別為北京大學、浙江大學、上海師範大學）。該
專業屬南京師範大學（文學院）和教育部全國高等院校古籍整理與研
究工作委員會（下簡稱「古委會」）雙重領導，是高校古委會直接聯
繫的本科教學專業，每年由古委會撥款資助辦學，用於設立專業獎學
金、組織實習考察、強化外語教學等。[31]王鍔於二〇〇一年出刊的
《三禮研究論著提要》一書，也是因應古文獻專業的建置，而完成此
一鉅著，更推動大陸學術界重視古籍整理與編輯專科目錄的風氣。

六　王鍔《三禮研究論著提要》的商榷

依據彭林教授在〈序〉中所述，本書並非單純提供索引的目錄學
資料，而且是一部具有較高學術品味的著作。全書分為《周禮》、《儀
禮》、《禮記》、《三禮》綜論等幾大部分，每一部分之前均有綜論一

---

30 丁原基：〈經學研究新方向——評林慶彰教授主編《經學研究論著目錄（1993-
　　1997）〉，收入《全國新書資訊月刊》第57期（2003年），頁15-16。
31 〈南京師範大學古文獻專業介紹〉，韓山書院 Archiver，Admin發表於2008年5月
　　31日。

篇，詳細介紹相關的學術背景。由此可見，作者對《三禮》之學有比較深入的研究，能比較準確地把握《三禮》研究的脈絡及要點。但參考其他有關《三禮》研究的學術著作，可以發現本書亦有疏漏之處。

（一）文獻著錄不甚完整

在分類上，全書分上、下兩篇，上編收錄專著，下編收錄論文。每編分《周禮》、《儀禮》、《禮記》（包括《大戴禮記》）、三禮綜論四大類。《三禮》綜論類，分《三禮》總義、通禮類、雜禮書類三小類。[32]並未將制度名物之屬：宮室、冕服、婚禮、宗法、諡諱、喪服、喪禮、喪祭、祭祀、廟制、家禮等，[33]加以分類，以至於有紛雜而不知所屬，或未收錄之現象出現。

茲舉例說明於後：一、〈明堂論〉一篇存，（宋）王炎撰炎有〈禘祫論〉以著錄。此篇見《雙溪類稿》（卷二十六）明堂論[34]。二、《明堂問》一卷：存，（清）毛奇齡撰，此書《重修清史藝文志》著錄[35]。三、〔清〕四庫館臣【明堂問一卷】：（浙江巡撫採進本）國朝毛奇齡撰。（《四庫全書總目提要》〈經部〉二十五〈禮類存目〉三）[36]。四、

---

32 王鍔：〈凡例〉，《三禮研究論著提要》，頁1。

33 劉兆祐：〈目次〉，《三禮總義著述考》（臺北市：國立編譯館，2003年），頁8。

34 劉兆祐：〈目次〉，《三禮總義著述考》：參〈制度名物之屬〉，《三禮總義著述考》：
「郊以事天，廟以事祖禰，三代達禮也。明堂以享帝則非郊，以享親則非廟。夏商所未見也，而周始為之，故夫子曰：昔者周公郊后稷以配天宗祀文王於明堂以配上帝。武王之伐商而歸也，祀明堂以教民知孝，其禮行於朝覲、耕籍、養老之先，而屬之周公者，蓋明堂之禮，武王主其祀而行之，其制度則周公明其義而祀而為之也。夫義者，禮之質也。故禮雖先王未之有，而可以義起周公，達於義者也。其在周頌思文於明堂之樂章也。后稷，始風之君，而以配天於郊，故曰后稷生於姜嫄，文、武之功起於后稷，故推以配天尊祖也。萬物本乎天，人本乎祖。尊祖以明有本，此百世所不變者也。而周之王業，實成於文王。（《雙溪類稿》卷26），頁383。

35 劉兆祐：〈目次〉，《三禮總義著述考》，頁385。

36 劉兆祐：〈目次〉，《三禮總義著述考》，頁386。

《吉凶服名用篇》九卷：存，（清）孔廣林撰，此書《續修四庫全書總目提要》著錄。吉凶服名用篇九卷山東書局刊本[37]。五、《律服考古錄》一卷：存（清），楊峒撰，此書《續修四庫全書總目提要》著錄[38]。六、《婚禮通考》二十四卷：存，（清）曹庭棟撰[39]。七、《滿州婚禮儀節》一卷：存，（清）索寧安撰寫，又著有《滿州祭天祭神典禮》。此書《續修四庫全書總目提要》著錄[40]。八、《趙婿親迎禮大略》一篇：存，（宋）朱熹撰。熹有《家禮》（八卷）已著錄。此篇見《晦庵集》（卷六十九）[41]。九、《為兄後議》一篇：存，（宋）劉敞撰。敞有《士相見義》（一卷）已著錄。次篇見《公是集》（卷四十一）。[42]

　　以上所述著作篇名，是劉兆祐教授在所著《三禮總義著述考》一書中所收錄，而在王鍔《三禮研究論著提要》一書未收錄之篇目，由於篇幅有限，筆者未能將全書所收錄篇目與其他相關書籍參考對照，只舉部分篇目加以說明。因此要研究有關《三禮》的著作篇目內容，應多涉獵其他相關書籍，以免發生掛一漏萬的現象。

（二）書目收錄間有重複

　　王鍔在重複《三禮研究論著提要》〈增訂本後記〉中提到此書「重複收錄」之處：「若2738條與3019條，3025條與3033條，3290條與3693條，3471條與3961條，3854條與4453條，4391條與4397條等。其次是部分論文只收錄一處發表刊物而遺漏他處，此次仍然無法補

37　劉兆祐：〈目次〉，《三禮總義著述考》，頁388。

38　劉兆祐：〈目次〉，《三禮總義著述考》，頁389。

39　劉兆祐：〈目次〉，《三禮總義著述考》，頁392。

40　劉兆祐：〈目次〉，《三禮總義著述考》，頁395。

41　劉兆祐：〈目次〉，《三禮總義著述考》，頁396。

42　劉兆祐：〈目次〉，《三禮總義著述考》，頁396。

充。如裘錫圭先生的大作4043條《「祭禽」解》只收錄《古代文史研究新探》一處,其實,此文首刊於《淮陽師專活頁文史叢刊》一九八一年一一〇號,又刊於《文史叢稿》(上海市:上海遠東出版社出版,1996年,頁134-135)。這些問題,只能以後修訂時再加補充。」[43]可見作者在增訂本上,已察覺此書有重複之處。但研讀增訂本「善本書影」之敘述,其中第七與第二十一均為「宋紹熙間兩浙東路茶鹽司刻八行本《禮記正義》」、第十二與第十三均為「宋紹熙間建陽刻《纂圖互注重言重意禮記注》」,是否為重複列出,抑是內容有別?值得再深入探討。

七　結論

　　章學誠(1738-1801)在《校讎通義·序》上說:「辨章學術,考鏡源流。」是目錄學之重要功用。的確,從事學術研究,最擔憂的就是有了研究課題,但不知從何著手查詢資料,或不敢確定自己是否掌握充足的參考文獻。隨著學術的分工日漸細密,一般綜合性的目錄索引,已難滿足研究者的需求,因此編輯專科性質的各類書目索引,已是近年學界努力的方向。

　　王鍔《三禮研究論著提要》雖然有些許著錄不完整的地方,但瑕不掩瑜,今日欲從事《三禮》研究,若參考包蘊宏富的論著目錄資料,可以減少迂迴摸索之困境。但從一使用者立場,自是期待此部書能提供更多的便利,在今日電子資料庫日益發達的時代,為方便學術研究者檢索資料,網路版電子書的建置無遠弗屆,可以提供網路化多元組合的查詢,提供研究者線上檢索的便利,使得本書的效益愈加擴大,可以延伸到中外各地,嘉惠更多學子。

---

43 王鍔:〈增訂本後記〉,《三禮研究論著提要》增訂本,頁738。

參考文獻

（一）古籍部分（依年代先後排列）

〔漢〕鄭玄注　〔唐〕孔穎達正義　《十三經注疏‧禮記正義》　臺
　　　北市　藝文印書館　1993年9月12刷

〔漢〕班固著　《漢書》　臺北市　鼎文書局　1987年5月5版

〔唐〕魏徵著　《隋書》　臺北市　鼎文書局　1987年5月5版

〔唐〕陸德明撰　吳承仕疏證　《經典釋文序錄疏證》　北京市　中
　　　華書局出版發行　2008年6月第1次印刷

〔清〕永瑢、紀昀等撰　《四庫全書總目提要》武英殿本　臺北市
　　　臺灣商務印書館　1983年10月

〔清〕孫希旦著　沈嘯寰、王星賢點校　《禮記集解》　臺北市　文
　　　史哲出版社　1990年8月第1版

〔清〕黃以周撰　王文錦點校　《禮書通故》　北京市　中華書局
　　　2007年4月第1版

（二）近人論著（依作者姓氏筆畫排序）

王　鍔　《三禮研究論著提要》　蘭州市　甘肅教育出版社　2001年
　　　12月第一版

王　鍔　《三禮研究論著提要》　蘭州市　甘肅教育出版社　2007年
　　　9月增訂本

王　鍔　《禮記成書考》　北京市　中華書局　2007年3月第1版

林慶彰、陳恆嵩主編　何淑蘋等編輯　《經學研究論著目錄（1993-
　　　1997）》　臺北市　漢學研究中心　2002年4月

林慶彰、劉春銀合著　《讀書報告寫作指引》　臺北市　萬卷樓圖書
　　　公司　2001年11月

林慶彰編　《中國經學史論文選集》（上、下）　臺北市　文史哲出
　　　　　版社　1992年10月　1993年3月
楊天宇　《經學探研錄》　上海市　古籍出版社　2004年11月
劉兆祐　《三禮總義著述考》　臺北市　國立編譯館　2003年7月初版
劉兆祐　《中國目錄學》　臺北市　五南圖書出版公司　2002年3月
　　　　　二版一刷

（三）單篇論文（依作者姓氏筆畫排序）

丁原基　〈經學研究新方向——評林慶彰教授主編《經學研究論著目
　　　　　錄（1993-1997）〉　收入《全國新書資訊月刊》　57期
　　　　　2003年9月
黃沛榮　〈近五十年中國大陸中國文學研究之評述與借鏡〉　行政院
　　　　　國家科學委員會專題研究計畫期中進度報告　2003年6月3日
〈南京師範大學古文獻專業介紹〉　韓山書院Archiver，Admin發表
　　　　　於2008年5月31日
潘斌著　〈近二十多年來鄭玄《三禮注》研究綜述〉　《古籍整理研
　　　　　究》2007年第5期　轉載自
　　　　　http://www.3su.net/article/20061113235549.htm

貳　禮學思想研究

孔子禮樂教育思想析論[*]

摘要

　　孔孟學說是儒家思想的主流，致廣大而盡精微，極高明而道中庸，放之則彌六合，卷之則退藏於密。悠遊涵泳於孔孟博大精深的經典，一則足以成為我們日常生活之典範，提升人生之境界，淨化人們之心靈；一則足以創造文化生命，成為歷代聖王治理國家之圭臬。美國哲學家愛默生（Ralph Waldo Emerson, 1803-1882）說：「孔子不但是中國文化的重心，亦為世界民族的光榮，孔子的倫理道德和社會觀念，實為世界大同的象徵。」洵非虛言，孔子猶如一盞明燈，照亮中華文化，樹立了儒家人格世界最高的典範，使中華文化的長河源遠流長。本文即從傳統的儒家思想，來探究孔子禮樂教育思想，期盼在資訊科技文明發達的時代，而人文思想低落，校園倫理日漸式微之際，各級學校就應該加強孔子禮樂觀所蘊涵教育思想的宣導，以發揮文化傳承的功能，給予學生豐富且純正的文化薰陶，以美化人生，進而促進五育的均衡發展，以達成培育健全人格的目標。

關鍵詞：孔子　禮樂　教育思想　《論語》　《禮記》

＊　本文刊載於2015年9月28日《孔孟學報》第93期。

一　前言

　　中華民族五千多年的悠久歷史，源遠而流長，載浮著古聖先賢的智慧結晶，孕育了亮麗璀燦的中華文化；中華文化的巨流，幾經改朝換代，卻是歷浩劫而彌新。這一力挽狂瀾的力量，端賴「為天地立心，為生民立命，為往聖繼絕學，為萬世開太平」的教育工作者，經由締造、積累、傳承的工夫，點燃民族的生命與照亮中華文化。至聖先師孔子（西元前551-479年）生長在保存周禮最完整的魯國，雖處亂世，仍一心報國，企盼傳承周公制禮作樂之精神，替人民定倫常，使人民日常生活有道揆法守，進而重振社會倫理道德。孔子認為國君應該「以禮化民」、「以樂教民」，所以孔子說：「恭儉莊敬，禮教也；廣博易良，樂教也。」[1]（《禮記・經解篇》）說明禮樂教育思想，足以化民成俗，以導正不良的社會風氣。

　　中國文化的主流向以儒家思想為中心，要認識儒家思想，必先研讀孔孟學說。孔孟學說「致廣大而盡精微，極高明而道中庸」，是我國儒家學術思想的主流，代表了中華民族高深的人生智慧。尤其是《論語》一書，記載著孔子豐富的人生體驗，孕育著深刻的人生哲學，所以成為垂教萬世的金科玉律及為人處世的典範。在《論語》一書的經典話語中，蘊涵著孔子的禮樂教育思想，傳承著瑰麗的儒家文化，我們隨著孔子的足跡，踏上這趟文化之旅，穿越時空的隧道，神遊於中國文化之精髓與教育活動之軌跡，讓我們不僅見到中國文化「宗廟之美，百官之富」的堂奧，咀嚼著禮樂文化秀麗的華實，不禁使我們感懷不已。

1　引自〔漢〕鄭玄注，〔唐〕孔穎達正義：《禮記正義・經解》：「《經解》一篇總是孔子之言，記者錄之以為《經解》者，皇氏云：「解者分析之名，此篇分析六經體教不同，故名曰《經解》也。六經其教雖異，總以禮為本，故記者錄入於禮。」（臺北市：藝文印書館，1998年），卷50，頁845。

　　孔子以「興於詩，立於禮，成於樂」（《論語‧泰伯篇》）的宗旨，教育弟子由〈詩〉入禮，最後入樂。先由意志的啟蒙感發，再到禮法制度的學習和實踐，進而達到修身養性的最高境界，所以孔子說：「文之以禮樂，亦可以為成人矣」（《論語‧憲問篇》），說明禮樂教化的薰陶，是修養完備人格應具備的基本條件。《禮記‧樂記》上說：「樂者，天地之和也，禮者天地之序也。和，故百物皆化；序，故群物皆別。」說明音樂是自然和諧的表現，禮是天地自然井然有序的表現，因為禮樂和諧有秩序的表現，才使得天地萬物能夠生生不息。孔子在提倡禮樂教化時，同時把禮樂所蘊涵的本質「仁德、中和」的精神，加以發揚光大，如此才能撥亂世，反之正。如果「樂教」與「禮教」相輔相成，可以移風易俗，端正社會人心，使社會風氣更淳樸祥和。

二　孔子禮樂教育思想之源流與發展

　　「禮」、「樂」的結構，可分為兩層：一層是「禮文」，是禮的形式；一層是「禮意」，是指禮的內容。「禮意」具有普遍性和永恆性；「禮文」，則具有地域性和時間性，會隨時空而改變。[2]所以孔子說：「禮云禮云，玉帛云乎哉？樂云樂云，鐘鼓云乎哉？」（《論語‧陽貨篇》）孔子所說的「玉帛」、「鐘鼓」只是禮器，也是「禮文」的一種，如果禮樂流於形式空文，而喪失內在的精神本質「仁德」與「中和」，是無法達到移風易俗的目標。孔子認為音樂的真諦，超乎鐘鼓樂器之上，表現自然的和諧與陶冶人類的情性，才是音樂根本的目的。

2　參見傅武光：〈第三章　孔孟思想的平等精神〉（臺北市：文津出版社，2000年），頁105。

（一）孔子禮樂教育思想之源流

《禮記‧樂記》上說：「樂行而倫清，耳目聰明，血氣和平，移風易俗，天下皆寧。」說明當音樂演奏時，純正和善的音樂，倫理井然，可以使人耳目清明靈敏，心平氣和，彰顯音樂可以潛移默化人民的心性，進而改善社會上不良的風氣，使天下萬物生生不息。《禮記‧儒行》上也說：「禮節者，仁之貌也；歌樂者，仁之和也。」強調謙讓和諧是禮樂教化的表徵，而禮樂教化的根本是仁德，是塑造道德高尚的人民，與建設和諧完善國家的圭臬。茲述禮樂教育思想所涵蘊之本質，如下：

1 禮之本質：仁德

孔子所說的「禮」，包蘊宏富，從宗教祭典到古代成規儀文，甚至一切文化的代名詞。如：「生，事之以禮；死，葬之以禮，祭之以禮。」（《論語‧為政篇》）從父母在世時，為人子女冬溫夏清、昏定晨省，克盡孝道；到父母離開人世，依照世俗的禮節安葬與祭祀父母，這也就是《禮記‧禮運》上所說：「禮義也者，人之大端也，所以講信修睦，而固人之肌膚之會、筋骸之束也。所以養生送死、事鬼神之大端也。」說明禮義是每個人立身處世的基石，人類以禮義為推動道德的原動力，使人人能講信修睦，更維繫了良好的人倫關係，使人們養生送死都合乎禮節。

綜觀《論語》所述的「仁」，幾乎涵蓋人類各種德行的表現。所以孔子說：「仁者，人也。親親為大。義者，宜也，尊賢為大。親親之殺，尊賢之等，禮所生也。」（《中庸‧第二十章》）孔子認為「仁」就是人性情感的表現，其中以親愛自己的親人最為重要；義就是合宜規矩的行為，其中以尊重賢良最為重要；禮就是從親愛親人，

尊賢容眾中所產生。因此孔子說：「君子篤於親，則民興於仁。」（《論語・泰伯篇》），又說：「夫仁者，己欲立而立人，己欲達而達人。」（《論語・雍也篇》），都是闡明在上位的人能夠以仁心厚待親屬，上行下效，那麼民間也會興起仁愛的風氣。所以仁的真諦，在於人人有兼善天下的襟懷，自己能夠立身行道，也期盼其他人也能夠行仁道。《中庸》上說：「唯天下之至誠，為能盡其性；能盡其性，則能盡人之性；能盡人之性，則能盡物之性；能盡物之性，則可以贊天地之化育；可以贊天地之化育，則可以與天地參矣。」《中庸》所敘述的「誠」與孔子所言的「仁道」可以相輔相成，只有至誠的人，才能發揮民胞物與的情懷，贊助天地的化育，希望推廣仁愛之美德，普及於全天下、全人類。

孔子說：「夫禮，先王以承天之道，以治人之情。故失之者死，得之者生。《詩》曰：『相鼠有體，人而無禮；人而無禮，胡不遄死？』是故夫禮，必本於天，殽於地，列於鬼神，達於喪祭、射御、冠昏、朝聘。故聖人以禮示之，故天下國家可得而正也。」（《禮記・禮運》）說明禮本是先聖先王順應自然規律，來約束人民生活行為的法則，人民的行為合乎禮義規範，做事才會有條有理。可見古代聖君重視禮教的重要，教導人民懂得敬天法祖，無忝爾所生，以恭儉莊敬的態度來建立良好的社會秩序。所以孔子說：「祭如在，祭神如神在。子曰：『吾不與祭，如不祭。」（《論語・八佾篇》）在祭祀祖先時，以虔誠恭敬的態度及敬畏的心情投入祭祀中，好像祖先「洋洋乎如在其上，如在其左右」（《中庸》），肯定已去世的祖先，一舉足不敢忘記祖先，一出言不敢忘記祖先的存在。孔子認為不親自去祭祀，也就無從表達自己對祖先至誠至敬的追思情懷。祭祀祖先時，能盡禮盡哀，以戒慎恐懼的態度「事死如事生，事亡如事存。」（《中庸》）有這樣的孝思，上行下效，社會的風俗道德定會日趨於純樸篤厚，不但

能夠興起仁愛的風氣，也能夠讓後代子孫體認生命存在的價值。

　　《禮記・祭統》上說：「凡治人之道，莫急於禮。禮有五經，莫重於祭。夫祭者，非物自外至者也，自中出生於心也；心怵而奉之以禮。」說明祭祀鬼神之禮是發自人們內心的感念，也就是孝心的表現，這種回歸於生命根源「報本返始」的精神，是儒家極為深遠懿美的生命的表現。[3]禮的活動內容隨著社會文化的演進，日趨複雜。所謂「吉、凶、軍、賓、嘉」五禮，這些禮節是因人情而設立的，所以司馬遷在《史記・禮書》篇首即對「禮」大加讚美：「洋洋美德乎！宰制萬物，役使群眾，豈人力也哉！余至大行禮官，觀三代損益，乃知緣人情而制禮，依人性而作儀，其所由來尚矣。」[4]說明禮是影響社會人心久遠的一種美德，禮能順應自然的變化，主宰萬物的生長，順應人情事故，領導群眾循規蹈矩，共謀社會國家的長治久安。詳細考察夏、商、周三代禮制的損益變革，可知從古至今，都是根據人情的實際需要去制定國家各種禮制，而仁義道德就是透過人的情性，經緯萬端，引領人民向善去惡的根源。由上述可見，禮的內在基礎是仁，是義，人的生命要安頓於仁，要經由「禮門」而進入道德理性的價值世界，要由「義路」而走上人生的康莊正途。[5]足證禮義是待人處世的基本要件，值得大家重視。

2 樂之本質：中和

　　展閱歷史的長河，可知我國禮樂教育的建立，由來久矣。根據《禮記・文王世子》上記載：「凡三王教世子必以禮樂。樂，所以脩

3　參見蔡仁厚：〈貳　詩、禮、樂與文化生命〉，《孔子的生命境界——儒學的反思與開展》（臺北市：臺灣學生書局，1998年），頁27。

4　引自〔漢〕司馬遷：《史記》（臺北市：鼎文書局，1987年），卷23，頁1157。

5　參見蔡仁厚：《孔子的生命境界——儒學的反思與開展》，頁29。

內也；禮所以脩外也。禮樂交錯於中，發形於外，是故其成也懌，恭敬而溫文。」說明禮教可以約束人的行為，樂教可以陶冶人的情性，所以夏、商、周三王用禮樂來教導世子，來涵養世子的心性，以培養恭敬溫文的風範。《尚書》中記載舜命夔典樂之事，其中說：「帝曰：『夔，命汝典樂，教胄直而溫，寬而栗，剛而無虐，簡而無傲。詩言志，歌詠言，聲依永，律和聲。八音克諧，無相奪倫，神人以和。』」[6]這段記載可說是我國樂教之始，說明舜帝命令夔掌管音樂教育，來教導天子及卿大夫的長子，因為音樂可以陶冶人的情性，使人正直而溫和，寬大而敬謹，剛強而不苛虐，簡易而不倨傲。足見上古時代青少年自幼即接受音樂教育的薰陶，所以《禮記‧經解》上說：「廣博易良，樂教也。」這句話充分顯示了音樂有潛移默化，陶冶心性的功效。

古代禮樂並稱，因為祭神之禮，有一定之祭拜儀式，並有樂舞以迎神、娛神、送神。禮與樂本是相互為用的，所以聖王制禮作樂，與民俗民風息息相關。《周易‧賁卦‧彖傳》上說：「觀乎天文，以察時變；觀乎人文，以化成天下。」[7]觀察天文，可以察知時代的變化；觀察人文，可以推行教化促成天下昌明。所以《禮記‧樂記》上也說：「樂也者，聖人之所樂也，而可以善民心，其感人深，其移風易俗，故先王著其教焉。」正說明了音樂可以改善人心，移風易俗，從禮樂的推廣與流行，可以觀察民風的淳厚與澆薄，所以古代聖明的君王特別注重樂教的推展。

在古代，樂教的觀念與帝王的政績有著密切關係，所以《禮記‧

6　引自舊題〔漢〕孔安國傳，〔唐〕孔穎達正義：《尚書正義‧舜典》（臺北市：藝文印書館，1998年），卷3，頁46。

7　引自〔魏〕王弼，〔晉〕韓康伯注，〔唐〕孔穎達正義：《周易‧賁卦‧彖傳》（臺北市：藝文印書館，1998年），卷3，頁62。

樂記》上說：「治世之音安以樂，其政和。亂世之音怨以怒，其政
乖。亡國之音哀以思，其民困。聲音之道，與政通矣。」闡明太平盛
世政治安和，所以演奏出安祥而愉快的音樂；亂世因為政治的乖舛，
所以演奏出怨歎而忿恨的音樂；國家滅亡人民流離困苦，所以演奏出
悲哀而愁思的音樂，由此可見音樂的興起，一方面有教化人民的目
的，一方面也可以了解社會風氣與政治之得失，為政者對於樂教的推
展，豈能不慎。因此《論語・八佾篇》上說：「韶，盡美矣！又盡善
也。武，盡美矣！未盡善也。」「韶」是舜樂，「武」是武王之樂，孔
子對於韶武的欣賞，不僅考量到形式的美與不美，而且還考量到內容
的盡善與不盡善，這正是欣賞音樂的正途。因為舜樂表彰舜有德，接
受堯的禪讓，恭己正南面而天下大治，其後又不私天下，讓位給禹，
這種大公無私的精神，最為孔子所讚美，推為盡善。而武王的音樂，
表彰武王討伐商紂王的事蹟，不免有殺伐之氣而薄於仁，故未盡善。[8]
可見孔子評論音樂的標準是以中和、美善合一為最高境界，音樂具有
感人至深的特點，它在進行移風易俗，道德教化的過程中，往往深受
聖明君王的重視。

　　《中庸》上說：「喜、怒、哀、樂之未發，謂之中，發而皆中
節，謂之和。中也者，天下之大本也，和也者，天下之達道也。」
「中」是天下萬事萬物的根本，「和」是天下共行的大道。「中和」也
是音樂國度中的最終目標，孔子的樂教思想，對後代有深遠的影響，
莫過於「以樂修身，以樂治國」的理想。所謂「樂以治心」，實際上
是說明音樂具有感動心性的道德教化作用。孔子重視美善的音樂，並
且說：「人而不仁，如樂何？」（《論語・八佾篇》）把音樂列入「六

8　參見林義正：〈論孔子思想的基本格式〉，《孔子學說探微》（臺北市：東大圖書公
　司，1987年），頁14。

藝」的教材，的確是用心良苦。孔子身為人師，主張因材施教，因此對於禮樂教化，也因人而異，門人弟子各有體悟，視為修己治人的基石。例如、子路問成人，孔子回答說：「若臧武仲之知，公綽之不欲；卞莊子之勇，冉求之藝。文之以禮樂，亦可以為成人矣。」[9]（《論語·憲問篇》）孔子認為應該具備「智慧、不欲、勇敢、技藝」等智能，然後加上禮樂的薰陶，才可以稱得上是人格完備的人，由此可知，孔子立教的宗旨，是期盼學生能夠朝智勇雙全，才智兼備，廉潔公正等目標勇往邁進。

（二）孔子禮樂教育思想之發展

孔子少年時即受禮教之薰陶，所謂「孔子為兒嬉戲，常陳俎豆，設禮容。」[10]（《史記·孔子世家》）「子入太廟，每事問」（《論語·八佾篇》）、「吾十有五而志於學」（《論語·為政篇》）、「我非生而知之者，好古敏以求之者。」（《論語·述而篇》）可見孔子求學，不但務實，而且虛心求教，不恥下問，無所不學。孔子教導學生「博學於文，約之以禮」（《論語·雍也篇》），又說：「周監於二代，郁郁乎文哉！吾從周。」（《論語·八佾篇》）到晚年，猶興「甚矣，吾衰也。久矣，吾不復夢見周公」之歎（《論語·述而篇》），足證孔子對周公

---

9 引自〔宋〕朱熹：《四書章句集注》：「成人，猶言全人。……言此兼四子之長，則知足以窮理，廉足以養心，勇足以力行，藝足以泛應，而又節之以禮，和之以樂，使德成於內，而文見乎外。則材全德備，渾然不見一善成名之跡，中正和樂，粹然無復偏倚駁雜之蔽，而其為人也亦成矣。」（臺北市：鵝湖出版社，1998年），頁151。

10 引自〔漢〕司馬遷撰，〔日〕瀧川龜太郎著《史記會注考證》：「《正義》：『俎豆，以木為之，受四升，高尺二寸，大夫以上赤雲氣、諸侯加象飾足，天子玉飾也。』」考證：「《論語·衛靈公篇》：『俎豆之事，則嘗聞之矣。』鄭環《孔子世家》考云：『「亞聖尚待三遷之教，反之也，至聖則性之矣。聖母豫市禮器以供嬉戲，其陰合太任胎教之道者與。』」（臺北市：萬卷樓圖書公司，1996年），卷47，頁744。

的傾慕及發揚禮教的用心良苦。茲舉《史記・孔子世家》所敘述的一段話為例：

> 孔子之時，周室微而禮樂廢，詩書缺，追跡三代之禮，上紀唐虞之際下至秦穆，編次其事。曰：「夏禮吾能言之，杞不足徵也。殷禮吾能言之，宋不足徵也。足，則吾能徵之矣。」觀殷夏所損益，曰：「後雖百世可知也，以一文一質。周監二代，郁郁乎文哉，吾從周。」故書傳，禮記自孔氏。[11]

上述引文，說明周朝的禮樂文治，到孔子的時代，由於王室的陵夷，加上諸侯的擅權，已經流於只重視形式虛文且僵化的現象。孔子滿懷經世濟民之志，企盼力挽狂瀾，以周禮為正名的標準，企盼重建理想的周公盛世。從《論語》的記載中，很明顯的可以看到，孔子他所採取的是入世而非遁世的態度，一方面肩負起傳承周公禮樂文化的重責大任，將滿懷的理想寄託在整理「六經」上；一方面也不放棄和人們共同建立理想社會的積極心願。

　　孔子到武城，聽到弦歌之聲，不禁莞爾而笑說：「割雞焉用牛刀。」當時子游為武城宰，聽到孔子說：「治理小邑，何必用禮樂大道？」的一番話，就回答說：「從前聽老師說過：『君子學道則愛人，小人學道則易使。』」孔子接著回答說：「二三子！偃之言是也；前言戲之耳！」（《論語・陽貨篇》）這一段師生的對話，精彩生動，可見孔子的禮樂教育的成功，使得孔門高徒子游能身體力行，並且施行在教化人民上。所以子貢盛讚孔子說：「見其禮而知其政，聞其樂而知其德。由百世之後，等百世之王，莫之能違也，自生民以來，未有夫子也。」（《孟子・公孫丑上》）足證孔子承先啟後，開創儒家思想，

---

11 引自〔漢〕司馬遷撰，〔日〕瀧川龜太郎著：《史記會注考證》，頁759。

傳承禮文樂教的恢宏氣度，無人可與之相媲美。

　　《詩經・大雅・文王篇》上說：「周雖舊邦，其命維新。」[12]說明孔子傳承周公制禮作樂的精神，企盼將這潛德幽光加以發揚光大，成為文化創造的動力，使人民有道揆法守，指點人民精神生活的途徑。禮樂是道德的具體化，禮以節眾，樂以和眾，所以孔子把「禮樂」的道德教育，作為「君子」修養的必備條件。徐復觀說：「《論語》中有許多語言，不是由邏輯推論出來的，不是憑思辨剖析出來的，而是由孔子的人格直接吐露出來的。……孔子說為仁由己，又說我欲仁，斯仁至矣，是他在體驗中已把握到人生價值係發至人的生命之內，亦即道的根源，乃在人的生命之內。」[13]這的確是中肯之言，我們讀聖賢書，要在生命當下的實踐與擔負中，心領神會進而身體力行之。

　　周公制禮作樂，為人民定倫常及日常生活的軌道；孔子加以發揚光大，並點醒其價值，指導青年學子精神生活之途徑，完成「化民成俗」、「為生民立命」的大德業，使人民有道揆法守。[14]所以司馬遷盛讚孔子說：「《詩》有之：高山仰止，景行行止。雖不能至，然心嚮往之。余讀孔氏書，想見其為人；適魯，觀仲尼廟堂，車服禮器，諸生以時習禮其家。余祇迴留之，不能去云。天下君王，至於賢人眾矣，當時則榮，沒則已焉。孔子布衣傳十餘世，學者宗之自天子王侯，中國言六藝者，折中於夫子，可謂至聖矣！」（《史記・孔子世家》）表達了司馬遷對孔子由衷的推崇、敬仰以及嚮往之情，足證孔子的德慧生命已達到「參天地之化育」（《中庸》）的聖人境界。

12　引自〔漢〕毛亨傳，鄭玄箋，〔唐〕孔穎達正義：《毛詩正義・大雅・文王篇》（臺北市：藝文印書館，1998年），卷16，頁33。

13　參見徐復觀：〈向孔子的思想性格回歸〉，收入《中國思想史論集續編》（臺北市：時報出版公司，1982年）。

14　參見牟宗三：〈第十二講　作為宗教的儒教〉，《中國哲學的特質》（臺北市：臺灣學生書局，1994年），頁98。

三 孔子禮樂教育思想之人文蘊涵

「天不生仲尼，萬古如長夜」[15]，至聖先師孔子猶如一顆彗星，照亮中華文化的前程，開啟了我國私人講學的先河，奠定為人師表崇高的地位。中國文化的主流向以儒家思想為中心，要認識儒家思想，必先研讀孔孟學說。由《論語》的記載，可以知道孔子的禮樂教化，目的是要啟發弟子們的仁心自覺，經由下學而上契於天道，以實現人文教化的理想。[16]根據《禮記‧王制》所記載周代的教育：「春秋教以禮樂，冬夏教以詩書」，其立教的宗旨，在於透過詩書禮樂教化的薰陶，可以陶冶人們的內在心靈，蕩滌邪穢，而趨於中正平和，養成善良的德性，以建立完美的人格。茲述孔子禮樂教育思想的人文蘊涵，如下：

（一）陶冶心性，以培育美善人格

從《論語》中，可見孔子與弟子們的嘉言與懿行，禮儀或行為規範的學習，是孔子指導學生德行修養的重要一環，在周旋揖讓之間所顯示的謙恭與從容的禮儀，讓我們能夠見賢思齊，修養高尚的品德，以陶冶身心改變氣質，所以孔子說：「不學禮，無以立。」（《論語‧季氏篇》）教導學生要通過優美的文化形式，來樹立人格修養的目標，以移風易俗。孔子也說：「志於道，據於德，依於仁，游於藝。」（《論語‧述而篇》）孔子認為人生於世，除了立志向道，敦品勵學之

---

15 引自〔宋〕強幼安《唐子西文錄》記載蜀道館舍壁間題一聯云：「天不生仲尼，萬古如長夜」，不知何人詩也。《唐子西文錄》一卷，是記錄北宋文學家唐庚論詩文之語錄的一卷書，為同時人強行父記述，《歷代詩話》、《螢雪軒叢書》均收輯。《四庫全書》收於集部詩文評類，書為語錄體。

16 參見王邦雄、曾昭旭、楊祖漢：〈氣質的成全〉，《論語義理疏解》（臺北市：鵝湖出版社，1983年），頁153。

外，還必須以藝術來陶冶心性，在詩書禮樂的潤澤陶養中，用以興發人的心志、穩立人生的方向、成就高尚的德行，以開展人間的禮文教化，實現圓滿的人格。[17]也就是以「博我以文，約我以禮」的方式（《論語・子罕篇》），讓學生體會到禮樂教化，對個人道德修養的重要性。茲舉《論語・泰伯篇》所述為例：

> 子曰：「恭而無禮則勞，慎而無禮則葸，勇而無禮則亂，直而無禮則絞。君子篤於親，則民興於仁；故舊不遺，則民不偷。」[18]

孔子認為一個人具有「謙恭、謹慎、勇敢、正直」美好的德行，如果不以禮節儀文來規範他的行為，在應對進退上就會有所缺失。在上位的國君，能夠厚待自己的親族，不遺棄故交舊友，如此人民就會興起仁愛的風氣，而不會待人刻薄了。所以《禮記・曲禮》上說：「夫禮者，所以定親疏，決嫌疑，別同異，明是非也。」說明禮是用來制定人與人親疏的關係、判斷事情的是非善惡、分辨物類的同異、使人民的行為有準則，不會無所適從。可見禮是立身之大道，修己之準則。至於樂教的重要性，由《論語・八佾篇》所述可知：

> 子曰：「關雎，樂而不淫，哀而不傷。」
> 子謂韶：「盡美矣，又盡善也。」謂武，「盡美矣，未盡善也。」[19]

---

17 參見林素玟：〈文化美學：群體社會之禮樂生活〉，《禮記人文美學探究》（臺北市：文津出版社，2001年），頁189、190。

18 引自〔宋〕朱熹：《四書章句集註・論語集注卷四》，頁103。

19 引自〔宋〕朱熹：《四書章句集註・論語集注卷二》，頁66、68。

孔子最欣賞的音樂，是虞舜時的韶樂和關雎之樂。在提倡古樂時，同時也讚賞〈關雎〉這篇詩樂，表現歡樂的氣氛，但不流於放蕩；雖然悲哀但不至於傷情。孔子深知音樂對於社會人心有莫大的影響力。對個人而言，可以培養優美高尚的情操；對社會而言，可以化暴戾為祥和，有移風易俗，潛移默化之功效。孔子認為雅樂，具有中和之美，可以達到「樂而不淫，哀而不傷」的地步。孔子最推崇《韶樂》除了充分地表現形式之美外，還充分地表現了內容之善。在推廣樂教時，也把禮和人格道德引入古樂的「平和」中，如此才能撥亂反正。所以孔子注重禮樂教育，認為通過禮教的洗禮，及樂教的薰陶，才能陶冶心性，進而培育美善人格之修養。

（二）體現倫常，以涵養孝悌倫理道德

《周易·賁卦·彖傳》說：「觀乎天文，以察時變，觀乎人文，以化成天下。」[20]《周易》的這番話，說明觀察天文的動向，可以察知時序的變化，體察人類的文明，可以推行人倫教化。孔子所推動的禮樂教育，範圍廣泛，教育之對象為個人，教化之對象則為全國人民；教育以培育才德兼備的個人為宗旨，教化則以化行俗美、社會清明為目標，從個人的誠意、正心、修身做起，到教化全國人民，達到善群而致天下太平為終止，可見儒家的禮樂教育，意義極為深遠。

孔子教導學生，在人格修養的過程中，以德行為本，文學為末；孔門四科：德行、言語、政事、文學。孔門四教：文、行、忠、信，以文為始，而以信為終，說明教育以德行為根本，最終目標還是歸於

---

20 引自〔宋〕程頤：《易程傳》：「天文謂日月星晨之錯列，寒暑陰陽之代變，觀其運行，以察四時之遷改也。人文人理之倫序，觀人文以教化天下，天（一無天字）下（一無天字），成其禮俗，乃聖人用賁之道也。」（臺北市：世界書局，1986年），頁197。

道德的實踐。所以孔子教導弟子,「入孝、出弟、謹信、愛眾、親仁」都屬於行為、品德方面的事,把「文」列在最後,而且要在行為的實踐、品德的修養方面完成以後,有了多餘的心力,才致力於文學的鑽研與知識的探索,可見孔子認為孝悌為仁的根本,因為孝道是對於生命根源的崇敬。《中庸》也記載:「子曰:『仁者,人也,親親為大。義者,宜也,尊賢為大。親親之殺,尊賢之等,禮所生也。」說明「仁」是人性的表現,其中以親愛自己的親人為最重要;「義」就是合宜的行為,而以尊敬賢者為最重要。而禮就是合情合理的節文,禮節的產生,是依據人們親情親疏遠近的差別,以及地位高下等級的分判,所制定的。

孔子很重視倫理道德,所謂倫理,就是孟子所說的五倫:「父子有親、君臣有義、夫婦有別、長幼有序。」(《孟子·滕文公上》)和《禮記·禮運》所說的十義:「父慈、子孝、兄友、弟恭、夫義、婦聽、長惠、幼順、君仁、臣忠。」這五倫和十義,必須憑藉禮教才能做得好,必須合禮才能適如其分,可見禮是調和人類倫理親情及社會道德的重要橋樑。就孝道而言,必須「生,事之以禮。死,葬之以禮,祭之以禮」(《論語·為政篇》)說明為人子女事奉父母,要冬溫夏清、昏定晨省,使父母衣食無虞,身體健康快樂;對於喪葬、祭祀的事,要不違背禮節,盡到哀戚之情與虔誠之敬意,才算合乎孝道的真諦。茲引《禮記·大傳》所述為證:

> 親親故尊祖,尊祖故敬宗,敬宗故收族,收族故宗廟嚴,宗廟嚴故重社稷,重社稷故愛百姓,愛百姓故刑罰中,刑罰中故庶民安,庶民安故財用足,財用足故百志成,百志成故禮俗刑,禮俗刑然後樂。[21]

---

21 引自〔漢〕鄭玄注,〔唐〕孔穎達疏:《禮記正義》,卷34,頁622。

　　說明祭祀禮儀之功能，在發揮人們仁民愛物的天性。歷代的祖先和生育、養育、教育我們的父母，都是我們生命的根源，血濃於水，代代相傳，不斷的往前追溯，就可以彰顯現出歷史綿延不斷的傳承精神。祭祖由人道之親愛親人，推而上之，及於尊重先祖，由尊重先祖擴而充之，至於尊敬宗族，繼而團結族人，使宗廟莊嚴完備，復由維護宗廟的莊嚴完備，推衍至重社稷、愛百姓，使得人人能安居樂業，最後一切終歸於禮樂和諧，政清俗美，這就是祭祀禮儀，所要達成之仁愛功能。可見儒家的禮樂教育，意義極為深遠，可以涵養人民的孝悌倫理道德。

（三）落實禮樂教化，以塑造仁愛風氣

　　孔子生當「世道衰微，邪說暴行又作」的春秋時代，他高舉復古的旗幟提出正名之說，其目的就是要正定等級名分，辨別尊卑上下、貴賤同異，重新確定人們在社會生活中的關係和地位。以周禮為正名的標準，企盼重建他理想的周公盛世。因而有所謂「克己復禮」的說法，來挽救禮崩樂壞的局面。[22]所以孔子說：「道之以政，齊之以刑，民免而無恥；道之以德，齊之以禮，有恥且格。」（《論語·為政》）一個社會如果欠缺道德教化，只依靠刑法與政令，是無法讓人民心悅誠服，改邪歸正的。孔子之意，旨在彰顯禮義之道是治國的綱領，而刑法則是本乎禮義之道，整飭治安的具體措施，二者有相輔相成的功效，所以孔子才會說：「民免而無恥」的話，的確，值得為政者引以為戒。茲舉《論語·子路篇》所述為例：

---

22 參見楊華：〈儒家的復古禮樂觀〉，《先秦禮樂文化》（武漢市：湖北教育出版社，1997年），頁249-250。

子路曰：「衛君待子而為政，子將奚先？」子曰：「必也正名乎！」

子路曰：「有是哉，子之迂也！奚其正？」子曰：「野哉，由也！君子於其所不知，蓋闕如也。名不正，則言不順；言不順，則事不成；事不成，則禮樂不興；禮樂不興，則刑罰不中；刑罰不中，則民無所措手足。故君子名之必可言也，言之必可行也。君子於其言，無所苟而已矣！」[23]

由上述引文可知，孔子教導子路為政的道理，首在正名；因為名分不正，說出來的話，就不順理；說話不順理，事情就做不成功；事情做不成功，禮樂教化就不能推行；禮樂教化不能推行，刑罰就不會公正；刑罰不會公正，人民就手足無措，無所適從。禮是人倫制度的規範，孔子希望建構一個「君君、臣臣、父父、子子」（《論語・顏淵篇》）充滿仁愛風氣的國家，所以孔子說：「人而不仁，如禮何？人而不仁，如樂何？」（《論語・八佾篇》）要達成這個理想目標，首要之途，就是人人體現具有「仁德、中和」內涵的禮樂制度，而不是徒具形式、流於繁文縟節的世俗禮樂。孔子認為推行禮樂教化，不可以本末倒置，應該將「仁道」的精神落實在人世間的禮文教化中。

《禮記，樂記》上說：「禮節民心，樂和民聲，政以行之，刑以防之，禮樂刑政，四達而不悖，則王道備矣。」說明禮樂是立國的基本精神，「制禮作樂」是經國之先務，而「禮壞樂崩」必是亡國的象徵。先秦諸子之中，儒家最重視禮樂制度，所以論禮樂制度也最為詳備。周朝的禮樂文治，到孔子的時代，由於王室的陵夷，加上諸侯的擅權，已經流於只重視形式虛文且僵化的現象，因此孔子才會提出振

---

23 引自〔宋〕朱熹：《四書章句集註》，頁142。

衰解蔽的方式，透過禮樂教化的薰陶，可以收到移風易俗，導正社會不良風氣的功效。孔子以「仁」之德性自覺，賦予禮樂典制以本質意義，「禮樂」不再是一套外在之虛文，而是由個體生命之美通向群體文化之美之橋樑。[24]由此可知，禮樂教化是君王感化人心，化民成俗，樹立德範，使人民和睦相處的基石。

（四）推行禮樂教化，以發揚儒家文化

展閱我國漫長的教育史，可知在初期有形的教育，僅普及於貴族。教育的主要目的，在造就領袖人才，使他們熟悉領導技能，用以治理政事，統治國家。所以夏、商、周三代的教育，可以稱得上是執政者的養成教育。《孟子・滕文公篇》上說：「夏曰校，殷曰序，周曰庠，學則三代共之；皆以明人倫也。人倫明於上，小民親於下。」[25]闡明國家設立學校，都是用來教導在位者知識和人倫道德，在下的百姓受到人倫道德的教化，自然就會興起相親相愛的風氣。《禮記・學記》上也說：「是故古之王者建國君民，教學為先。兌命曰：『念終始典於學，其此之謂乎？』」說明古代的國君治理國家，把教育視為當務之急，國君念茲在茲的就是如何教導人民學習知識和人倫道德。根據《禮記・文王世子》上記載：「凡三王教世子必以禮樂。樂，所以脩內也；禮所以脩外也。禮樂交錯於中，發形於外，是故其成也懌，恭敬而溫文。」[26]說明禮是約束行為的教育，樂是陶冶精神的教育，

---

24 參見林素玟：〈文化美學：群體社會之禮樂生活〉，《禮記人文美學探究》，頁147。

25 引自〔宋〕朱熹《四書章句集註》：「庠以養老為義，校以教民為義，序以習射為義，皆鄉學也。學，國學。共之，無異名也，倫，序也。父子有親，君臣有義，夫婦有別，長幼有序，朋友有信，此人之大倫也。」頁255。

26 引自〔清〕孫希旦《禮記集解》：「樂發於歡欣鼓舞之情，故曰所以脩內，禮見於威儀動作之際，故曰所以脩外。然發於內者，未嘗不達於外，制於外者，乃所以養其內也。懌者，和順之意，和順矣，而又能恭敬，則和而不流也。恭敬矣，而又能溫

所以夏、商、周三代用禮樂來教導世子，來涵養世子的心性，以培養恭敬溫文的風範。

　　孔子開創我國私人講學的風氣，奠定中國平民教育的思想，這是中國古代教育史上具有劃時代意義的大事。孔子揭櫫「有教無類」的教育理念，打破「學在官府」的壟斷局面。在孔子以前，夏、商、西周的學校教育為世襲的貴族所壟斷，所以「有教無類」的特質是打破貴族教育的傳統，實踐無論貧富、貴賤、智愚、賢不肖，只要「自行束脩以上，吾未嘗無誨焉。」（《論語、述而篇》）的作法，於是教育對象從貴族逐漸普及到平民，擴大了學校教育的範圍。孔子教育學生的目的：一方面為實現仁政德治的理想，進而培養才德兼備的治世能人；另一方面是教人立身處世之道，即倫理道德思想，以加強自我修養。儒家孔孟之學，是順承中華民族文化的大流，以開顯文化理想，揭示生命方向，建立生活規範，是人們應該共同遵守的立身處世之道。[27]孔子「刪詩書、定禮樂、贊周易、修春秋」，不僅保存了上起唐虞、夏、商、周，下至春秋的歷史文獻，成為探索古代各個方面知識的專著，也是我國極富學術價值的瑰寶，從而賴以了解當時的政治、經濟、軍事、文化、思想、社會風習等情況。孔子以六經為教導學生的教材，其中以詩教、禮教、樂教，涵化在我們的生活世界之中，不只是典籍的融攝，而且是心性的開啟。[28]由此可知，孔子藉由經典教導學生認識禮樂的重要性，並了解禮樂的精神內涵就是「仁德、中和」，經過禮樂教化的薰陶感化，才能達到圓融人格的修養。

　　文，則質而不野也。蓋惟禮樂之功，交養互發，故其德性之進於中和，而不倚於一偏者如此。」（臺北市：蘭臺書局，1971年），頁276。

27 參見蔡仁厚：〈肆 關於中國文化基本教材〉，《儒學的常與變》（臺北市：東大圖書公司，1990年），頁231。

28 參見蔡仁厚：〈序言〉，《儒學的常與變》，頁8。

　　中華文化淵源流長，展開歷史的長卷，可知中國數千年的教育思想，實以儒家的倫理道德思想為主流。孔子集三代學術思想的大成，奠定了儒家學說的理論基礎，而孔子的禮樂學說博大精深，深植於每一個人的思想與生活中，更是垂教萬世的金科玉律及為人處世的典範。一個國家的興盛衰敗，取決於民族文化的興滅繼絕，而固有文化的榮枯，又繫於教育的成敗，此乃千古顛撲不破的真理。唐君毅先生（1909-1978）在〈為中國文化敬告世界人士宣言〉一文中也說：

> 如果中國文化不被了解，中國文化沒有將來，則這四分之一的人之生命與精神，將得不到正當的寄託和安頓；此不僅將來招來全人類在現實上的共同禍害，而且全人類之共同良心的負擔將永遠無法解除。[29]

這一番語重心長的話，猶如當頭棒喝，並且也肯定了中華文化的命脈，有如源頭活水，永不止息，中華文化必經得起考驗，而永放光芒。古聖先賢的智慧結晶，猶如長江水滾滾東流，灌溉我們的家園，潤澤充實我們的文化，使中華兒女的慧力定見，在高度文明的國家中首屈一指。正說明了要改善庸俗、功利、貪婪等特質，為了挽救文化斷層的危機，就應該以人文精神喚起人的自覺，提升人類的地位與價值。教育是引領國進步的標竿，面對知識經濟發展的時代，每位教師不僅要有授業、解惑的專業知識，而且要有堅定不移的傳道、樂道精

---

29 〈文化宣言〉由唐君毅為總主筆，以牟宗三、徐復觀、張君勱、唐君毅四人的排名次序，聯名發表於《民主評論》1958年元月號。唐君毅特意把自己的名字排在牟、徐、張之後，表現出儒者特有的謙抑。牟宗三、徐復觀、張君勱、唐君毅：〈為中國文化敬告世界人士宣言——我們對中國學術研究及中國文化與世界文化前途之共同認識〉，《民主評論》，第9卷第1期（1958年），頁13。

神，師法孔子「學而不厭，誨人不倦」的精神，及終身學習的理念，來推動教育改革，建構以人文為本，以科技為用的新世紀。

　　綜合上述，可見孔子的禮樂思想博大精深，音樂思想雖只是孔子全部學問中的一部分，這一部分卻是他全部學問的根源，因為「歌樂是仁之和」，仁是孔子的中心思想，由此一端即可以理解他的全貌。孔子主張以禮樂陶鑄人心，淨化社會，所以下過很大的工夫去學習音樂、研究音樂，例如《論語・八佾篇》記載孔子把演奏音樂的道理，告訴魯國的樂官說：「樂其可知也。始作，翕如也。從之，純如也，皦如也，繹如也。以成。」可見孔子洞悉音樂的功能，小則能完成個人美善的人格，大則能締造一個充滿著仁愛風氣的社會，使人與人的關係達到圓滿的境界。孔子的教育思想，是在闡述仁道，教育政策是以推行導正社會的禮樂教化為鵠的。在孔子心目中，要成為文質兼備的君子，不僅要學識淵博，知書達禮，而且要能貫通古今，仁民愛物。在家中能夠孝順父母，友愛兄弟姊妹；在社會上是個講信修睦，見賢思齊的公民。如果從政為官，一定能夠以民胞物與的仁道襟懷，關懷天下蒼生，並且勤政愛民，誠如《大學》上所說：「古之欲明明德於天下者，先治其國；欲治其國者，先齊其家；欲齊其家者，先脩其身；欲脩其身者，先正其心；欲正其心者，先誠其意；欲誠其意者，先致其知；致知在格物。」可見聖人教化人民的用心良苦。

四　孔子禮樂思想對現代教育之啟示

　　孔子的禮樂思想，是順承中華民族文化生命的大流，以開顯文化理想、揭示生命方向、建立生活規範。因此，《論語》書中所宣示的道理，是關於生活的基本原理，是普遍共同的做人之道、立身處世之

道。[30]在知識蓬勃發展的廿一世紀，教育已成為運籌帷幄，決勝千里的關鍵，而教育改革，更是國家永續發展，提升競爭力的磐石。目前我們所要面臨的是源遠流長的人文教育思想與瞬息萬變的科技文明的衝擊。隨著世俗的價值在更迭，教育的方法已日趨教條化，傳統人文教育的生命將隨著科技明時代的「急功近利」而日益衰頹，這的確是值得我們省思的教育癥結。茲述孔子禮樂思想對現代教育之啟示，如下：

（一）美善人格的彰顯

教育的熱忱，促使孔子開創私人講學的風氣，並且推動學術大眾化的目標：一方面是為實現仁政德治的理想，進而培養才德兼備的治世能人；另一方面是教人立身處世之道，就是要加強倫理道德思想，以促進自我修養的工夫。所以孔子說：「興於詩，立於禮，成於樂。」（《論語‧泰伯篇》）「詩」、「禮」、「樂」是孔子平日教導學生的重要教材，並且說明到了一個國家，從人們言談舉止的表現，就可以看出他們受到什麼教化？如果國民具有溫柔敦厚的氣質，那就是得力於詩的教化；如果國民心胸開闊平和，那就是得力於音樂的教化；如果國民態度謙遜莊重，那就是得力於禮的教化。因此孔子也以「不學禮，無以立；不學詩，無以言」來勉勵兒子，由此可知，經由經典的啟發，可以契入知識的融通，在布乎四體，行乎動靜後，可以培養美善的人格特質。

孔子雖注重人倫道德的實踐，但也不忽略藝術的涵養。孔子在休閒時，喜歡與弟子們閒話家常，傾聽弟子抒發個人的抱負，在《論語‧先進篇》中，敘述有一天子路、子貢，公西華侃侃而談自己的志

---

30 參見蔡仁厚：〈肆 關於「中國文化基本教材」〉，《儒學的常與變》，頁231。

向，當時正在一旁彈琴的曾點，也表明心志，描述出「浴乎沂，風乎舞雩，詠而歸」的情景，暮春三月，春暖花開，五、六個成人與六、七個童子結伴出遊，到沂水邊洗澡，到舞雩下乘涼，沐浴著溫暖的陽光，欣賞大自然的美景，然後大家一起唱著歌回家，這是一幅多麼吸引人的春遊畫面，顯現出安寧平和的世界，與孔子主張「仁」的道德情境相符合，因此孔子由衷的讚許曾點「澹泊以明志，寧靜以致遠」的人生境界。

《禮記・樂記篇》上說：「安上治民，莫善於禮；移風易俗，莫善於樂。」可見自古以來，健全的體魄，寓於健全的心靈，在靜態方面，可經由藝術、文學、音樂等交流活動，以陶冶心性，充實生活內涵，增加生活情趣。在動態方面，可以走出室外，接觸大自然，藉著登山、郊遊、旅行等活動筋骨，擴展視野，嘯傲於青山綠水間，可以滌盡煩憂，學習山的包容與海的豁達，進而使身心保持平衡，情感理智得到和諧發展，重新燃起奮發向上的生命力，以開創人生的光明面。

（二）人文關懷的落實

人文的關懷，是維繫倫理道德的基石。因此孔子教導弟子，父母在世時，為人子女就要冬溫夏清、昏定晨省，克盡孝道；到父母離開人世，要依照世俗的禮節來安葬他們、來祭祀他們，這也就是《禮記・禮運》上所說：「禮義也者，人之大端也……所以養生送死、事鬼神之大端也。」說明禮義是每個人立身處世的根本，人類以禮義為推動道德的原動力，它維繫了人類良好的人倫關係，使人們養生送死都合乎禮節。由此可見，禮義是維繫人倫社會的圭臬。儒家所談的禮不但通於道德，更包括了祭祀之禮，也是孝道的延伸與擴大。

曾子說：「慎終追遠，民德歸厚矣。」（《論語・學而》）「慎終」

的意思，就是為人子女要以敬慎的心情，去辦理父母的喪事；「追遠」，就是後代子孫要以不忘本的心情，去祭拜歷代的祖先。不管是喪葬或祭祖，都是思念父母恩德、追懷祖先德澤的孝道表現。歷代的祖先和生育、養育、教育我們的父母，都是我們生命的根源，血濃於水，代代相傳，不斷的往前追溯，就可以彰顯現出歷史傳續，綿延不斷的精神。祭祖掃墳，可以讓後代的子孫了解，我們的生命是生生不息的，是上承祖先的命脈而來，還要一代代的傳承下去，如果自己不努力進德修業，將愧對祖先的創業維艱？將何以承續香火，為子孫開創基業？因此「慎終追遠」的喪禮祭禮，正蘊含有移風易俗的教化作用，這就是文化。[31]所以在《論語・八佾篇》中記載：「林放問禮之本。子曰：『大哉問！禮，與其奢也，寧儉；喪，與其易也，寧戚。』由上述可知，孔子認為祭禮重在誠敬，喪禮重在內心的哀思，可見祭禮與喪禮所重視的是禮的根本「仁德」。

周代的禮樂教化，集宗教、倫理、政治於一身，其中表現了中華民族的「人文」意識的彰顯。禮治顯然是人類積極有為之治，但從本源上講，禮的源頭是「天地」、「先祖」和「君師」。所以《荀子・禮論》上記載：「禮有三本：天地者，生之本也；先祖者，類之本也；君師者，治之本也。」說明天地是人類生命的本源，先祖是人類宗族的本源，君長是國家政治的本源。所以，禮文，對上而言，是事奉天；對下而言，是事奉地，經由禮文的教化，使人民懂得尊敬先祖，尊重君長，這是治理國家，安定民心的根本。而禮、樂之教，當然還有詩教、易教、書教等等，是用來對統治階層、知識階層的人，陶冶身心，端正品行的，繼而用來提升百姓的文化素養與人格境界，調

---

31 參見王邦雄、曾昭旭、楊祖漢：〈文化的摶造〉，《論語義理疏解》，頁319-320。

節、滿足人們的物質與精神需求。[32]所以《禮記・樂記》上說：「禮以道其志，樂以和其聲。」用禮來引導人民的行為，使他們能夠循規蹈矩；用音樂來調和人民的心性，使他們能夠中和美善，這就是落實人文關懷的真諦。

(三) 公民教育的提升

《論語》一書，是孔子借由與弟子們的交談、問答，在生命的交感中，在生活的扶持下，彼此的照應。進而經由經典的學習，歸返生命的根源，使學生有自覺有領會，有頓悟有驗證，在以文會友，以友輔仁的切磋琢磨之下，以開啟學生的德慧生命。[33]使得學生在家能夠孝順父母，友愛兄弟姊妹；在校懂得尊師敬長，友愛同學；離開學校，踏入社會上能奉公守法，敬業樂群，這都是孔子禮樂教化，點燃了人們生命的善性，進而照亮社會人心，以落實人文的關懷。所以孔子說：「弟子入則孝，出則弟，謹而信，泛愛眾，而親仁，行有餘力，則以學文。」（《論語・學而篇》）如果在學習上，道德與知識無法兼顧，就應該以道德為先，所以說「行有餘力，則以學文。」說明孔子禮樂教化的精神內涵就是「仁德」，而「禮」可說是人活在這個世界上所依存的一個規範，「樂」是美化心靈的催化劑。通過禮樂教化的薰陶，可以喚醒人們道德的自覺，以提升學生具有公民教育的專業素養。

《中庸》上說：「知、仁、勇三者，天下之達德也。」孔子說：「智者不惑，仁者不憂，勇者不懼。」（《論語・子罕篇》）說明凡是

---

32 參見林安梧：《兩岸哲學對話：廿一世紀中國哲學之未來》，郭齊勇撰第三章〈儒家人文精神與全球化〉（臺北市：臺灣學生書局，2003年），頁72。

33 參見林安梧：〈序言〉，《論語——走向生活世界的儒學》（臺北市：明文書局，1995年），頁4。

三德兼備的人，就可以稱為人格完美的君子。儒家教育學生，也就是以培養三達德為目標。因此孔門以「禮、樂、射、御、書、數」六藝為教材內容，以「禮樂」培養仁德，以「射御」培養勇德，以「書數」培養知德，目的就是希望養成學生具有完美之人格。德化禮治是人文教養，開發人性自覺向善的根源，由仁的發心而有義的判斷，而能夠聞善能徙，改過遷善，也就是使天下人民有羞恥心，而能修養完美的人格，實踐仁義道德。孔子說：「君子不重則不威，學則不固。」（《論語·學而篇》）以及大學上所說的：「格物、致知、誠意、正心、修身」的一貫道理，都是在告訴我們，一切做人的道理必須從自我做起，然後才能推己及人。人人心地純正，國家自然有光明的前途，人民才能生活在安康幸福中；反之，社會紊亂，是非不明，真理不彰，失去公平正義，人民必定生活在煩惱的深淵裡。可見孔子的禮樂教育思想，蘊涵著公民教育的理念。

孔子平日對學生所傳授的許多知識學問，可用「忠恕」二字貫通起來，盡己之心以誠待人，就是忠的表現；推己及人，設身處地為別人想一想，這就是恕的表現。程子說：「以己及物，仁也；推己及物，恕也。」（朱熹《四書章句集注》）由此可見，忠恕之道，就是仁道的表現，不言仁而言忠恕，因為忠恕二字，更能使學生通曉明白，而且能夠欣然接受，能下功夫去篤實力行。孔子要求學生為學處世要克己復禮，所謂的「克己」、「己立」，是指自我品德的完成，正是「忠」的體現；「復禮」、「立人」，乃是社會群體和諧的表現，也是「恕」道的發揚。可見仁是一個人圓滿人格的表現，而人格必須在人群之中才能彰顯出來。特別是「己所不欲，勿施於人」的恕道，是我們在日用倫常之間，都必須接觸到的生命情境，隨時隨處可以學到的行為，所以孔子勉勵子貢，恕道是可以終身學習、終身力行的最好品德。正說明了在公民教育的薰陶下，可以培養學生具有「欣賞別人，

看重自己」的襟懷，並且要以「冷靜的頭腦正視問題，善感的心靈欣賞人生」，如此才可以拓展人際關係，廣結益友以增進自己的德業及見聞。讓學生從做中學，才不至於流於「坐而言，而不知起而行」的疏失。

（四）終身學習的典範

「有教無類」、「因材施教」的教育理想，彰顯孔子對理想的執著。孔子一生淡泊名利，終日孜孜不倦於治學與教學上，他自己曾說在進德修業上的歷程是循序漸進的，從十五歲開始就發憤圖強，立志向學，三十歲學業精進，卓然有成，四十歲通達事理，沒有疑惑，一直到七十歲的的隨心所欲，不踰越法度。可知孔子一生於自我之進德修業是努力不輟，好古敏以求，並且以「學而不厭、不恥下問」的態度去學習各項新知，以開拓自己的知識領域，最後成為感通人類、洞明世事、潤化萬物的一代大儒，所以孟子推崇孔子是「聖之時者也」（《孟子・萬章下篇》）。孔子並且說自己在鑽研學問上，已經達到廢寢忘食的地步，也忘卻自己老之將至，從孔子研讀《易經》到韋編三絕的境界可以得到佐證，孔子堪稱終身學習的最佳典範。弟子們在孔子「學而不厭，誨人不倦」的精神感召下，都能認真學習，並且學有所成。

在知識經濟蓬勃發展的時代，唯有提高人力素質，才能迎接各項挑戰與開拓新局。要提升國民的素質，拓展宏觀的視野，以培養開闊的胸襟，首要之途就是要灌輸青少年有終身學習的理念，莊子說：「吾生也有涯，而知也無涯。」所以學識的獲得是永無止境的，若一個人在工作之餘，不忘記「日知其所無，月無忘其所能」（《論語・子張篇》），學識必定是日益精進的，對自己所從事的職業定有莫大的助益。因此學校教育的願景，應該以科技與知識為經，以全民學習為

緯。人人以活到老，學到老的精神，激發自己的潛能及創造思考力，來建立終身學習的社會為鵠的。

綜合上述，可知在孔子的禮樂教學理念中，最重視個人品德性情的修養，以及倫理道德的實踐。在個人品德性情之修養方面，孔子稱述最多的是「仁」，如孔子說：「富與貴，是人之所欲也，不以其道得之，不處也；貧與賤，是人之所惡也，不以其道得之，不去也。君子去仁，惡乎成名？君子無終食之間違仁，造次必於是！顛沛必於是！」（《論語・里仁篇》）這是儒家倫理道德最偉大的思想，就是把小我擴充到與天地萬物為一的境界，把仁愛的精神由父母之愛，推廣到全人類，普及到天下的萬物。子貢曾說：「我不欲人之加諸我也，吾亦欲無加諸人。」（《論語・公冶長篇》）這種「己所不欲，勿施於人」的恕道，其蘊意是何等的博大精深。我們中國歷代聖王之所以能夠「濟弱扶傾，興滅繼絕」的種種懿行，都是由恕道而來。這正是中華文化精神的所在，也是中華民族所以悠久綿延的根基。

五　結論

英國生物學家達爾文（Charles Robert Darwin, 1809-1882）曾說：「最有價值的知識是關於方法的知識。」的確，在資訊科技文明日新月異的時代，各級學校的教材內容也需要不斷的發展與創新，掌握住良好的教學方法，也就是掌握住開啟新時代智慧的鑰匙。孔子是平民教育的創始者，有教無類。孔子的教育精神是文化的理性主義的精神，而其因材施教的方法正是靈活萬變，不固執、不拘泥、守經達變的藝術。因此，為人師表者不應該忽略任何一個學生的學習權利，面對個別差異的學生，如何因材施教，以培養學生良好的學習態度，這是教師任重道遠，也是最艱難的挑戰。在二十一世紀科技文明日新月

異的時代，重視科技輕視人文，導致社會風氣日益敗壞；大眾傳播媒體負面報導，影響青少年身心發展。盱衡臺灣目前各級學校教育現況的癥結與教改盲點，仍然方興未艾。這的確是值得我們痛下針砭的教育問題。茲述如何發揚孔子禮樂教育思想，來落實人文素養的管見，如下：

（一）落實儒家經典閱讀教學，以培育人文素養

儒家思想是中華文化的主流，自孔子、孟子建立了完整體系以後，迄今已歷兩千餘年，在世界文化史上，一直居於重要的地位。梁啟超（1873-1929）曾說：「中國民族之所以存在，因為中國文化存在，而中國文化離不了儒家，若把儒家抽出，中國文化恐怕沒有多少東西了。」[34]正說明了儒家思想，不僅是我們精神生活的全部，而且是我們修齊治平的準繩。由老師作為思考的啟蒙者，帶領學生進入經典的世界中，來開啟儒家的禮樂教化內涵，使學生涵泳在經典的生活世界中，來點燃自己的生命，照亮個人的未來。教導學生研讀《論語》、《孟子》，不僅要熟讀而且要身體力行孔、孟學說的真諦，是在尊重他人的前提之下，來關心別人，並且要設身處地為別人著想，如此一來人世間的紛擾可以銳減，正說明了儒家思想，不僅可以提升學生的人文素養，更可以作為修身、齊家、治國、平天下的準繩。在教學的過程中，要學者自動自發的深思其意，然後才啟發之，如此，才能心領神會，學有心得。透過經典閱讀教學，可以引領學生開啟古典文學的堂奧，在古聖賢哲的智慧結晶與經典話語中，開拓學生的新視野，陶冶其閱讀品味，培養學生終身學習的能力。

---

34 參見梁啟超：《清代哲學概論》（天津市：天津古籍出版社，2004年），頁106。

（二）加強美育教學，以傳承中華文化

　　各級學校應該重視古典文學往下扎根的重要性，以發揮文化傳承的功能，教師必須使學生對中華文化的寶典由知之、好之而進昇到樂之的地步，給予學生豐富且純正的文化薰陶，以美化人生，進而促進五育的均衡發展，以達成培育健全人格的目標。因此教師在教學活動上，應該採用欣賞教學法，尤其是中國語文的教學，可藉由古聖先賢的智慧結晶，引導學生開啟中國文學的堂奧。[35]我國古籍，浩如煙海，其中蘊藏著頗多優美的篇章，高超的思想，所以大量詮釋古籍，甚或加以改編重寫，使我們的下一代，得窺古典文學的精華，沾潤民族文化的幽光，尤為一件意義深遠的工作。尤其是經典方面的教材，一定要加以重視。對古籍經典要以現代的話語加以詮釋，指導學生熟讀，在心領神會之後，進而引領學生去開啟古聖賢哲智慧的根源——生命的感召，進而從古人的生活世界及人格風範中，讀出四書中每句話語的內在涵義。[36]讓學生在潛移默化中，樹立正確的人生觀及優美的情操，以培養溫柔敦厚的氣質，更能培養出知書達禮，孝親忠君的好國民，進而移風易俗，化暴戾之氣為祥和，正本清源，從根救起我國固有的道德智能。

（三）儒家思想對現代社會人心的影響，是值得關切的議題

　　儒家思想是中華文化的主流，自孔子、孟子建立了完整體系以後，迄今已歷兩千餘年。在世界文化史上，一直居於重要地位。美國現代歷史哲學家杜蘭博士（Dr. William James Durant）在他所著《Our Oriental Heritage》一書中說：

---

35 參見陳立夫：〈人文教育 十二講〉，《孔孟學說與人文教育》，頁6。
36 參見林安梧：《論語——走向生活世界的儒學》，頁305。

> 中國歷史可以孔子學說影響來撰述。孔子著述，經過歷代流
> 傳，成為學校課本，所有兒童入學之後，即熟讀其書而領會
> 之。此一古代聖哲的正道，幾乎滲透了全民族，使中國文化的
> 強固，歷經外力入侵而巍然不墜；且使入侵者依其自身影響而
> 作改造。即在今日，猶如往昔，欲療治任何民族因唯智教育以
> 致道德墮落，個人及民族衰弱而產生的混亂，其有效之方，殆
> 無過於使全國青年接受孔子學說的薰陶。

這一段深中肯綮的言論，猶如醍醐灌頂，足以發人深省，更證明孔孟學說中的倫理道德，的確具有新時代的意義。我們可以從《論語》、《孟子》《大學》、《中庸》四書中，了解到儒家學說不僅具有完整的理論體系，而且提示了切實可行的為人治事的原則。中華文化源遠流長，博大精深，深植於每一個人的思想與生活中。儒家學說體用兼備，更是傳承中華文化之中流砥柱。

孔子說：「人能弘道，非道弘人。」（《論語・衛靈公篇》）因此當前各級學校的國文教育不應該墨守成規，而是要推陳出新，發揚傳統文化的精華，擷取西方科學的長處，使西方的科學精神和中國傳統的人文精神相互交流；讓古典文學與現代文學兩者相輔相成，為國文教育開拓新天地。在因應未來更具開放性的與多元化的社會發展趨勢，我們應該加強國文教學，尤其是儒家禮樂思想的教育，引領學生開啟儒家人文思想的堂奧。美國歷史學家亨利、亞當斯（Henry Adams, 1838-1918）說：「只要懂得如何學習，就有足夠的知識。」知之深，不如行之著，因此，人人都要不斷的學習，點燃知識的火炬，努力充實自我。要想使青年學子了解中華文化，而不致數典忘祖，就必須培養學生閱讀經典古籍的興趣。因此每位為人師表者，就應該體察時代的需要，掌握世界的脈動，作前瞻性的規劃，並且以教育家劉真的名

言：「樹立師道的尊嚴，發揚孔子樂道的精神」自勉，營造溫馨的終身學習環境，以培育具有多元智慧、宏觀視野、蓄積深厚、知書達禮之e時代好青年。

參考文獻

（一）古籍（依《四庫全書》分類法）

〔魏〕王弼　〔晉〕韓康伯注　〔唐〕孔穎達正義　《周易正義》　臺北市　藝文印書館　1998年

舊題〔漢〕孔安國傳，〔唐〕孔穎達正義　《尚書正義》　臺北市　藝文印書館　1998年

〔漢〕毛亨傳　鄭玄箋　〔唐〕孔穎達正義　《毛詩正義》　臺北市　藝文印書館　1998年

〔漢〕鄭玄注　〔唐〕孔穎達正義　《禮記正義》　臺北市　藝文印書館　1998年

〔魏〕何晏集解　〔宋〕邢昺正義　《論語注疏》　臺北市　藝文印書館　1998年

〔東漢〕趙岐注　舊題〔宋〕孫奭疏　《孟子注疏》　臺北市　藝文印書館　1998年

〔宋〕朱熹　《四書章句集注》　臺北市　鵝湖出版社　1998年

〔宋〕程頤　《易程傳》　臺北市　世界書局　1986年

〔清〕孫希旦　《禮記集解》　臺北市　蘭臺書局　1971年

〔清〕劉寶楠　《論語正義》　臺北市　文史哲出版社　1990年

〔漢〕司馬遷　《史記》　臺北市　鼎文書局　1987年

〔漢〕司馬遷撰　〔日〕瀧川龜太郎注　《史記會注考證》　臺北市
　　萬卷樓圖書公司　1996年
〔清〕王先謙　《荀子集解》　臺北市　世界書局　1991年
〔清〕陳澧　《東塾讀書記》　臺北市　臺灣商務印書館　1970年8月
〔宋〕強幼安　《唐子西文錄》一卷　《四庫全書》收於集部詩文
　　評類

（二）現代專著（依作者姓氏筆畫排序）

王邦雄、曾昭旭、楊祖漢　《論語義理疏解》　臺北市　鵝湖出版社
　　1983年
牟宗三　《中國哲學的特質》　臺北市　臺灣學生書局　1984年
林安梧　《論語——走向生活世界的儒學》　臺北市　明文書局
　　1995年5月
林安梧　《兩岸哲學對話：廿一世紀中國哲學之未來》　臺北市　臺
　　灣學生書局　2003年12月
林義正　《孔子學說探微》　臺北市　東大圖書司　1987年9月
徐復觀　《中國思想史論集續編》　臺北市　時報出版公司　1982年
　　3月
周　何　《禮學概論》　臺北市　三民書局　1998年1月
陳立夫　《孔孟學說與人文教育》　〈人文教育〉十二講
傅武光　《孔孟老莊思想的平等精神》　臺北市　文津出版社　2000年
楊　華　《先秦禮樂文化》　武漢市　湖北教育出版社　1997年
蔡仁厚　《儒家的常與變》　臺北市　東大圖書公司　1990年10月
蔡仁厚　《孔子的生命境界——儒學的反思與開展》　臺北市　臺灣
　　學生書局　1998年4月
梁啟超　《清代哲學概論》　天津市　天津古籍出版社　2004年5月

謝淑熙　《道貫古今——孔子禮樂觀所蘊含之教育思想》　臺北市　秀威資訊科技公司　2005年5月

（三）期刊論文（依作者姓氏筆畫排序）

王開府　〈四書的智慧——《論語》論詩禮樂〉　《國文天地》　第10卷第4期　1994年

牟宗三、徐復觀、張君勱、唐君毅　〈為中國文化敬告世界人士宣言　為中國文化敬告世界人士宣言〉　《民主評論》　第9期　1958年

謝淑熙　〈閱讀教學與人文素養——以《論語》為例〉　《國教新知》　第59卷第1期　2012年

（四）學位論文（依年代排序）

李美燕　《先秦兩漢樂教思想研究》　臺北市　國立臺灣師範大學國文研究所博士論文　1993年

林素玟　《禮記人文美學研究》　臺北市　臺灣師範大學國文研究所博士論文　1998年

孔子「忠恕之道」的省思與回響[*]

摘要

　　中國文化的主流以儒家思想為中心，要認識儒家思想，必先研讀孔孟學說。展閱《論語》的篇卷，可以見到孔子與弟子們的嘉言懿行，禮儀或行為規範的學習；在待人接物上，所顯現的謙恭與從容的禮儀，讓我們能夠見賢思齊，修養高尚的品德，以陶冶身心改變氣質。本文即從傳統的儒家思維，來探究孔子「忠恕之道」所蘊涵的時代意義，在資訊科技文明發達，而人文素養日益衰微的今日，研讀《論語》是淨化心靈與聖賢對談的一帖良藥。因此，每位為人師表，就應該引領學生進入傳統優良文化的領域，給他們倫理道德的涵養，並且開啟儒家思想精髓的堂奧，重新塑造中華文化的價值觀，使孔子「忠恕之道」所蘊涵的教育思想，落實在人文教育中，進而提升全民的人文素養。

關鍵詞：孔子　《論語》　《四書》　忠恕之道　教育思想

---

* 　本文刊載於2016年4月28日《孔孟月刊》第54卷第7、8期。

一 前言

　　至聖先師孔子（西元前551-479年）猶如一顆彗星，照亮中華文化的前程，開啟了我國私人講學的先河，奠定為人師表崇高的地位。《論語》一書，記載著孔子豐富的人生體驗，孕育著深刻的人生哲學，所以成為垂教萬世的金科玉律及為人處世的典範。展閱經典古籍，先聖先賢的哲理名言，猶如源頭活水，澆灌了中華文化，綻放出燦爛的花朵。聖人的經典名言，觀照了人類的生活習性，涵泳其中，令人心靈深處感動不已，更點燃了人們生命的火花。

　　孔子的教學理念中，最重視個人品德性情的修養，以及倫理道德的實踐。孔子的中心思想，包含了立身處世的各種美德。在《論語・里仁篇》中孔子對學生所說的「忠恕」二字，是貫通其學說的經典之言。二千多年以來，此二字已成為儒家待人接物的標竿，永遠指引人們待人處世的正確方向。孟子說：「言近而旨遠者，善言也；守約而施博者，善道也。」（《孟子・盡心下》）的確，孔子的「忠恕」觀，是言詞淺近而寓意深遠的話語，也是人人能夠身體力行的美德。茲述孔子「忠恕之道」的本旨，如下：

> 子曰：「參乎！吾道一以貫之。」曾子曰：「唯。」子出，
> 門人問曰：「何謂也？」曾子曰：「夫子之道，忠恕而已矣。」[1]
> （《論語・里仁篇》）
> 子貢問曰：「有一言而可以終身行之者乎？」
> 子曰：「其恕乎？己所不欲，勿施於人。」（《論語・衛靈公》）

1　〔宋〕朱熹《四書章句集注・論語集注》：「盡己之謂忠，推己之謂恕。而已矣者，竭盡而無餘之辭也。夫子之一理渾然而泛應曲當，譬則天地之至誠無息，而萬物各得其所也。」（臺北市：藝文印書館，1998年）卷2，頁72。

　　從孔子回答弟子的兩段話語中，可知孔子平日對學生所傳授的許多知識學問，可以用「忠恕」兩個字貫通起來，盡己之心以誠待人，就是忠的表現；推己及人，設身處地為別人想一想，這就是恕的表現。程子說：「以己及物，仁也；推己及物，恕也。」（朱熹《四書章句集註》）由此可見，「忠恕之道」，就是仁道的表現，不言仁而言「忠恕」，因為「忠恕」二字，更能使學生通曉明白，而且能夠欣然接受，能下功夫去篤實力行。特別是「己所不欲，勿施於人」的恕道，是我們在日用倫常之間，都必須接觸到的生命情境，隨時隨處可以學到的行為，所以孔子勉勵子貢，「忠恕之道」是可以終身學習、終身力行的最好品德。

二　孔子「忠恕之道」的義涵

　　從《論語》中，可見孔子與弟子們的嘉言與懿行，在周旋揖讓之間所顯示的謙恭與從容的禮儀，讓我們能夠見賢思齊，修養高尚的品德，以陶冶身心改變氣質。孔子在《論語》中對學生所說的「忠恕」二字，是充滿生命智慧，生活體驗的話語，更是每個人進德修業、立身處世的基石。茲述孔子「忠恕之道」的義涵，如下：

（一）個人自我品德的完成

　　孔子的教學理念中，在個人德性修養方面，孔子稱述最多的是「仁」，茲引《論語》所述為例：

> 顏淵問仁。子曰：「克己復禮為仁。一日克己復禮，天下歸仁焉。為仁由己，而由人乎哉？」顏淵曰：「請問其目？」子曰：「非禮勿視，非禮勿聽，非禮勿言，非禮勿動。」顏淵

曰：「回雖不敏，請事斯語矣！」[2]（《論語·顏淵》）

所謂的「克己」，即是控制自身情欲，使事事合理，是指自我品德的完成，正是「忠」的表現；「復禮」，乃是社會群體和諧的表現，也是「恕」道的發揚。可見仁是一個人圓滿人格的表現，而人格必須在人群之中才能彰顯出來。因此只要人人懂得克己復禮之道，定能化暴戾為祥和，使社會風氣更加淳厚，人心更加善良。孔子又說：

「為仁由己。」（《論語·顏淵》）
「仁遠乎哉？我欲仁，斯仁至矣。」（《論語·述而》）

上述引文，說明「仁」潛藏在每個人的內心深處，是不假外求的，是每個人內在品德涵養的結果，並且照亮整個中國族群。其次，「仁」是待人接物的準則，它的實際意義是「愛人」。孔子說：「弟子入則孝，出則悌，謹而信，汎愛眾，而親仁。行有餘力，則以學文。」（《論語·學而篇》）由此可知，孝順父母，敬愛兄長，是行仁的基本要件，而「汎愛眾」，是最終的目標。

（二）社會群體和諧的表現

一個能愛人的人，一定能夠在人群中，與人們維持良好的人際關係。所以孔子說：「德之不修，學之不講，聞義不能徙，不善不能改，是吾憂也。」（《論語·述而篇》）孟子也說：「親親而仁民，仁民

2　〔宋〕朱熹《四書章句集註·論語集註》：「仁者，本心之全德。克，勝也。己，謂身之私欲也。復，反也。禮者，天理之節文也。為仁者，所以全其心之德也。蓋心之全德，莫非天理，而亦不能不壞於人欲。故為仁者必有以勝私欲而復於禮，則事皆天理，而本心之德復全於我矣。」卷6，頁132。

而愛物。」(《孟子・盡心篇》)這是儒家倫理道德最偉大的思想,就
是把小我擴充到與天地萬物為一的境界,把仁愛的精神由父母之愛,
推廣到全人類,普及到天下的萬物。茲引《論語》所述為例:

> 君子之道,在修己以安人,修己以安百姓。(《論語・憲問》)
> 子曰:「君子學道則愛人。」(《論語・陽貨篇》)

儒家重視「修身為本」的思想,孔子認為國君無論是齊家、治國、平
天下,都必須以修養高尚的品德為根本,然後再去教導人民,再去安
頓百姓。並且強調君子學習禮樂之道,就能教化人民。孔子的人生理
想是「老者安之,朋友信之,少者懷之。」蘊含著繼往開來的歷史使
命感,方孝孺說:「學則可以守身,可以治民,可以立教。」(《明儒
學案》)治人、成物,必須有廣博的學識,才能洞燭機先,知人明
理、利用厚生,這就是「外王」——聖君賢相修德愛民的仁政理想。
孔子說:

> 子曰:「君子篤於親,則民興於仁。」(《論語・泰伯篇》)
> 子曰:「唯仁者,能好人,能惡人。」(《論語・里仁篇》)

上述引文,說明在上位者能夠以仁心厚待人民,上行下效,那麼民間
也會興起仁愛的風氣。所以仁的真諦,在於人人具有兼善天下的襟
懷。孔子曾說:「我不欲人之加諸我也,我亦欲無加諸人。」(《論
語・公冶長篇》)這種「己所不欲,勿施於人」的恕道,其蘊意是何
等的博大精深。我們中國歷代聖王之所以能夠「濟弱扶傾,興滅繼
絕」的種種懿行,都是由恕道而來。這正是中華文化精神的所在,也
是中華民族所以悠久綿延的根基。

（三）中和美善人格的彰顯

《詩・大雅・烝民》說：「天生烝民，有物有則，民之秉彝，好是懿德。」說明中國自古以來，上天生下眾民，萬事萬物都有依循的準則，人民所秉持的一個意識趨向，都喜歡這美好的品德，也就是禮教的本源。朱熹在《詩集傳》中加以解釋說：

> ……烝，眾也。則，法。秉，執。彝，常。懿，美。……言天生眾民，是物必有是則。蓋自百骸、九竅、五藏而達之君臣、父子、夫婦、長幼、朋友，無非物也，而莫不有法焉。如視之明，聽之聰，貌之恭，言之順，君臣有義，父子有親之類是也。是乃民所執之常性，故其情無不好此美德者。……昔孔子讀詩至此而贊之曰：『為此詩者，其知道乎？故有物必有則，民之秉彝也，故好是懿德。』」[3]

孔子稱讚作這首詩的人，能夠深切體會日用倫常的道理，教化人民執守常道，並且喜歡這種美德。由此可知，儒家所謂的聖人，必須從德性實踐的態度出發，發揮自己的生命特質，他們正視道德人格之生命，以精神生命的涵養，來控制人類情慾的滋長，這就是儒家所說的「正德」的功夫，與孔子所說的「克己復禮」有異曲同工之妙。[4]茲引《論語》所述為例：

> 子曰：「古之學者為己。」（《論語・憲問篇》）

3　〔宋〕朱熹：《詩集傳・詩・大雅・烝民》（臺北市：臺灣中華書局，1973年），卷18，頁214。

4　參見牟宗三：《中國哲學之特質》第二講〈中國哲學的重點何以落在主體性與道德行詩、禮、樂與文化生命〉（臺北市：臺灣學生書局，1984年），頁15。

子曰：「夫仁者，己欲立而立人，己欲達而達人。」（《論語・雍也篇》）

所謂「為己」就是成就自己安身立命，是道德的自我完成，也就是「內聖」——成聖成賢的修養工夫。孔子以「仁」立教，告訴我們「為仁由己」，「我欲仁，斯仁至矣。」此種自覺自發的省思，點醒了人們一定要反求諸己，所謂「強恕而行，求仁莫近焉。」（《孟子・盡心上》）人人都可以踐仁成聖。《中庸》上說：「誠者，非自誠己而已也，所以成物也。成己，仁也；成物，知也。性之德也，合內外之道也，故時措之宜也。」「仁和知」要從個人內在的「格物、致知、誠意、正心、修身」做起，來彰顯中和美善的人格。

綜合上述，可知「忠恕之道」的義涵，就是要人人培養「欣賞別人，看重自己」的態度。學會欣賞別人，能廣結益友，擴展你的人際關係；學會看重自己，有助於責任感的提升，增進生活的能量。《大學》上說：「所惡於上，毋以使下；所惡於下，毋以事上；所惡於前，毋以先後；所惡於後，毋以從前……此之謂絜矩之道。」說明在上位者懂得推己及人的恕道，就能夠以寬容的態度去仁民愛物。在上位者能夠以身作則，人民在耳濡目染下，也學習到「嚴以律己，寬以待人」的美德，上行下效的結果，定可以消弭社會的紛爭，使舉國上下和睦相處，國家富強安樂。

三　孔子「忠恕之道」的體現與省思

生命的組曲，是由一串小故事積累而成；人生的長河，是由生活點滴匯聚而成。有些人能夠忠於自己的本分，並且能夠推己及人，俯仰無愧的立足於世，成為人人稱道的聖賢。茲述孔子「忠恕之道」的體現與省思，如下：

（一）孔子「忠恕之道」的體現

曾子說：「為人謀而不忠乎？」（《論語・學而篇》）孟子說：「萬物皆備於我，反身而誠，樂莫大焉。強恕而行，求仁莫近焉。」（《孟子・盡心上》）說明「忠」是提升人類責任感的試金石；「恕」是化解社會動亂的一帖良藥。茲舉春秋時代的孔子與三國時代的諸葛亮為體現「忠恕之道」的典範。

1 至聖先師孔子

至聖先師孔子以因材施教、誨人不倦的精神，開啟了我國私人講學的先河；以「興於詩，立於禮，成於樂」的理念來化育三千學子，並成就了七十二位賢才，樹立為人師表的崇高地位。顏回感念師恩的浩瀚，頌揚孔子說：「夫子循循然善誘人；博我以文，約我以禮。欲罷不能，既竭吾才，如有所立，卓爾，雖欲從之，末由也已！」（《論語・子罕篇》）足證由「忠恕」的感通潤化，來成己、成人、成物，可以達到仁民愛物的境界，孔子堪稱中國仁德文化的開創者，後人以「天不生仲尼，萬古如長夜」[5]來稱讚孔子，說明孔子猶如一顆彗星，照亮中華文化的前程，並且奠定儒家學說的理論基礎，及為人處世的典範。

2 諸葛亮

三國蜀漢的忠臣諸葛亮一生的事跡，由杜甫〈蜀相詩〉：「三顧頻煩天下計，兩朝開濟老臣心。出師未捷身先死，長使英雄淚滿襟。」中的描述，可知劉備三訪諸葛亮，得此賢才，輔佐君王開創大業。在

5　〔南宋〕胡仔撰《苕溪漁隱叢話》前集卷五四《宋朝雜記上》：「唐子西《語錄》云：蜀道館舍壁間題一聯云：『天不生仲尼，萬古如長夜』。不知何人詩也。」

赤壁之戰，匡濟危時，展現才智，把曹操打敗，形成魏、蜀、吳三國鼎立的局面。諸葛亮感念劉備的知遇之恩，仍能以「竭股肱之力，繼之以忠貞」鞠躬盡瘁的赤膽忠心，來輔佐後主劉禪。諸葛亮帶兵攻打南蠻，臨行寫下可歌可泣的〈前後出師表〉給後主劉禪，期許君王「親賢臣，遠小人」，能夠廣開言路，察納雅言，舉用賢才。所以南宋愛國詩人陸游〈書憤詩〉以「出師一表真名世，千載誰堪伯仲間。」來稱頌他，的確，諸葛亮的忠心耿耿，至今仍令人懍然敬佩。

(二) 孔子「忠恕之道」的省思

　　盱衡寰宇，由於一般人的私心自用，常常求全責備於他人，自己卻吝於付出對別人的關愛。目前臺灣的社會亂象，就是導源於缺乏「忠恕之道」的體現。

　　《中庸》在「忠恕違道不遠，施諸己而不願，亦勿施於人」之後，又說：「君子之道四：所求乎子以事父，未能也；所求乎臣以事君，未能也；所求乎弟以事兄，未能也；所求乎朋友先施之，未能也。」說明父子、兄弟、朋友、君臣之間的關係，都是從「忠恕之道」延伸而來。茲舉家庭倫理為例：

1 孝敬父母

　　在擾攘的紅塵裡，父母對子女付出的關愛，是無怨無悔的偉大情懷。為人父母的茹苦含辛，換來子女的茁壯成長。孟武伯問孝，子曰：「父母唯其疾之憂。」（《論語‧為政篇》）為人子女的確應該愛惜自己，保持健康的身體，不使父母操心煩心，這才算是真孝。因為隨著年歲的增長，父母的青春容顏已平添幾許秋霜，絕對不可以到了「樹欲靜而風不止，子欲養而親不待」（韓嬰《韓詩外傳》卷九）的時候，才悔不當初，已為時太晚。如果為人子女能夠善體親心，孝敬

父母，幫忙做家事，以減輕父母的負擔。循規蹈矩、用功讀書，相信
課業定會突飛猛進，並且可以開創光明之未來，成為有用之人。

2 教養兒女

　　e世代的年輕人，自我意識過強，隨心所欲，不願被教條束縛，
無視於父母的苦口婆心，視師長的諄諄告誡，猶如過耳飄風。在生活
上稍有不順遂，就心生瞋怨而怒目相向，甚且尋仇挑釁、結夥滋事，
因此青少年鬥毆流血事件層出不窮。

　　美國總統甘迺迪先生曾說過：「不要問國家能為你做什麼？而是
問你能為國家做什麼？」這的確是至理名言，為人子女的確應該反躬
自省，是否身體力行父母老師所傳授的修己治人之方，進德修業之
理，進而學以致用，回饋給社會、國家呢？孔子說：「己所不欲，勿
施於人」，希望青年學子要常懷著知足感恩的心，去孝敬父母，尊敬
師長。平日鑽研書本上的知識外，也別忘了品德的修養，使自己成為
知書達禮的好青年。

　　綜合上述，可知先聖先賢雖已遠，典型在夙昔。每一個時代的腳
步，都是先民們用胼手胝足的血汗，所烙印而成的成果。《周易·大
畜·象》上說：「君子以多識前言往行，以畜其德。」[6]此象辭在勉勵
君子要記取前賢的嘉言懿行，來蓄積培養自己的美德。人人要堅守自
己的崗位，真誠的付出一己的力量，在俯仰無愧之間，以造福社會人
群。如果人人能夠「忠以律己」，體認自己應負的責任，「恕以待人」，
考量社會國家的整體利益，以「自律自清」的良好習性，來淨化現代
人貪婪的心靈，如此定可以化暴戾為祥和，使大千世界和樂圓融。

6　〔魏〕王弼，〔晉〕韓康伯，〔唐〕孔穎達疏：《周易·大畜·象》（臺北市：藝文印
　　書館，1998年），頁68。

四　孔子「忠恕之道」的回響

　　儒家注重道德教育，崇尚教育的倫理價值。在人格修養的過程中，孔門四科：「德行、言語、政事、文學」(《論語‧先進篇》)；孔門四教：「文、行、忠、信」(《論語‧述而篇》)，這是孔子教育弟子的四個重點，也可以說是教育中心。從古籍經典中，學習先聖先賢的嘉言懿行，可以砥礪德性，增長見聞。在因應未來更具開放性與多元化的社會發展趨勢，我們應該通過教育的革新，引領全國國民進入傳統文化的領域，給他們倫理道德的涵養，並且開啟儒家思想精髓的堂奧，重新塑造中華文化的價值觀。茲述如何落實孔子「忠恕之道」的旨趣，以重建祥和社會之管見，如下：

(一)加強道德教育

　　國父說：「有道德始有國家，有道德始成世界。」倫理道德是政治民主及科學民生的根源，更是中華文化的精髓，是不假外求的。首先各級學校應加強有關民族精神、倫理觀念與民族文化方面的課程，可經由國文、文化基本教材、歷史等課程，使學生了解我國民族傳統文化的博大精深，我國歷史的悠久綿長；進而激發學生忠勇愛國與努力進取的精神。其次要加強道德教育，使學生體認我國固有道德的重要，希望藉著孔子的「忠恕」思想，使學生由認知層次，提升為篤實踐履，來教導學生「修己善群，居仁由義」之理，進而成為一個「見利思義，博施濟眾」，愛國家、愛民族，合群服務，負責守紀，知書達禮，且足以表現中華民族道德文化的中國人。

(二)加強社會教育

　　我國憲法第一五八條規定：「教育文化，應發展國民之民族精

神、自治精神、國民道德、健全體格與科學及生活智能。」因此各級
學校應加強社會教育，培養學生具有「人文關懷、社會責任與文化使
命」的核心能力，以端正社會人心，改善國民生活習性，使我們的社
會人心涵泳於仁、義、禮、智、信的文化倫理之中，使人人忠於國
家、民族，孝順父母，禮仁尚義，進而建立一個祥和的社會。其次要
利用大眾傳播媒體，來倡導善良風俗與公正輿論，以發揚固有文化與
民族正氣。所以大眾傳播媒體應本著仁愛心宣揚主題正確的節目，
如、闡揚倫理道德、民族正義的內容，重建校園倫理，以及推動書香
社會，以端正社會風氣，使中華文化植根於每個國民內心深處。

（三）落實民主法治教育

　　民主法治教育是生活教育的根本，因此各級學校首先要加強公民
與道德教育，強化生活與法治的重要性，及法治觀念的宣導，以提升
學生對法律常識的認知能力，期能經由學校民主法治教育的落實，以
匡正時弊，進而提升國民素質；並且了解選賢與能，使人盡其才，為
國家社會竭智盡忠，建設安和樂利的社會，以奠定憲政的良好基礎。
其次要推展誠實教育，為人師長者，要師法「以身教者從，以言教者
訟」[7]的精神，除了以「經師」自我期許，更應負起「人師」的責
任，以身作則，教導學生不說謊、不取巧，誠誠實實的做人，光明正
大的做事。對學生說謊不誠實的行為，也應該適時加以糾正。學校的
行政措施，應公開、公平，如此才能建立校園誠實文化，消弭青少年
犯罪問題，進而培育光明磊落、健全優秀的好國民。

　　綜合上述，可知教育是百年樹人的興國大計，也是民族精神文化

7　〔劉宋〕范曄撰，〔唐〕李賢等注：《後漢書・第五鍾離宋寒列傳》：「第五倫字伯
　　魚，京兆長陵人也……其身不正，雖令不行；以身教者從，以言教者訟。」（臺北
　　市：鼎文書局，1987年），卷41，頁1400。

的標竿，負有綿延發皇文化傳統與推動國家進步的神聖使命。因此每位為人師表，要結合時代的使命與社會的需要，教育出崇尚倫理道德，能守法守紀的好國民。諸葛亮在《誡子書》上說：「非學無以廣才，非志無以成學。」[8]的確，莘莘學子在求學階段，應該反躬自省，是否謹守學生本分，虛心求教，以充實自己，平日鑽研課業外，不能輕忽心性品德的修養。《禮記・學記》上說：「獨學而無友，則孤陋而寡聞。」因此，在求學階段要廣結益友，建立良好的人際關係，以增進自己德業的修養。

五　結論

「這是最好的時代，也是最壞的時代。」（狄更斯《雙城記》）在科技文明發達的功利主義時代，要改善澆薄的社會風氣，以匡正世道人心，各級學校就必須加強學生對儒家倫理道德思想的體認。美國哲學家愛默生（Ralph Waldo Emerson, 1803-1882）說：「孔子不但是中國文化的重心，亦為世界民族的光榮。」的確，要將儒家「忠恕之道」，落實在日常生活中，以陶鑄學生的人文素養，乃是導正社會亂象當務之急。在老師循循善誘中，使學生了解「忠以律己」就是自我品德的完成，「恕以待人」就是社會群體和諧的表現，具備這二項美德，可以實現創造自我，服務他人的理想。

孟子說：「敬人者，人恆敬之；愛人者，人恆愛之。」（《孟子・離婁篇》）一顆感謝的心，能夠使人不會憎怨、怨尤或嫉妒他人。而一個人要修養良好的品德，要使自己做人處事樣樣得宜，就必須不斷學習自我涵育，也就是肯定自我、忠於自我的理想，並且吸取他人的

8　〔三國蜀〕諸葛亮：〈戒子書〉，收入王寶先：《歷代名賢教子書》（臺北市：臺灣書店，1966年），頁12。

經驗來自我磨鍊。在浩瀚的天地之間，人人多一分寬容的愛心，多一分關懷的貼心，多一分自我要求的用心，多一分感恩的誠心，相互成長，相互扶持，相信社會的祥和，國家的強盛，定指日可待。

明儒・王陽明〈睡起偶成詩〉：

> 起向高樓撞曉鐘，猶多昏睡正懵懵，
> 縱令日暮醒未晚，不信人間耳盡聾。

這的確是一首足以發人深省的詩。今後我們當繼續致力於倫理道德的重整與社會風氣的改善，培養國人優雅的文化氣質與敦厚的倫理觀念。因此，每位國文教師，應該以教育家劉真的名言：「樹立師道的尊嚴，發揚孔子樂道的精神」來自勉，引領學生開啟《論語》一書的堂奧，給予他們倫理道德的涵養，以樹立正確的人生觀及優美的情操，進而提升學生的人文素養。

參考文獻

（一）古籍（依《四庫全書》分類法）

〔魏〕王弼　〔晉〕韓康伯注　〔唐〕孔穎達正義　《周易正義》
　　　臺北市　藝文印書館　1998年

〔漢〕鄭玄注　〔唐〕孔穎達正義　《禮記正義》　臺北市　藝文印
　　　書館　1998年

〔魏〕何晏集解　〔宋〕邢昺正義　《論語注疏》　臺北市　藝文印
　　　書館　1998年

〔東漢〕趙岐注　舊題〔宋〕孫奭疏　《孟子注疏》　臺北市　藝文
　　印書館　1998年

〔宋〕朱熹　《四書章句集注》　臺北市　鵝湖出版社　1998年

〔宋〕朱熹　《詩集傳》　臺北市　中華書局　1973年

〔清〕孫希旦　《禮記集解》　臺北市　蘭臺書局　1971年

〔清〕劉寶楠　《論語正義》　臺北市　文史哲出版社　1990年

〔劉宋〕范曄撰　〔唐〕李賢等注　《後漢書》　臺北市　鼎文書局
　　1987年5月

（二）現代專著（依作者姓氏筆畫排序）

王寶先　《歷代名賢教子書》　臺北市　臺灣書店　1966年

牟宗三　《中國哲學的特質》　臺北市　臺灣學生書局　1984年

林安梧　《論語——走向生活世界的儒學》　臺北市　明文書局
　　1995年5月

林義正　《孔子學說探微》　臺北市　東大圖書出版公司　1987年9月

徐復觀　《中國思想史論集續編》　臺北市　時報出版公司　1982年
　　3月

謝淑熙　《道貫古今——孔子禮樂觀所蘊含之教育思想》　臺北市
　　秀威資訊科技公司　2005年5月

（三）期刊論文（依作者姓氏筆畫排序）

謝淑熙　〈閱讀教學與人文素養——以《論語》為例〉　《國教新
　　知》　第59卷第1期　2012年

郭明昆禮學思想析論*

摘要

　　日治時期經學家、語言學家郭明昆（1908-1943）負笈日本求學，畢業於日本早稻田大學哲學科，深受東洋哲學科津田左右吉（1873-1961）教授的影響，專攻中國上古社會史，由社會學的角度來探討中國的家族制度、喪服制度，並撰寫〈《儀禮‧喪服》考〉為畢業論文。在津田教授的邀約下，在東京繼續從事研究工作，完成〈喪服經傳考〉一文。本文首先簡介郭明昆的生平事略及著作大要，其次論述〈《儀禮‧喪服》考〉、〈喪服經傳考〉的研究方法與成果，最後歸納此二篇論文的學術價值，及整理解讀此二篇論文對當今研究傳統喪服制度的貢獻。在取材方面注重背景知識之探討，蒐集郭明昆研究傳統喪葬制度、家族制度之相關著作，加以判讀，整理、分析、歸納、比較研究，以期能深入探究郭明昆禮學思想之全貌，作一學術研究總結，梳清各章節脈絡關係，呈一完整之研究成果。

關鍵詞：臺灣儒學　郭明昆　《儀禮》　喪服　五服

---

* 本文刊載於2013年11月29日中央研究院文哲所「臺灣經學的萌發與轉型：從明鄭到日治時期學術研討會」論文集。

一 前言

中國儒學綿延數千年，猶如不盡長江天際流，為中國歷史文化的傳承，澎湃奔騰，形成深廣無比的文化洪流。儒學在明鄭時期（1662-1683）傳入臺灣，明鄭歷史乃南明史的一部分，主導明鄭歷史的鄭成功（1624-1662）也與南明的儒學有深厚的淵源。雖剛萌芽，卻是上承南明諸儒，下啟清代臺灣儒學。就漢族觀點而言，清代乃是臺灣社會成為以漢人主導、以漢文化為主流文化的階段，於是以臺南一帶為中心，儒學隨著漢文化而向南、向北，最後向東擴散。明鄭統治臺灣僅二十二年，清廷則領臺二百一十二年（1683-1895）。在這兩百多年間，隨著漢移民的增加，有心官民的大力提倡、科舉功名的吸引，使儒學教育日漸普及。[1]彰顯了臺灣儒學的脈絡與發展的軌跡。

日治時期（1895-1945）在臺灣施行「皇民化運動」[2]，但是儒學在臺灣經歷了長達二百多年的移植與發展，已經融入了庶民生活，其中尊師重道、孝順父母、重視家庭、重視祭祀等等習俗，更是士大夫階層精神生活的主要部分，並未因身處於殖民地而有所改變。當時臺灣的漢人在日本的同化政策的壓力之下，反而對本族文化的存亡有較強烈的危機感，因此並未出現全盤西化的理論。日治時期的儒學一方面有回歸明鄭時代的思想傾向，另一方面也有了與新學對話的契機。

---

1 陳昭瑛：〈儒學在臺灣的移植與發展：從明鄭至日據時代〉，「東亞近現代儒學的回顧國際研討會」，中央研究院中國文哲研究所主辦，1996年12月。

2 林礽乾等總編輯：《臺灣文化事典》：「一九三七年中日戰爭爆發後，為配合日本國內『國民精神總動員』開始展開皇民化運動，實施內容除承繼前之社會教化運動，繼續加強日語常用運動、強制參拜神社、家庭奉祀『神宮大麻』、推行日本生活樣式、甚至一九四〇年起亦開始『改姓名』運動，以加強『日本精神涵養』，另一方面則禁止學校漢文課程的教學、廢止報紙漢文欄、禁止臺灣傳統音樂戲劇、實施寺廟整理、臺灣人家庭正廳改善等，用以去除漢人色彩，以達到臺灣人『皇國臣民化』。」（臺北市：臺灣師範大學人文教育研究中心，2004年），頁562。

殖民地的特殊情境，使士人較有自覺的去保存臺灣儒學和傳統漢文化[3]。說明了日治時期臺灣儒學家傳承傳統文化與維護舊文化的用心與努力。

　　日治時期臺灣儒學的研究成果，是現在我們研究臺灣儒學不容忽視的重要一環。林慶彰教授花費五年的功夫，編輯完成《日據時期臺灣儒學參考文獻》二冊，所選取的人物背景，力求新、舊文化兼顧，可以見到各種不同型態的儒學樣貌[4]。郭明昆留學日本，受到國外社會學者的影響，能以宏觀的視野及新的方法來研究儒家經典，其〈儀禮喪服考〉、〈喪服經傳考〉二篇論文是以日文書寫。本論文期盼經由李寅生教授所翻譯的〈儀禮喪服考〉、金培懿教授所翻譯的〈喪服經傳考〉[5]，來深入探究郭明昆禮學思想之全貌。

二　郭明昆生平與著作述要

　　郭明昆（1908-1943），筆名一舟，一九〇五年（清光緒三十一年，明治三十八年）十二月二十五日生於麻豆堡麻豆大庭（即今臺南

3　陳昭瑛：〈儒學在臺灣的移植與發展：從明鄭至日據時代〉，「東亞近現代儒學的回顧國際研討會」，中央研究院中國文哲研究所主辦，1996年12月。

4　翁聖峰：〈評《日據時期臺灣儒學參考文獻》——兼論續編《日據時期臺灣儒學參考文獻》的可行方向〉：「全書所收的人物含括吳德功（1850-1924）、洪棄生（1867-1929）、胡南溟（1869-1933）、章太炎（1869-1936）、連橫（1878-1936）、張純甫（1888-1941）、周定山（1898-1976）、林履信（1899-1954）、郭明昆、張深切（1904-1965）、廖文奎（1905-1952）、黃得時（1909-1999）、江文也等十三人，所選取的人物背景，力求新、舊文化兼顧，可以見到各種不同型態的儒學樣貌。」（《中國文哲研究通訊》第11卷第1期，2001年），頁169-186。

5　郭明昆：〈儀禮喪服考〉，收入林慶彰編：《日據時期臺灣儒學參考文獻》（臺北市：臺灣學生書局，2000年）上冊，頁395-432；郭明昆：〈喪服經傳考〉，收入林慶彰編：《日據時期臺灣儒學參考文獻》上冊，頁433-482。

市麻豆區）。郭家祖籍福建省漳州府龍溪縣錦湖鄉石尾堡，一六四八年（清順治五年）錦湖開基第十五世由抱遷居臺灣，定居麻豆堡麻荳大庭。從麻荳開基祖到明昆為第十代。[6]一九一三年（大正二年，民國2年）四月，明昆進入臺灣公立臺南廳麻荳公學校就讀，一九一九年畢業。在學期間品學兼優，獲頒日本皇族閑院宮、北白川宮所設的獎學金。六月三十日，進入臺灣總督府立商業專門學校預備學校就讀，由林茂生（1887-1947）教授英語與數學的課程，林教授提出「歐洲語時間觀念發達，華語空間觀念發達」的概念，對郭明昆寫作論文有深遠的影響。[7]可見郭明昆除鑽研漢學外，也旁涉英、數等課程。

　　一九二五年（大正十四年，民國14年）三月，郭明昆在府立商業專門學校預備學校畢業。四月負笈東瀛，入日本第二早稻田高等學校文科就學。一九二八年（昭和三年，民國17年）三月畢業。十日與麻荳街黃能波長女黃春結婚。四月，入日本早稻田大學文學部哲學科專攻社會哲學，受到社會學者關與三郎、津田左右吉教授的影響。一九三一年（昭和六年，民國20年）三月，於早稻田大學文學部畢業，並撰寫〈《儀禮・喪服》考〉為畢業論文。畢業後返臺，任教於臺南州立第二中學兩年，一九三三年（昭和八年，民國22年）進入早稻田大學大學院就讀，在津田左右吉教授指導下研究「支那社會史」，於早稻田大學文學部哲學會發行的《哲學年誌》第三卷發表〈喪服經傳考〉一文。

6　郭明昆生平事蹟，詳參林慶彰編：〈郭明昆作者簡介〉，《日據時期臺灣儒學參考文獻》，頁393。

7　郭明昆生平事蹟，詳參葉純芳：〈郭明昆的生平及其《儀禮・喪服》的研究〉，收入葉純芳、張曉生主編：《儒學研究論叢：日據時期臺灣儒學研究專號》第一輯（臺北市立教育大學人文藝術學院儒學中心，2008年），頁165。

　　一九三四年（昭和九年，民國23年）日本外務省文化事業部遴選
他到北京留學，一九三五年寫成〈甥姪稱謂與漢族稱謂制之側面
史〉，發表在《東洋學報》，引起陶希聖重視。所著《中國家庭制及語
言之研究》為其傳世力作。並有〈福建話的古語研究〉，發表於《臺
灣文藝》。抗戰初期，曾受東洋學會之聘，赴大陸研究閩南社會組
織，後返日本執教。其後戰事轉劇，其妻憂傷以死。於一九四三年
（昭和十八年，民國32年）十一月二十二日，全家搭乘從神戶出發的
「熱河丸」客輪，返臺灣途中，經溫州沖水域，遭美軍潛水艇擊沉，
年僅三十九歲的郭明昆，與長女、次女和長男全家罹難。[8]

　　郭明昆一生的著述包括：日文原著與中譯二部分，其傳世力作，
今皆收錄於好友李獻彰所編《中國の家族制及び言語の研究》，共收
錄郭明昆十二篇論文，一九五二年由東京：東方學會出版，一九九六
年由臺灣：南方書局再版。茲臚列十二篇論文篇名，如下：

1. 〈儀禮喪服考〉：李寅生譯，林慶彰編。《日據時期臺灣儒學參考
   文獻（上冊）》，臺北市：臺灣學生書局，2000年10月，頁395-
   432。

2. 〈喪服經傳考〉：金培懿譯，林慶彰編。《日據時期臺灣儒學參考
   文獻（上冊）》，臺北市：臺灣學生書局，2000年10月，頁433-
   482。

3. 〈祖父稱謂考〉：《東洋學報》第21卷第4號，1934年3月發表。

4. 〈父母稱謂考〉：《東洋思想研究》第2期，1938年1月發表。

5. 〈伯叔母嬸考〉

6. 〈姑姨舅妗と漢族稱謂制の側面史〉

8　郭明昆生平事蹟，詳參《臺灣歷史人物小傳──明清暨日據時期》（臺北市：國家
　圖書館，2003年），頁474。

7. 〈甥姪稱謂と漢族稱謂制の側面史〉

8. 〈福佬話方言に於ける親族稱謂の二三について〉

9. 〈稱呼と命名の排行制について〉

10. 〈華語における形體觀念〉

11. 〈福佬話方言的研究〉

12. 〈福佬話方言における及と與について〉

　　郭明昆的著作，是研究我國傳統喪服禮儀制度、家族制度、語言學等重要之參考文獻，對研究中國古代宗族、文教、禮儀制度及福佬話方言的學者裨益良多。

三　郭明昆禮學思想要旨

　　《儀禮‧喪服篇》所記載的喪服制度，乃是依死者與服喪者彼此親疏遠近的關係，而設立相對應的服飾制度，以使「內外有別」、「親疏有分」，能更容易地整合親族，確立人際關係，促進社會的和諧與發展。[9]郭明昆從社會學的角度深入探究《儀禮‧喪服》經、傳、記的述論、考述我國古代喪服禮制形成和確立的歷史脈絡，探討《儀禮‧喪服》所體現的周代社會關係和倫理觀念等內容，深化了我國古代血緣宗法關係的研究。他在〈緒言〉中說到撰作〈《儀禮‧喪服》考〉的動機：

> 在中國的法律制度方面，喪服制度是作為表現親屬關係親疏等級而使用的。特別是到了唐代以後，更是用法律的形式把喪服制度強制地實行了下來。因此，喪服禮在中國思想史及社會史

9　參見林素英：〈漢代以前喪禮探討（十三）〉，《孔孟月刊》第35卷第3期，頁21-27。

上是一個值得研究的題目。在喪服禮的研究上，可以看出儒家
所講解的禮具有什麼樣的性質，以及它所具有的思想意義。在
弄懂一個實例的同時，也可在其他方面通過喪服禮的組織來略
窺一個家庭的生活狀態，又那麼講究喪服禮的社會背景，也非
考察不可。……筆者這篇拙作的想法是，探討《儀禮・喪服》
篇中喪服禮在古代說的是什麼？[10]

可見郭明昆想藉由《儀禮・喪服》家族親屬親疏的倫理觀，探求中國
古代社會的宗法體系與家族生活型態，同時探究儒家喪服禮制的實質
內涵。《儀禮・喪服》所描述的制度涵蓋面廣泛，是現今所保存最完
整的喪服制度。茲依據〈儀禮喪服考〉、〈喪服經傳考〉二篇論文，臚
列郭明昆禮學思想要旨的面向，如下：

（一）探究我國喪服禮制的實質內涵

我國「喪服」倫理的完整制度，大約起源於周朝時期，在漢朝初
期所流傳的《儀禮・喪服篇》，也是流傳至今保存喪服制度最完整的
篇章。《儀禮》是我國的經典之一，其成書年代雖有爭論，但從漢代
開始，《儀禮》已成為學者們研究傳統禮服禮制的重要經典。〈喪服
篇〉的地位特殊，它所描述的制度包蘊宏富，可代表各個階層的親屬
關係。《儀禮・喪服篇》由十一章所組成，大致上區分為「斬衰」、
「齊衰」、「大功」、「小功」與「緦麻」等五種。郭明昆依據喪裝、喪
期、服喪者等三要素，來說明我國喪服禮制的實質內涵，如下：

---

10 郭明昆：〈儀禮喪服考〉，收入李寅生譯，林慶彰編：《日據時期臺灣儒學參考文獻
　（上冊）》（臺北市：臺灣學生書局，2000年），頁395。

1 《儀禮‧喪服》重視父權，創立「斬衰」的概念

研讀我國經典古籍，歷來學者在注釋《論語》、《孟子》、《荀子》時，都認為「齊衰」之語已包含「斬衰」之意。[11]但郭明昆認為《儀禮》的作者為了要強調父權的重要性，創立了「斬衰」的概念：

> 在歷來喪服之禮的解釋上，對父母雖同樣是守孝三年，但重視父權，尊重男權，所以為父親要比為母親穿更重要的喪服，這或許也是和這樣的思想有些關係吧！[12]

此種見解，可以顯現出周代〈喪服篇〉的親屬關係，是建構在重視父權，尊重男權的父系體系的基礎上。古代人居喪期間所穿的三年喪服，是粗製的服裝，具有齊衰和疏衰之意。《孟子‧滕文公篇》所言：「三年喪，齊疏之服」[13]，就是從修辭上立言，把斬衰和疏衰合併寫成齊疏之服的[14]，自天子達於庶人，皆須服三年之喪，郭明昆所言，是有憑據的。

2 解析「斬衰」與「齊衰」、「疏衰」的差異

郭明昆認為「齊」最早的意義被大家所遺忘。《論語‧鄉黨篇》

---

11 郭明昆：〈儀禮喪服考〉，收入李寅生譯，林慶彰編：《日據時期臺灣儒學參考文獻（上冊）》，頁398。

12 郭明昆：〈儀禮喪服考〉，收入李寅生譯，林慶彰編：《日據時期臺灣儒學參考文獻（上冊）》，頁401。

13 〔東漢〕趙岐注，〔宋〕孫奭疏：〈滕文公上〉，《孟子注疏》：「三年之喪，齊疏之服，飦粥之食。自天子達於庶人，三代共之。」（臺北市：藝文印書館，1998年），卷5，頁89。

14 郭明昆：〈儀禮喪服考〉，收入李寅生譯，林慶彰編：《日據時期臺灣儒學參考文獻（上冊）》，頁398。

中有「見齊衰者，雖狎必變」[15]之語，〈子罕篇〉中也有「子見齊衰者、冕衣裳者與瞽者，見之，雖少，必作；過之，必趨。」[16]之言。「齋衰」的「齋」，經傳多用同音的「齊」來假借，原本作「齋」，即「齋忌」之意。[17]郭明昆說：

> 「齋」字能夠表現出喪服本來的咒術、宗教的意義。喪服如果往遠古追溯的話，是用來表示對死神和死者靈魂的咒術意義，是表現對死穢齋忌意味的咒術宗教禁忌。在喪服方面，從這種禁忌的表現上看，是與平常的服裝有著顯著的變化的。[18]

古人在祭祀祖先之前，要齋戒沐浴，以表示虔誠的心意，稱之為「齋」。因為時間久遠，表現喪服本來的宗教咒術意義——「齋」來解釋。「斬」是指衣服不縫邊，故稱「斬衰」。「斬」與「齊」，正如《荀子》〈榮辱篇〉和〈臣道篇〉所說：「斬而齊，枉而順，不同而一」[19]，從相對語上也是容易產生聯想的。在歷來喪服之禮的解釋上，對父母雖同樣是守孝三年，但重視父權，尊重男權，所以為父親要比為母親穿更重要的喪服，這或許也是和這樣的思想有些關係吧！[20]

---

15 〔魏〕何晏集解，〔宋〕邢昺正義：〈鄉黨〉，《論語注疏》：「狎，謂素親狎，言見衣齊衰喪服者，雖素親狎，亦必為變容，此即哀有喪也。」（臺北市：藝文印書館，1998年），卷10，頁91。

16 〔魏〕何晏集解，〔宋〕邢昺正義：〈子罕〉，《論語注疏》：「此章言孔子哀有喪，尊在位，恤不成人也。子見齊衰者，冕衣裳者與瞽者，齊衰，周親之喪服也。言齊衰，則斬衰從可知也。」卷9，頁79。

17 〔東漢〕趙岐注，〔宋〕孫奭疏：〈滕文公上〉，《孟子注疏》，頁397。

18 〔東漢〕趙岐注，〔宋〕孫奭疏：〈滕文公上〉，《孟子注疏》，頁397。

19 〔唐〕楊倞注，〔清〕王先謙集解：〈榮辱篇〉（臺北市：藝文印書館，1973年）《荀子集解》，卷2，頁199；〈臣道篇〉，卷9，頁459。

20 郭明昆：〈儀禮喪服考〉，收入李寅生譯，林慶彰編：《日據時期臺灣儒學參考文獻（上冊）》，頁401。

綜合上述，可知「斬衰」與「齊衰」、「疏衰」的差異，除命名的不同，在製作方法上，「斬衰」，其衣服不縫邊，「齊衰」，衣服的邊是縫齊的，「斬衰」是比「齊衰」更為粗糙的喪服。「疏衰」是作「齊衰」的材料，三者用途不同，不可混為一談。

（二）比較《儀禮・喪服》與《荀子・禮論》內容的異同

郭明昆撰作〈《儀禮・喪服》考〉的目的，除了如其「緒言」所說之外，也藉由與《荀子・禮論》的比較，參照歷代學者的看法，得出〈喪服〉是由戰國末期的儒家所為，並參考了當時流行的禮俗，而建構出自己理想中的喪服制度。茲將郭明昆對〈《儀禮・喪服》考〉與《荀子・禮論》，所作的比較分析，分述如下：

1 五等喪服名稱的詮釋

《儀禮・喪服》由十一章所組成，大致上區分為「斬衰裳」、「齊衰裳」、「大功布衰裳」、「穗衰裳」、「小功布衰裳」與「緦麻」等六種喪服。郭明昆解析：

> 「穗衰裳」是諸侯的大夫為天子服喪時所穿的特殊喪服，一般人是不能用的。除此之外，普通的喪服即是所謂的「五服」。五服中的第一等是「斬衰」，其衣服不縫邊。第二等是「齊衰」，衣服的邊是縫齊的。第三等是「大功」，是經加工後做成的粗大服裝。第四等是「小功」，其服裝更為精細。第五等為「緦麻」，其縷細如絲，用更細的麻布製成。[21]

---

21 郭明昆：〈儀禮喪服考〉，收入李寅生譯，林慶彰編：《日據時期臺灣儒學參考文獻（上冊）》，頁396。

由上述的分析，可知古人居喪時所穿的喪服，質地與縫製的形式，因親疏情誼與遠近關係而有等級的差異。

《荀子‧禮論》：「三年之喪，稱情而立文，所以為至痛極也。齊衰、苴杖、居廬、食粥、席薪、枕塊、所以為至痛飾也。」[22]荀子認為齊衰是因三年之喪，所產生的重要喪服。郭明昆解析：

> 《荀子》認為齊衰之外並無斬衰，苴杖雖支撐著齊衰之服，但在《儀禮》中，苴杖卻支撐著斬衰之服，齊衰之服則是用削杖支撐著的，二者的差別較為顯著。[23]

在《荀子‧禮論》中所看到的喪服之禮，就整體而言與《儀禮》所記載的內容是相同的。在《儀禮》的五服中，齊衰處於第二等，其上面還有更為重要的斬衰。而《荀子》未提到斬衰，這是值得探討的問題。

2 五等喪服喪期的差別

《儀禮‧喪服》篇中的「五服」名稱是為：「斬衰」、「齊衰」、「大功」、「小功」與「緦麻」等五種。「喪服」是維繫中國傳統家族親屬血緣關係的基石，「喪服」制度，在《儀禮》中完整保留下來，並成為我國各朝代制定喪服禮俗的損益標準。

喪期最短的也有三個月之久，最長的有所謂三年之喪。最重要的斬衰、齊衰三年，並不是實際民俗，最輕的緦麻三月。喪期最長的是

---

22 〔唐〕楊倞注，〔清〕王先謙集解：〈禮論〉，《荀子集解》（臺北市：藝文印書館，1973年），卷13，頁617-618。

23 郭明昆：〈儀禮喪服考〉，收入李寅生譯，林慶彰編：《日據時期臺灣儒學參考文獻（上冊）》，頁399。

三年，但實際的守喪都不滿三年。[24]郭明昆是依據《儀禮‧喪服》所敘述，而提出上述觀點。

《荀子‧禮論》：「三年之喪，二十五月而畢，哀痛未盡，思慕未忘，然而禮以是斷之者，豈不以送死有已，復生有節也哉！」[25]郭明昆認為「三年之喪，二十五月而畢」，以《荀子》的〈禮論篇〉為首，《公羊傳》（閔公二年條）和《白虎通》（服喪條）也都記載是二十五個月，此說大概從《荀子》時就已開始有了。這種觀點屬於異說，因此馬融認為「二十五月而大祥，二十七月而禫」[26]。《荀子‧禮論篇》中說：「曰至親以期斷，……然則三年何也。曰加隆焉，案使倍之，故再期也。」[27]又在《論語‧陽貨篇》中，假托宰我之口來反對三年之喪，「期已久矣，……期已可矣」[28]。綜合上述各家之說，郭明昆解析：

> 作為儒家之禮，守喪當初並不是三年，可能是期年而已。其後為雙親守喪極端注重孝道，把它加上「再期」的吧！關於「三」這個數字，在上古中國的思想中是極為受到尊重的，因此才把喪期定為三年。為了要和「三年」名稱相合，才把它定為二十五個月。這些想法只是推測而已，但從孔子的實踐態度和學風上看，即便是守三年之喪也不是與時俗的禮說相背。此

---

24 郭明昆：〈儀禮喪服考〉，收入李寅生譯，林慶彰編：《日據時期臺灣儒學參考文獻（上冊）》，頁408。

25 〔唐〕楊倞注，〔清〕王先謙集解：《荀子集解》，卷13，頁618。

26 參見〔清〕馬國翰輯：《玉函山房輯佚書》所收《喪服經傳馬氏注》。

27 〔唐〕楊倞注，〔清〕王先謙集解：〈禮論〉，《荀子集解》，卷13，頁619。

28 〔魏〕何晏集解、〔宋〕邢昺正義：〈陽貨〉，宰我問：「三年之喪，期已久矣。君子三年不為禮，禮必壞；三年不為樂，樂必崩。舊穀既沒，新穀既升，鑽燧改火，期可已矣。」《論語注疏》，卷17，頁157。

外，即使是《詩》、《書》對當時喪服禮也沒有過分的渲染。始說三年之喪，可能是離孟子不遠的時代。[29]

郭明昆研究〈喪服〉的方法，是從多方面著手的，如運用古代民俗與文獻對照法，以實際的禮俗與之對照，確認〈喪服〉的所有條規，是否曾在現實的社會施行過。又如採用比較法，選擇《荀子‧禮論》篇的內容作為依據的用意，除了因為〈禮論〉篇記載喪葬禮較其他古代文獻稍為詳細外，《儀禮》是儒家的經典，以儒家的文獻作為比較的依據，實際禮俗若與〈喪服〉記載相符，表示確實曾經實行過這套禮儀；若與實際禮俗不符，表示〈喪服〉只是儒家對喪禮建構出的理想模式，而〈喪服〉所建構出的家族親屬親疏關係，可能也與實際情況不同，由此可見，郭明昆研究〈喪服〉，能夠兼顧歷史的傳承與時代的演進。

三　闡述喪服經、傳、記三者義述的區別

郭明昆撰作〈喪服〉經傳考〉一文，主要是針對〈喪服篇〉的《子夏傳》，是否能忠實傳達經文的本旨，這一個問題來進行考察，茲分述如下：

1　〈喪服篇〉經、記、傳之探討

在《儀禮》十七篇中，除《士相見禮》、《大射禮》、《少牢饋食禮》、《有司徹》等四篇之外，其餘各篇之末都有「記」，一般認為

---

29 郭明昆：〈儀禮喪服考〉，收入李寅生譯，林慶彰編：《日據時期臺灣儒學參考文獻（上冊）》，頁410。

「記」是孔門七十子徒所作，僅〈喪服〉一篇有傳，〈喪服〉的經與傳本來分別單行[30]。一九五九年在武威漢墓出土的木竹簡，其中有單行的〈喪服〉傳兩種，又有單行〈喪服〉一種，可見西漢時仍有單行的〈喪服傳〉。〈喪服〉篇除經文、記文外，還有釋經的「傳」文，歷代學者研究經典喪服均以《儀禮·喪服》為依據。

子夏（西元前507-），姓卜名商，字子夏，春秋衛國溫人，擅文學，與子游並列孔門文學科。子夏在禮學方面，實長於喪服研究，曾撰有〈喪服傳〉，這是解釋《儀禮·喪服》的文字。《隋書·經籍志》云：

漢末，鄭玄傳小戴之學，後以古經校之，取其於義長者作注，為鄭氏學。其〈喪服〉一篇，子夏先傳之，諸儒多為注解，今又別行。[31]

《儀禮·喪服》賈公彥〈疏〉云：

「傳」曰者，不知何人所作，人皆云孔子弟子卜商字子夏所為。師師相傳，蓋不虛也。[32]

皮錫瑞在《經學歷史·經學流傳時代》亦云：

經名昉自孔子，經學傳於孔門。……諸儒皆不傳，無從考其家

30　王鍔：《三禮研究論著提要》專著《儀禮》類（蘭州市：甘肅教育出版社，2001年），頁121。

31　〔唐〕魏徵、令狐德棻：《隋書·經籍志》，卷32，志27，經籍1禮，頁925。

32　〔漢〕鄭玄注，〔唐〕賈公彥疏：《儀禮注疏》，卷28，頁338。

法；可考者，惟卜氏子夏。洪邁《容齋隨筆》云：「孔子弟
子，惟子夏於諸經獨有書。雖傳記雜言未可盡信，然要為與他
人不同矣。於《易》則有《傳》。於《詩》則有《序》。而《毛
詩》之學，一云：子夏授高行子，四傳而至小毛公；一云：子
夏傳曾申，五傳而至大毛公。於《禮》則有《儀禮喪服》一
篇，馬融王肅諸儒多為之訓說。」[33]

綜合上述，可知子夏對儒學發展與諸經傳授的貢獻，是不容忽視的。

　　郭明昆指出《儀禮‧喪服》記述了天子以下人死後相互哀喪的禮
節、服飾。篇中依據尊尊、親親、名分、出入、長幼、從服的原則，
對喪服的等級、服喪的年月、親疏隆殺的禮儀作了詳細說明。在〈喪
服篇〉中，經之外有記，記又附以傳，所以在思考傳的時候，有必要
先提及記的內容。此記在其後半部中對喪裝的製作方法特別是尺寸方
面作了規定。[34]舉例說明如下：

　　《儀禮‧喪服‧子夏傳》：

朋友皆在他邦，袒免，歸則已。朋友麻。君之所為兄弟服，室
老降一等。夫之所為兄弟服，妻降一等。庶子為後者，為其外
祖父母、從母、舅無服。不為後如邦人。宗子孤為殤，大功
衰、小功衰皆三月，親則月筭如邦人。改葬緦。童子唯當室緦。
傳曰：「不當室，則無緦服也。凡妾為私兄弟，如邦人。」[35]

33 〔清〕皮錫瑞：〈經學流傳時代〉，《經學歷史》，頁36。
34 郭明昆：〈喪服經傳考〉，收入金培懿譯，林慶彰編：《日據時期臺灣儒學參考文獻
　　（上冊）》，頁434。
35 〔漢〕鄭玄注，〔唐〕賈公彥疏：〈喪服‧子夏傳〉，《儀禮注疏》，卷11，頁50。

說明未成年的童子，當其代父當家事之時，則須服三個月的緦服。對於〈子夏傳〉的解析，郭明昆認為：

> 如「朋友、麻」之類，則是將朋友關係加進了服喪義務者行列，這便有別於經的喪服制思想的新思維方式，而到了如「童子，唯當室，緦」，則明顯地是與經的喪服制相互矛盾。為什麼會有這種情況呢？「童子唯當室緦」的寫法，從內在意涵來看，不外是「童子不當室則無服」之意，但在經的大功殤章、小功殤章兩章和緦麻章中，幾乎對一切未成年者應該對其各種輩分的親屬服何種適當的喪服皆做出了規定。在經已然對各種輩分的親屬，分配其該服之喪服的立場中，童子一語，實在是一太過總括性的言辭。[36]

說明童子在當室時服喪的特別情形，是服最輕的緦服，不當室就無需服。不論是從文章理路來衡量，或是由邏輯上來推論，記的「童子，唯當室，緦」一語，除此意思之外，無法有其他合理的解釋。傳的說法，只是把經和記的矛盾弄得更加糊塗罷了。記中所載的喪服規定雜亂無章，清儒盛世佐評論記而說的「諸說不出一手，亦非一代所成」，確為卓見中肯之詞。郭明昆在《儀禮喪服考》一文中對經（《荀子・禮論》以後）成書於戰國末期的考證沒有大錯的話，那麼，記或許應該是出於漢代諸儒之手。[37]此種論點，洵非虛言。

---

36 郭明昆：〈喪服經傳考〉，收入金培懿譯，林慶彰編：《日據時期臺灣儒學參考文獻（上冊）》，頁434。

37 郭明昆：〈喪服經傳考〉，收入金培懿譯，林慶彰編：《日據時期臺灣儒學參考文獻（上冊）》，頁435。

2 《儀禮‧喪服》經、傳對於喪服制詮釋的差異

郭明昆進一步探討《儀禮‧喪服》經、傳對於喪服制詮釋的差異，並提出自己的觀點：

> 經的喪服制，因為是把喪服看作禮，因應家族身分關係的親密度，而來確定其等差。除特殊規定外，並沒有必要說明其服喪的理由，但是傳甚至將相互服同等之喪的情形，將之強分為二，試圖分別說明其特殊的服喪理由。在針對從服和名服的說法，對異姓的外親不承認其本來的服喪義務，表現出其血族宗親本位的思想。[38]

> 特別應該注意的是，在傳的思想中，道德的意義變為淡薄，例如，傳只是簡單地說了「為父何以斬衰也，父至尊也。」比起孟子、荀子專心致志想為三年之喪在為人子的道德性思慕，與哀情上尋求根據一事，則有著隔世之感。喪服禮所建構的初期的道德基礎，迹象完全消失了，代之以權力本位的解釋。[39]

郭明昆明確的指出喪服「經」則以家族的血脈宗親本位的思想為主軸，喪服「傳」對喪服禮的解釋，建構在權勢本位思想上。可見喪服「經」、「傳」詮釋喪服的角度，是因應時代之演變而出現不同的旨趣。

郭明昆闡述為何在《儀禮》的諸篇中只有〈喪服篇〉有傳？其原

---

38 郭明昆：〈喪服經傳考〉，收入金培懿譯，林慶彰編：《日據時期臺灣儒學參考文獻（上冊）》，頁479-480。

39 郭明昆：〈喪服經傳考〉，收入金培懿譯，林慶彰編：《日據時期臺灣儒學參考文獻（上冊）》，頁480-481。

因又是什麼？又究竟是在何時被認為是子夏所作？此類問題都是必須
要思考的。[40]近人沈文倬先生認為《禮記・雜記》所說的《士喪禮》，
實際上包括〈喪服〉、〈士喪禮〉、〈士虞禮〉、〈既夕禮〉等四篇，後三
篇記述的是喪禮的連續過程，〈喪服篇〉記述的是喪禮中的服飾，內
容貫通，缺一不可，著成的年代應該比較相近，大約在魯哀公末年至
魯悼公初年，即周元王、定王之際。而《儀禮》一書，則是西元前五
世紀中期到四世紀中期的一百多年中，由孔門弟子及後學陸續撰作
的，沈說較為公允。[41]孔子去世後，子夏便到魏國西河講學，傳授儒
家經典。《史記・仲尼弟子列傳》載：

> 孔子既沒，子夏居西河教授，為魏文侯師。[42]

《史記・儒林列傳》又載：

> 自孔子卒後，七十子之徒散游諸侯，大者為師傅卿相，小者友
> 教士大夫，或隱而不見。……子夏居西河，子貢終於齊。如田
> 子方、段干木、吳起、禽滑釐之屬，皆受業於子夏之倫，為王
> 者師。是時獨魏文侯好學。[43]

可見子夏在西河講學，頗負盛名，弟子甚眾，影響很大。

綜上所述，我們可以對子夏與〈喪服傳〉的關係作出這樣的認識

---

40 郭明昆：〈喪服經傳考〉，收入金培懿譯，林慶彰編：《日據時期臺灣儒學參考文獻
（上冊）》，頁436。

41 參見彭林：〈第七章 貫串生死的人生禮儀──《儀禮》〉，《中國古代禮儀文明》，頁
77。

42 〔漢〕司馬遷：〈仲尼弟子列傳〉，《史記》，卷67，頁2203。

43 〔漢〕司馬遷：〈儒林列傳〉，《史記》，卷121，頁3116。

和理解：《儀禮‧喪服》的經文基本上是孔子依據宗周時代流傳下來的喪服禮俗，參以己意，加以系統化、整齊化而編纂成書的。而〈喪服傳〉則當是孔子弟子子夏所承傳，就是子夏將其師從孔子學禮時所習得的有關解釋《儀禮‧喪服》經、記的內容，再口授給其弟子，後由其弟子與再傳弟子「師師相傳」下去，並著於竹帛，編訂為〈喪服傳〉一書。需要說明的是，〈喪服傳〉的內容主要是由子夏從孔子所習得並傳授給其弟子。[44]易言之，子夏對〈喪服傳〉的貢獻，不必拘泥於作的方面，應定位在傳承上。

（四）詮釋喪服等級與家族親屬親疏的關係

《儀禮‧喪服》篇中的「五服」名稱是：「斬衰」、「齊衰」、「大功」、「小功」與「緦麻」等五種。在中國傳統的家族中，是以親屬血緣關係的遠近，作為穿著「喪服」的基準。對於《禮記‧學記篇》中「師無當於五服，五服弗得不親」[45]中的五服，郭明昆解析為：

> 在中國，喪服制原原本本便被當作親等制來用。亦即親族中除了父母、子、孫、夫妻等最近親的親屬外，其他親屬並不依據親屬稱謂來稱呼，而是以期功、大功親、小功親、緦麻親等喪服制的詞彙來表示。……《禮記‧學記篇》「師無當於五服，五服弗得不親」中的五服，並不是指喪服制五個等級的喪裝即斬衰、齊衰、大功、小功、緦麻，而是指穿這些喪服具有服喪義務的親族，可以說是指五等親內的親族。……總而言之，這是因為喪服制中喪服的分配，主要是以親屬關係的密切度，亦

---

44 參見丁鼎：〈子夏與《喪服傳》關係考論〉，《江蘇大學學報：社科版》2004年1期，頁51-56。

45 〔漢〕鄭玄注，〔唐〕孔穎達正義：《禮記正義》，卷36，頁656。

即親等為其基準。從另外一方面而言，或許是因為沒有統制古
代大家族式集團生活的適當的社會性法制規範所致。[46]

說明斬衰、齊衰、大功、小功及緦麻等五服，只不過是表示各種喪服
的用語，並不附帶任何親等的意義。至於喪服如何來詮釋家族親屬親
疏的關係，郭明昆認為：

> 喪服在古代的大家族組織中，是以親族關係的緊密程度（此緊
> 密度從法理上來確定的話，即所謂親等），即所謂親等關係為
> 基準來分配的。這大體上在西洋法制史專家的用語中，是與寺
> 院法式的親等制一致。但因這是父系制、父治制、嫁娶制的父
> 權大家族，所以是以本親的宗族為中心，而輕視外親的母黨、
> 妻黨。尤其是在宗族中，父、尊屬、長子、嫡孫、妻、宗子比
> 起母、卑屬、庶子、庶孫、妾、宗族更為人所重視。[47]

上述引文，指出喪服原本是以親等關係為基準來分配之禮儀，隨著朝
代之變遷，發展至後代，演變成為適用於政治上的身分關係。在經的
喪服制中，它更為之一變，發展成為與政治身分和家族身分交錯的關
係。可見喪服的作用，是因時、因地而制宜的。

　　綜合上述，可知喪服制度在中國傳統社會中，表現出長幼尊卑的
倫理關係。歷代學者大多依循鄭玄的看法，對喪服有分辨家族親屬親
疏關係的義涵，作深入的探討。而郭明昆更以宏觀的角度，來詮釋喪

---

46 郭明昆：〈喪服經傳考〉，收入金培懿譯，林慶彰編：《日據時期臺灣儒學參考文獻
　（上冊）》，頁439。
47 郭明昆：〈喪服經傳考〉，收入金培懿譯，林慶彰編：《日據時期臺灣儒學參考文獻
　（上冊）》，頁440。

服制度除具有別親疏、凝聚宗族的親和力外，推而廣之，在政治上又扮演個人身分地位的角色。對我國傳統喪服的義涵，因應時代的演進，而產生變革。郭明昆提出不同的思考角度，值得後學注意。

四　郭明昆禮學思想的學術價值

在中國的喪葬禮俗中，喪服包含了很多的傳統觀念，其中最重要的就是對自然永恆性的追求和慎終追遠、事死如生的孝道。前者滲透了一些道家的思想，後者則正是儒家教化的結果。郭明昆論文〈儀禮喪服考〉從社會學的角度對《儀禮・喪服》本身以及我國古代喪服制度進行了較為全面、深入、系統的考察，深化了我國古代血緣宗法關係的研究。本書包括：緒論；中國古代喪服制度的形成和確立；《儀禮・喪服》經、傳、記述論；《儀禮・喪服》服制考述；《儀禮・喪服》所體現的周代社會關係和倫理觀念等內容。茲將郭明昆禮學思想的學術價值，臚列如下：

（一）闡揚儒家喪服制度的倫理觀

《禮記・郊特牲》云：「禮之所尊，尊其義也。失其義，陳其數，祝史之事也。故其數可陳也，其義難知也。」[48]說明禮儀、禮制會隨時代之變遷而有所改易，至於其思想內涵則亙古不變。為什麼戰國末期的儒家要編制這麼複雜繁瑣，並擴大服喪者的身分，使之納入喪服禮制的體系中？郭明昆提出下列幾點主張：

第一，戰國時的上流社會盛行厚葬的風俗，行極為豪奢的盛大

48　〔漢〕鄭玄注，〔唐〕孔穎達正義：〈郊特牲〉，《禮記正義》，卷26，頁504。

葬式，和當時物質文化明顯發達一起的，是上流社會實行的風
習。由於需要長時間的準備，所以喪禮的日期也要延遲，繼而
居喪的時間也就延長了。

第二，儒家把這種厚葬從孝敬上來判斷（justify），它更是由
於有了禮樂說上的支持。在支持厚葬的同時，儒家稍長時間的
事實上的居喪，使孝道和禮樂說的思想要求達到了儀禮化，進
而提倡極端的久喪之禮。

第三，在厚葬的葬禮上，由於數量較多的宗族、姻戚（母黨、
妻黨）和出嫁族等有種種身分關係的人參加，所以從儒家禮樂
說的立場來看，為了適應參加會葬者的種種的身分，也就需要
按照禮制來確定喪服等級了，並以喪服的等級來確定喪葬的排
列次序。[49]

上述引文，說明《儀禮‧喪服》敘述我國古代喪服禮制的組織構成，
不僅是形成思想上的動因，也產生直接的具有實際狀態的社會現象，
因而創造了新禮儀，產生了〈喪服〉的組織結構。在中國的喪葬禮俗
中，喪服包含了很多的傳統觀念，其中最重要的就是對自然永恆性的
追求和慎終追遠、事死如生的孝道，更蘊涵了儒家倫理教化的作用。
郭明昆更進一步的闡述：

> 《儀禮‧喪服篇》所規定的服喪者的身分，在家族中，不僅包
> 含本親宗族、外親母族、妻族及出嫁者，而在政治上，也擴大
> 到了君、君之祖父母、父母、妻、長子、舊君的母、妻、長子

---

49 郭明昆：〈儀禮喪服考〉，收入李寅生譯，林慶彰編：《日據時期臺灣儒學參考文獻
（上冊）》，頁431。

　　及貴臣的廣大範圍。儒家所提倡的久喪之禮，最初只限於親子
　　關係，隨後用在君臣關係上，最終又把這種關係進一步擴大。
　　隨著禮制思想的發展，服喪者的身分關係變得極為複雜起來，
　　服喪的範圍更加擴大，《儀禮》的喪服制也再不是古代的那種
　　情況了。[50]

上述引文，明確的指出《儀禮‧喪服》篇中五服的作用，反映出宗親
間追念亡者的哀戚之情。一個完整的家族中，「喪服」是依據親人在
一起共同生活的相處情感之深淺，以及親屬血緣關係的遠近為基準，
其為亡者服喪的親屬關係，大致上可以區分為五大類別。但演化到後
代，已將為親人服喪的限制，推而廣之，延伸至君臣關係的範疇。可
見「五服」的倫理觀，正是「五倫」中「父子倫」的具體發展表現。

（二）深化我國古代宗族親疏關係

　　《禮記‧喪服小記》曰：「親親，以三為五，以五為九。上殺，
下殺，旁殺，而親畢矣。」[51]「斬衰、齊衰、大功、小功、緦麻」服
喪之五服，是依據血緣之親疏與尊卑而有差異。可見喪服禮儀是中國
人「敦睦宗親」之表現。喪服禮屬於五禮中的「凶禮」，它代表對往
生者的愛敬與哀思。在中國古代等級制社會中，喪服歷來被看作是區
別親疏、尊卑等級的重要標誌。郭明昆亦提出此種觀點：

---

50 郭明昆：〈儀禮喪服考〉，收入李寅生譯，林慶彰編：《日據時期臺灣儒學參考文獻
　　（上冊）》，頁422。

51 〔漢〕鄭玄注，〔唐〕孔穎達正義：〈喪服小記〉：「此一經廣明五服之輕重，隨人之
　　親疏，著服之節。『親親以三』者，以上親父，下親子，并己為三，故云『親親以
　　三』。『為五』者，又以父上親祖，以子下親孫，鄉者三，今加祖及孫，故言五也。
　　『以五為九』者，已上祖下孫則是五也，又以曾祖故親高祖，曾孫故親玄孫，上加
　　曾高二祖，下加曾玄兩孫，以四籠五，故為九也。」《禮記正義》，卷32，頁591。

《禮記‧學記篇》「師無當於五服，五服弗得不親」中的五服，並不是指喪服制五個等級的喪裝即斬衰、齊衰、大功、小功、緦麻，而是指穿這些喪服具有服喪義務的親族，可以說是指五等親內的親族。誠如上述，本身便具備親等制機能的喪服制，總而言之，這是因為喪服制中喪服的分配，主要是以親屬關係的密切度，亦即親等為其基準。[52]

上述引文，說明喪服不僅是區分親屬關係的外在符號標誌，其穿著與服用物件都有明確規定，更深化出親屬血緣親疏等級的關係，是穿著喪服的基準。郭明昆更進一步的闡述：

喪服在古代的大家族組織中，是以親族關係的緊密程度，即所謂親等關係為基準來分配的。這大體上在西洋法制史專家的用語中，是與寺院法式的親等制一致。但因這是父系制、父治制、嫁娶制的父權大家族，所以是以本親的宗族為中心，而輕視外親的母黨、妻黨。尤其是在宗族中，父、尊屬、長子、嫡孫、妻、宗子比起母、卑屬、庶子、庶孫、妾、宗族更為人所重視。[53]

由上述可知，在喪禮中喪服的訂定，是根據內親、外親的親疏關係，而穿著不同的喪服，除表示親族親疏的關係，更是凝聚親族和睦的原動力，從而激發宗族團結的力量。有了族群的內聚力，才能讓宗族血緣的命脈永遠傳承下去。

---

52 郭明昆：〈喪服經傳考〉，收入金培懿譯，林慶彰編：《日據時期臺灣儒學參考文獻（上冊）》，頁439。

53 郭明昆：〈喪服經傳考〉，收入金培懿譯，林慶彰編：《日據時期臺灣儒學參考文獻（上冊）》，頁440-441。

（三）考辨喪服制度的文獻價值

　　《儀禮・喪服》是記述我國古代喪服親疏、隆殺的禮儀制度、服喪期間所穿著的衣服與行為規範的著作。對於血緣宗法制度的的闡述詳實懇切，保存了相當豐富的倫理思想、生活方式、社會風尚等文獻價值。郭明昆〈儀禮喪服考〉一文，藉由《荀子・禮論》的比較，參照歷代學者的看法，得出〈喪服〉是由戰國末期的儒家所為，並參考了當時流行的禮俗，而建構出自己理想中的喪服制度。[54]郭明昆分析說：

> 對《儀禮・喪服篇》的成立進行了分析考察。斬衰、大功、削杖是齊衰、小功、苴杖為本的新設計，在受服的規定和尊厭的降服規定中，以及在君臣關係的從服規定中，〈喪服篇〉並不古老，它在更大的範圍內網羅了喪服者的身分關係，是一個新的發展，也就更為明確了。可以肯定〈喪服篇〉是在《荀子》之後的戰國末期形成的。最後，對這些綜合性的喪服禮制體系構成意圖的考察，即是本文的終結。[55]

上述引文，說明《喪服》是記載居喪衣服、年月、親疏、隆殺之禮。它用居喪衣服的精粗和服喪年月的長短，表現了服喪者與死者之間的親疏尊卑等關係，此篇是喪禮中最重要的一篇。郭明昆從歷史學的角度對《儀禮・喪服》本身以及我國古代喪服制度，進行了較為全面、

---

54 葉純芳：〈郭明昆的生平及其《儀禮・喪服》的研究〉，收入葉純芳、張曉生主編：《儒學研究論叢：日據時期臺灣儒學研究專號》第1輯，頁177。

55 郭明昆：〈儀禮喪服考〉，收入李寅生譯，林慶彰編：《日據時期臺灣儒學參考文獻（上冊）》，頁430。

深入、系統的考察，深化了我國古代血緣宗法關係的研究。郭明昆更進一步的闡述《儀禮·喪服》經、傳的問題：

> 經是在《荀子》的〈禮論篇〉以後戰國末期時編制的，如果記出於漢儒之手的話，那麼解釋經也解釋記的傳，則肯定是在經、記之後的著作。那麼在內容上，傳與《禮記》的〈大傳〉似乎有著密切的關係，不只在〈大傳〉中，將喪服制和宗法制合而為說，與斬衰章的傳的「庶子不得為長子三年」和大功章的傳的「其夫屬乎父道者，妻皆母道也。其夫屬乎子道者，妻皆婦道也。謂弟之妻婦者，是嫂亦可謂之母乎。故名者人之大者也，可無慎乎？」文章完全相同。再如「服術有六，一曰親親，二曰尊尊，三曰名，四曰出入，五曰長幼，六曰從服」的喪服分類，也與傳的說法是相同的。在〈大傳〉所以有「立權度量，考文章，改正朔，易服色，殊徽號，異器械，別衣服，此其所得與民變革者也。其不可得變革者則有矣：親親也，尊尊也，長長也，男女有別，此其不可得與民變革者也。」這是關於禮樂制度，將之從百王不易的戰國時代以來的說法，與因為王朝更迭而有所更動改定的漢代新說，兩相折衷而成的產物。[56]

由上述可知，《儀禮》中的〈喪服篇〉所記的儀節制度，將喪服制和宗法制合而為說，予後世深遠的影響力。此書材料，來源甚古，內容也比較可靠，而且涉及面廣，猶如一幅古人社會生活史的長卷，是研

---

[56] 郭明昆：〈喪服經傳考〉，收入金培懿譯，林慶彰編：《日據時期臺灣儒學參考文獻（上冊）》，頁481-482。

究古代社會生活的重要史料之一。徐福全教授也指出臺灣人的喪服制
度大體淵源於《儀禮》、《禮記》，但習慣上不稱喪服而稱「孝服」，此
係因為傳統上儒家之喪服固以報恩教孝為目標，但它亦兼具表示哀戚
之功能。由於尊長不為卑親服喪，喪服成為只是卑親為尊親表示孝心
的一種制度，因此臺灣地區便稱喪服為「孝服」。[57]明確的指出《儀
禮》作為一部上古的經典，具有崇高的文獻價值。

綜合上述，可知郭明昆鑽研《儀禮・喪服》，從《儀禮》的喪服
到全篇的經、傳均有深入的探討，並突破儒家傳統經典的包袱，以更
宏觀的視野，來詮釋《儀禮》的喪服制度。郭明昆在文章中曾提到，
歷代的學者在注釋《論語》、《孟子》、《荀子》時，因為這些書中只提
及「齊衰」，沒有提及「斬衰」，於是都解釋成「齊衰」已經包含了斬
衰，將《儀禮》當作是周公或孔子的經典，凡解釋都要與其他文獻的
記載相符合。由於他到日本留學，真心接受以科學方法研究學術，逐
漸擺脫晚清至民初的學者，雖表面上接受西學，實際卻排斥西學的態
度。[58]郭明昆闡述我國古禮中之「喪服制度」詳實透闢，足以彰顯儒
家人倫思想與宗法思想，在宣揚傳統禮教之功能上，對世道人心，裨
益良多。

五 結論

《儀禮・喪服》記載繁雜之禮制與禮服，諸多問題，猶如抽絲剝
繭，治絲益棼。《荀子・禮論》云：「三年之喪，稱情而立文，所以為
至痛極也。」彰顯儒家主張通過禮儀與禮數，將對親人感念的情懷提

---

57 徐福全：《臺灣民間傳統喪葬儀節之研究》（臺北市：國立臺灣師範大學國文研究所
博士論文，1984年），頁27。

58 葉純芳：〈郭明崑的生平及其《儀禮・喪服》的研究〉，頁178。

升至民德歸厚的風氣,從而具體地傳承中國傳統文化的內在精神,這正是我們今天仍要研讀《儀禮》一書的意義所在。

茲歸納三點郭明昆喪服研究的特點,如下:

(一) 從社會學角度,辨彰《儀禮・喪服》的意涵

喪服制度象徵著家庭組織的一個綿密的網絡系統,形成家族凝聚團結的一個向心力,具有鞏固及穩定社會結構與秩序的功能。[59]社會關係與社會互動構成社會學研究的主要內容。在社會關係中,它包括靜態的各種模式,例如家庭結構、團體組織;也包括動態的過程,例如合作、競爭、變遷等。[60]郭明昆指出:在中國的法律制度方面,喪服制度是作為表現親屬關係親疏等級而使用的。特別是到了唐代以後,更是用法律的形式把喪服制度強制地實行了下來。因此,喪服禮在中國思想史及社會史上是一個值得研究的議題。在喪服禮的研究上,可以看出儒家所講的禮具有什麼樣的性質,以及它所具有的思想意義。在弄懂一個實例的同時,也可在其他方面通過喪服禮的組織來略窺一個家族的生活狀態,又那麼講究喪服禮的社會背景,也非考察不可。[61]在傳統大家族的社會中,即使是民俗,也是根據親疏關係來決定喪期等級差別的。但如《儀禮》規定的那種較長的喪期和複雜的等級,則與實際的民俗不相符合。與喪期的等級差別有關的,還有一種受服制度,受服是指用輕喪服換下重喪服,即在一定的喪期內,用輕喪服換下正式的喪服。例如:《史記・刺客列傳》中的「聶政母死,既葬除服」,可能是一般的民俗吧!《禮記・檀弓篇》中的「既

---

59 周何:《古禮今談》(臺北市:萬卷樓圖書公司,1992年),頁129-130。

60 詹火生:《認識社會學》(臺北市:正中書局,1993年),頁2-3。

61 郭明昆:〈儀禮喪服考〉,收入李寅生譯,林慶彰編:《日據時期臺灣儒學參考文獻(上冊)》,頁395。

葬，各以其服除」，雖像是反對這一派的說法，但也應注意。[62]可見郭明昆是從社會學的角度來研究〈喪服〉制度，並且辨彰《儀禮・喪服》的意涵。

（二）運用名物訓詁方式，解析喪服文句字意

郭明昆研究〈喪服〉制度，是旁徵博引古代的禮儀禮制。在融會貫通經文之大義上，運用名物訓詁方式，解析喪服文句字意。例如：《荀子・禮論》記載：「三年之喪，稱情而立文，所以為至痛極也。齊衰、苴杖、居廬、食粥、席薪、枕塊、所以為至痛飾也。」[63]針對「苴杖」是什麼？它可能是用苴麻做成的杖，亦即所謂「孝杖」。孝杖本是驅邪鎮魂的咒具，因為相信它具有鎮魂驅鬼的咒力，所以用新鮮的木頭，並且也只能用新鮮的木頭製成。按此思路，郭明昆認為苴杖的「苴」實作雌麻解。[64]在《儀禮・喪服篇》斬衰中有「新衰裳苴絰、杖、絞帶」之語，其傳是「苴絰者，麻之有蕡者也。苴絰大搹，左本在下，去五分一以為帶。……苴杖，竹也。」[65]文中的「苴絰者，麻之有蕡者也。」並沒有說明苴絰的定義，是在說製作苴絰的材料，故與齊衰章牡麻絰的傳「牡麻者，枲麻也。」[66]相對。即「麻之有蕡者」已說明苴絰的「苴」字。繼之苴杖的「苴」字，也同「麻之有蕡者」一樣，並沒有什麼不妥的地方。換言之，應該把苴杖解釋以為苴麻即麻之有蕡者做孝杖。總而言之，苴杖是苴麻之杖，但絕不是

---

62 郭明昆：〈儀禮喪服考〉，收入李寅生譯，林慶彰編：《日據時期臺灣儒學參考文獻（上冊）》，頁410-411。

63 〔唐〕楊倞注，〔清〕王先謙集解：〈禮論〉，《荀子集解》，卷13，頁617-618。

64 郭明昆：〈儀禮喪服考〉，收入李寅生譯，林慶彰編：《日據時期臺灣儒學參考文獻（上冊）》，頁404。

65 〔漢〕鄭玄注、〔唐〕賈公彥疏：《儀禮注疏・喪服》，卷28，頁339。

66 〔漢〕鄭玄注、〔唐〕賈公彥疏：《儀禮注疏・喪服》，卷28，頁339。

竹杖。因為不相信竹具有鎮魂的咒力故不用之。所謂苴色之竹、粗惡
的黲黑色之竹即使有的話,也不用做孝杖。竹如果用來做孝杖,必須
是新鮮茂盛的綠色竹子。[67]由上述可知,郭明昆運用名物訓詁的方
法,來解析喪服文句字意,使研究喪服的後學,能更深入的理解「苴
杖」有何作用。

(三)突破傳統論證方式,建構新的思維

　　郭明昆在〈儀禮喪服考〉一文中,對喪裝、喪期和服喪者三種類
型所產生的問題,提出他的答案,認為喪禮所以需要那麼長的時間準
備,是因為孝道的關係。

　　值得注意的是,《儀禮・喪服篇》所規定的服喪者的身分,在家
族中,不僅包含本親宗族、外親母族、妻族及出嫁者,而在政治上,
也擴大到了君、君之祖父母、父母、妻、長子、舊君的母、妻、長子
及貴臣的廣大範圍。儒家所提倡的久喪之禮,最初只限於親子關係,
隨後用在君臣關係上,最終又把這種關係進一步擴大。隨著禮制思想
的發展,服喪者的身分關係變得極為複雜起來,服喪的範圍更加擴
大,《儀禮》的喪服制也再不是古代的那種情況了。所謂具有政治身
分的降服,是指由政治身分的尊卑,在所謂本服即普通的家族性身分
關係所應服的等級之喪服,作降殺的制度,詳細的說,是指比本服降
一等的輕喪服降服,也叫作在守喪過程中不必完全穿(絕服),絕服
是作為國君的天子和諸侯,對其直系尊屬、嫡長子及妻的三年之喪和
期之喪以外完全可以不穿,這些內容在《儀禮》沒有明文記載,是屬
後人推定的解釋。[68]郭明昆明確的指出《儀禮》十七篇中,大多是士

---

67 〔唐〕楊倞注,〔清〕王先謙集解:〈禮論〉,《荀子集解》,卷13,頁404-406。
68 〔唐〕楊倞注,〔清〕王先謙集解:〈禮論〉,《荀子集解》,卷13,頁422-423。

之禮，〈喪服篇〉包括上自天子下至庶人各階級之禮的說法，本來就不能相信。由此可知，郭明昆研究〈喪服〉的態度，堅持實事求是，不存門戶之見，突破傳統論證方式，建構新的思維。

郭明昆《儀禮‧喪服》研究亦有值得商榷之處，例如：《荀子‧禮運篇》記載有「齊衰苴杖……所以為至痛飾也」。《禮記‧問喪篇》也載有「或問曰：杖者以何為也？曰：孝子喪親，哭泣無數，服勤三年，身病體羸，以杖服病也。」如果將傳的解釋與《荀子》、《禮記》這種將孝杖的意義，從作為道德要求的哀傷感情上來賦予其根據的普通詮釋相比照的話，傳的解釋是將孝杖所涉及的道德上要求，進一步隸屬在政治權力下，這從思想發展上來看，應是更後期的思想產物。至於經對杖的解釋，其詳情已不可得知，但恐怕未必會與傳的這種權勢本位式的解釋相同。[69]由於年代久遠，文獻不足，郭明昆未能提出有力的論證，稽考孝杖演變之脈絡。

〈儀禮喪服考〉一文，引用《荀子‧禮論篇》的文句，來詮釋喪服禮制，閱讀全文發現有四處，將《荀子‧禮論篇》寫成《荀子‧禮運篇》[70]，此可能是翻譯時誤寫。我國喪服制度，歷經兩千多年來，朝代的更迭，社會的變遷，其禮制雖有變革，但在中國傳統社會中，表現出親親、尊尊的倫理關係卻亙古不變。郭明昆以研究《儀禮‧喪服篇》為基礎，更延伸推展出〈祖父稱謂考〉、〈父母稱謂考〉、〈伯叔母嬸謂考〉等論文。足證其鑽研喪服制度的用心，對後學者而言，〈儀禮喪服考〉、〈喪服經傳考〉二篇論文，仍為研究古代喪服禮制之重要參考文獻。

---

69 郭明昆：〈喪服經傳考〉，收入金培懿譯，林慶彰編：《日據時期臺灣儒學參考文獻（上冊）》，頁438。

70 郭明昆：〈儀禮喪服考〉，收入李寅生譯，林慶彰編：《日據時期臺灣儒學參考文獻（上冊）》，頁398（第二段第3行）、頁402（第1行）、頁405（第11行）、頁406（第2段第1行）。

參考文獻

（一）古籍

〔漢〕鄭玄注　〔唐〕賈公彥疏　《周禮注疏》　臺北市　藝文印書
　　　館　1993年9月12刷

〔漢〕鄭玄注　〔唐〕賈公彥疏　《儀禮注疏》　臺北市　藝文印書
　　　館　1993年9月12刷

〔漢〕鄭玄注　〔唐〕孔穎達疏　《禮記正義》　臺北市　藝文印書
　　　館　1993年9月12刷

〔魏〕何晏集解　〔宋〕邢昺正義　《論語注疏》　臺北市　藝文印
　　　書館　1998年

〔東漢〕趙岐注　舊題〔宋〕孫奭疏　《孟子注疏》　臺北市　藝文
　　　印書館　1998年

〔漢〕司馬遷　《史記》　臺北市　鼎文書局　1987年

〔漢〕班固　〔唐〕顏師古注　《漢書》　臺北市　鼎文書局　1987
　　　年5月

〔唐〕魏徵　令狐德棻　《隋書》　臺北市　鼎文書局　1987年

〔唐〕楊倞注　〔清〕王先謙集解　《荀子集解》　臺北市　藝文印
　　　書館　1973年9月三版

〔宋〕朱熹　《四書章句集注》　臺北市　鵝湖出版社　1998年

〔清〕張爾岐　《儀禮鄭注句讀》　臺北市　學海出版社　1997年

〔清〕胡培翬《儀禮正義》　杭州市　江蘇古籍出版社　1993年

〔清〕黃以周撰　王文錦點校　《禮書通故》　北京市　中華書局
　　　2007年4月

〔清〕皮錫瑞撰　《經學歷史》　臺北市　藝文印書館　2004年3月

〔清〕馬國翰輯　《玉函山房輯佚書》所收《喪服經傳馬氏注》

（二）專書

王　鍔　《三禮研究論著提要》　蘭州市　甘肅教育出版社　2001年
　　　　12月第1版

王淑女等譯　Judson R. Landis著　《社會學的概念與特色》　臺北市
　　　　洪葉文化公司　2002年

林慶彰編　〈郭明昆作者簡介〉　《日據時期臺灣儒學參考文獻》
　　　　臺北市　臺灣學生書局　2000年10月

林慶彰編　《清領時期臺灣儒學參考文獻》初稿　臺北市　中央研究
　　　　院中國文哲研究所　2013年7月8日

林素英　《喪服制度的文化意義》　臺北市　文津出版社公司　2000
　　　　年10月

林礽乾等總編輯　《臺灣文化事典》　臺北市　臺灣師範大學人文教
　　　　育研究中心　2004年

林志強　《儀禮漫談》　臺北市　頂淵文化事業公司　1997年3月

周　何　《古禮今談》　臺北市　萬卷樓圖書公司　1992年5月

姚漢秋　《臺灣喪葬古今談》　臺北市　臺原出版社　1999年8月

徐福全　《臺灣民間傳統孝服制度研究》　臺北市　文史哲出版社
　　　　1989年

張子文、郭啟傳、林偉洲著　《臺灣歷史人物小傳——明清暨日據時
　　　　期》　臺北市　國家圖書館　2003年12月

彭　林　《中國古代禮儀文明》　北京市　中華書局　2004年1月

魏英滿　《臺灣喪葬禮俗源由》　臺南市　世峰出版社　2001年

詹火生　《認識社會學》　臺北市　正中書局　1993年4月臺初版

（三）期刊論文

丁　鼎　〈子夏與《喪服傳》關係考論〉　《江蘇大學學報：社科版》　2004年1期

林素英　〈漢代以前喪禮探討〉（十三）　《孔孟月刊》　第35卷第3期

郭明昆　〈儀禮喪服考〉　收入李寅生譯　林慶彰編　《日據時期臺灣儒學參考文獻（上冊）》　臺北市　臺灣學生書局　2000年10月

郭明昆　〈喪服經傳考〉　收入金培懿譯，林慶彰編　《日據時期臺灣儒學參考文獻（上冊）》　臺北市　臺灣學生書局　2000年10月

葉純芳　〈郭明昆的生平及其《儀禮・喪服》的研究〉　收入葉純芳、張曉生主編　《儒學研究論叢：日據時期臺灣儒學研究專號》　第1輯

陳昭瑛　〈儒學在臺灣的移植與發展：從明鄭至日據時代〉　「東亞近現代儒學的回顧國際研討會」　中央研究院中國文哲研究所主辦　1996年12月

陳宥蓁　〈儀禮中為「父」「母」名者服喪制度及其所蘊含的文化現象〉　嘉義縣　《中正大學學報》　第6期　2005年

翁聖峰　〈評《日據時期臺灣儒學參考文獻》——兼論續編《日據時期臺灣儒學參考文獻》的可行方向〉　《中國文哲研究通訊》　第11卷第1期　2001年3月

（四）學位論文

徐福全　《臺灣民間傳統喪葬儀節之研究》　臺北市　國立臺灣師範大學國文所博士論文　1984年

彭怡文　《《禮書通故》中女子喪服禮考》　臺中市　東海大學中國
　　　　文學系碩士論文　2010年

曾丹群　《喪服服飾變遷之研究》　高雄市　國立高雄師範大學國文
　　　　所碩士論文　2009年

《論語》孔子人際關係思想研究

摘要

　　孔孟學說是我國儒家思想的主流，代表了中華民族最高的人生智慧。尤其是《論語》一書，記載著孔子豐富的人生體驗，與人際關係的具體反映，孕育著深刻的人生哲理，所以成為垂教萬世的金科玉律及立身處世的典範。一個人圓滿人格的表現，必須在人群之中才能彰顯出來，人際關係的外在表現即是倫理，而倫理是維持人際之間合理的道德標準，促進人際和諧關係的行為法則。本文探究孔子人際關係思想，所蘊涵為人處世與待人接物的各項美德。而孔子人際關係思想的核心「仁」，是人類道德修養的根源，是建構良好人際關係與維持社會秩序的圭臬，更是道德圓滿的表徵。本文希望藉由孔子人際關係思想的闡述，以引導學生認識儒家教育思想的精髓，進而提升人文素養，深化與人的互動關係。

關鍵詞：《論語》　孔子　人際關係　倫理思想　仁

一 前言

中華文化源遠流長，博大精深，而其所以能夠歷久彌新，維繫五千年而不墜的主因，乃是由於數千年來中華民族一貫地篤守著人文精神，作為建立群己關係和維持社會秩序的緣故。人文精神是中華文化的支柱，也是維繫倫理道德的基石。人文一詞，最早見於《周易‧賁卦‧象傳》上所說：「觀乎天文，以察時變；觀乎人文，以化成天下。」[1]說明觀察日月星辰的運轉，就可以察知時序的變化；觀察人類文明的進展，就能夠推行教化來化育人民，使天下昌明。《尚書‧舜典》上說：「帝曰：契，百姓不親，五品不遜，汝作司徒，敬敷五教，在寬。」[2]孟子（372-289 B.C）也說：「人之有道也，飽食煖衣，逸居而無教，則近於禽獸。聖人有憂之，使契為司徒，教以人倫，父子有親、君臣有義、夫婦有別、長幼有序、朋友有信。」（《孟子‧滕文公篇上》），說明先聖先王，都特別重視人倫道德教育，以父慈子孝、君仁臣忠、夫義婦聽、長惠幼順、兄友弟恭的人文思想，來化育莘莘學子，使他們能夠明禮義、知廉恥，在風行草偃下，蔚為純厚善良的的社會風尚。

《周易‧繫辭‧下傳》上說：「《易》之為書也，廣大悉備，有天道、有人道焉、有地道焉。」[3]說明《易經》一書，至廣至大，無所不包，有天道的陰陽，有人道的仁義，有地道的剛柔。其中有關『人

1　引自〔魏〕王弼、〔晉〕韓康伯注、〔唐〕孔穎達正義：《周易‧賁卦‧象傳》（臺北市：藝文印書館，1998年）卷3，頁62。

2　引自〔漢〕孔安國傳、〔唐〕孔穎達正義：《尚書‧舜典‧傳》：「五品：謂五常，即五倫。遜，順也。布五常之教在寬，所以得人心。」（臺北市：藝文印書館，1998年）卷3，頁44。

3　引自〔魏〕王弼、〔晉〕韓康伯注、〔唐〕孔穎達正義：《周易‧繫辭‧下傳》（臺北市：藝文印書館，1998年）卷8，頁175。

道」部分，就在敘說人間社會的生活規律、秩序和倫理。的確，人不可以離群而索居，要建立良好的人際關係，必須從個人品德修養做起，按部就班，再推己及人，擴充於社會團體之中。人際關係的外在表現即是倫理，而倫理是維持人際之間合理的道德標準，促進人際和諧關係的行為法則。[4]一個能愛人的人，一定能夠在人群中和別人維持良好的人際關係。所以孔子（551-479 B.C）說：「德之不修，學之不講，聞義不能徙，不善不能改，是吾憂也。」（《論語・述而篇》）在《論語》二十篇的內容裡，孔子對學生所傳授有關人際關係思想的知識，具體而明確，是我們在日用倫常之間，都必須接觸到的生命情境，隨時隨處可以學到的行為，更樹立了儒家人際關係的倫理原則，對後代有深遠的影響力。

二　孔子人際關係思想的義涵

儒家的學問，可以總括為內聖之學與外王之學二大綱領。「內聖」之學，涵蓋了生命的學問，也就是孟子所說的：「怵惕惻隱之心」〈《孟子・告子篇上》〉，孔子所說的：「我欲仁，斯仁至矣。」，可見儒家所開顯的「內聖」之學，就是要做到「親親而仁民，仁民而愛物」〈《孟子・盡心篇上》〉，與國家民族、歷史文化、天地萬物通而為一。人文的關懷，是維繫倫理道德的基石。因此，孔子教導弟子，相當重視人與人的互動與交互影響的關係，包含孝悌、不巧言令色、克己復禮、對人恭敬、待人寬厚、與人信實、做事敏捷、施惠給人……等美德，幾乎涵蓋人類各種德行的表現。茲舉《論語》所述之大要，來深究孔子人際關係思想的義涵，並條分縷析，如下：

4　參見曾騰瀧：〈校園人際關係之探討〉，《大安高工學報》，1998年，頁112-120。

（一）仁者愛人的人際觀

　　「仁」是孔子思想的核心，是人類道德修養的根源，更是道德圓滿的表徵。許慎在《說文》中對仁的解釋說：「仁，親也，从人二。」段玉裁《說文解字注》說：「相人耦也。……按人耦猶言爾我，親密之詞。獨則無耦，耦則相親，故其字从人二。」[5]可見人與人之間相親相愛就是仁的基本要求，所以孔子說：「惟仁者，能好人，能惡人。」（《論語・里仁篇》），《禮記・禮運篇》上也說：「以天下為一家，以中國為一人。」足證有仁愛的精神，定可以使四海之內，皆兄弟也。從《論語》中所述，可見仁教的精神義涵是人與人、人與物、人與天之間，「存在的道德真實感」，經由孔子的開發與穩立，而照亮了整個中國族群[6]，使得人間處處有溫情。茲舉《論語》所述為例：

　　　　子曰：「唯仁者，能好人，能惡人。」（〈里仁篇〉）
　　　　子曰：「不仁者不可以久處約，不可以長處樂。仁者安仁；知者利仁。」（〈里仁篇〉）
　　　　子貢曰：「如有博施於民，而能濟眾，何如？可謂仁乎？」子曰：「何事於仁，必也聖乎！堯舜其猶病諸！夫仁者，己欲立而立人，己欲達而達人。能近取譬，可謂仁之方也已。」（〈雍也篇〉）

由上述引文可知，以仁為核心的人際觀，表現在對人友愛、博施濟

5　引自〔漢〕許慎著、〔清〕段玉裁注：《說文解字注》（臺北市：黎明文化事業公司，1984年），頁369。

6　參見林安梧先生：〈儒家思想與成人教育：論孔子「仁教」哲學中的成人教育思想〉，《鵝湖月刊》，第19卷第10期（1994年），頁4。

眾、待人寬厚、與人信實……等美德，足證孔子認為仁是所有善行的根源，所以樊遲問仁，孔子回答說：「愛人。」(《論語・顏淵篇》)；朱熹在《四書章句集註》中，更進一步的闡述：「仁者，愛之理，心之德也。為仁，猶曰行仁」[7] 可見仁是普遍存在每一個人的生命之中，是為人處世的基本道理。「仁」字落實在人間世，使人與人之間能相親相愛，是真誠無偽的道德表現。孔子認為有仁德的人，能夠發揮兼善天下的襟懷，使天下的人都能夠立身行道，進而提升與人和睦相處的人際關係。更重要的是沒有仁德之心的人，即使有高雅純正的禮樂教化，也無法改變他的言行修為，足證孔子認為仁是所有善行的根源。

(二) 五倫和諧的人際觀

孔子經過以禮立身、事理不惑、證知天命等學知歷程，使得他的學問「致廣大而盡精微，極高明而道中庸」(《中庸》)，建立了「孝悌仁愛」的倫理思想與「情理交融」的人際生活規範。茲舉《論語》所述為例：

> 有子曰：「其為人也孝弟，而好犯上者，鮮矣；不好犯上，而好作亂者，未之有也。君子務本，本立而道生。孝弟也者，其為仁之本與。」(〈學而篇〉)
> 子曰：「弟子入則孝，出則弟，謹而信，汎愛眾，而親仁。行有餘力，則以學文。」(〈學而篇〉)
> 齊景公問政於孔子。孔子對曰：「君君，臣臣，父父，子子。」公曰：「善哉！信如君不君，臣不臣，父不父，子不子，雖有粟，吾得而食諸？」(〈顏淵篇〉)

---

7 引自〔宋〕朱熹：《論語集注・學而篇》卷1，頁48。

由上述引文可知，孔子強調孝悌是行仁的根本，從為人子女孝順父母、友愛兄長做起，勉勵學生要從根本下功夫。孔子希望建構一個「君君、臣臣、父父、子子」（《論語‧顏淵篇》）五倫和諧充滿仁愛風氣的國家，也就是《禮記‧禮運》所說：「何謂人義？父慈，子孝，兄良，弟悌，夫義，婦聽，長惠，幼順，君仁，臣忠。」的倫常制度。唯有人與人彼此相愛，纔能達到父子相愛，不失父慈子孝之道；兄弟相愛，不失兄友弟恭之道；夫婦相愛，不失夫義婦聽之道；君臣相愛，不失君仁臣忠之道；朋友之間，不失守信之道，彰顯出五倫或五常，是相對的人際關係。孔子說：「君子篤於親，則民興於仁。」（《論語‧泰伯篇》），又說：「夫仁者，己欲立而立人，己欲達而達人。」（《論語‧雍也篇》），孔子說明在上位的人能夠以仁心厚待親屬，上行下效，那麼民間也會興起仁愛的風氣。這樣，人人都謹守自己的分際，盡到了為人的道理，也就是人人都呈現了圓滿的人格。

（三）克己復禮的人際觀

《禮記‧坊記》上說：「禮者，因人之情，而為之節文，以為民坊者也。」禮是順應著人的常情而制定的禮節儀文，作為人民品德的規範，因此，只要人人懂得克己復禮之道，定能化暴戾為祥和，使社會風氣更加淳厚，人心更加善良。所以孔子教導學生要學習優美的禮儀文化，來樹立人格修養的目標，以建立良好的人際關係。茲舉《論語》所述為例：

> 子曰：「博學於文，約之以禮，亦可以弗畔矣夫！」（〈雍也篇〉）
>
> 子曰：「恭而無禮則勞，慎而無禮則葸，勇而無禮則亂，直而無禮則絞。君子篤於親，則民興於仁；故舊不遺，則民不偷。」（〈泰伯篇〉）

顏淵問仁。子曰：「克己復禮為仁。一日克己復禮，天下歸仁焉。為仁由己而由人乎哉？」顏淵曰：「請問其目。」子曰：「非禮勿視，非禮勿聽，非禮勿言，非禮勿動。」顏淵曰：「回雖不敏，請事斯語矣！」（〈顏淵篇〉）

由上述引文可知，克己就是控制自身情欲，使事事合理，從生活的層面看，禮的內容包羅萬象，人類在人間世的「食、衣、住、行」和日常待人接物的規則以及人倫生活中的孝慈、友悌、恭舜、愛敬等，全都是禮的表現。8所以《禮記・冠義》上說：「凡人之所以為人者，禮義也。禮義之始，在於正容體、齊顏色、順辭令。容體正，顏色齊，辭令順，而后禮義備。以正君臣、親父子、和長幼。君臣正，父子親，長幼和，而后禮義立。」說明了先王制定禮義，成為人民行為的規範。其根本是由君臣、父子、長幼尊卑之間應遵守的禮儀所產生，推而廣之，涵蘊人們平日與人周旋曲折的儀章度數，使人民的言行舉止，能循規蹈矩，態度端莊合宜，說話恭順有禮，進而使「父子有親、君臣有義、長幼有序、夫婦有別、朋友有信。」（《孟子・滕文公篇上》）五倫齊備，如此禮義的基礎才算建立好，進而建立良好的人際關係。

（四）重義輕利的人際觀

《孟子》說：「君子所以異於人者，以其存心也，君子以仁存心，以禮存心，仁者愛人，有禮者敬人。」（《孟子・離婁篇下》）說明君子經常省思自己的德業修養，言行一致，以一顆真誠之心待人接

8　參見蔡仁厚：《孔子的生命境界：儒學的反思與開展》貳、〈詩、禮、樂與文化生命〉（臺北市：臺灣學生書局，1998年），頁27。

物，久而久之，自然與人和睦相處，受到眾人的敬愛。孔子提出了
「重義輕利」的思想，並以「重道義」和「重利益」來區分君子和小
人。茲舉《論語》所述為例：

　　子曰：「君子喻於義，小人喻於利。」(〈里仁篇〉)
　　子曰：「富與貴，是人之所欲也，不以其道得之，不處也；貧
　　與賤，是人之所惡也，不以其道得之，不去也。君子去仁，惡
　　乎成名？君子無終食之間違仁，造次必於是！顛沛必於是！」
　　(〈里仁篇〉)
　　子路問成人，子曰：「若臧武仲之知，公綽之不欲，卞莊子之
　　勇，冉求之藝，文之以禮樂，亦可以為成人矣！曰：今之成人
　　者，何必然？見利思義，見危授命，久要不忘平生之言，亦可
　　以為成人矣！」(〈憲問篇〉)

上述引文指出，孔子面對義與利無法兼顧時，主張捨私利而取公義，
捨小我而成全大我。孔子重義輕利的人際觀，對中國古代的經濟活動
有深遠的影響。孔子說：「君子懷德，小人懷土」(《論語‧里仁
篇》)，君子和小人每天思想的事情是截然不同的，君子念茲在茲於修
養仁義道德，小人則沉迷於物慾的享受，重利而輕義。孔子周遊列
國，在陳國被困而斷糧時，子路不禁埋怨地說：「君子亦有窮乎？」
孔子說：「君子固窮，小人窮斯濫矣。」(《論語‧衛靈公篇》)說明君
子即使陷於困厄的境地，依然要固守自己的志向和節操。而小人遇到
困境，就會胡作非為、一蹶不振。所以孔子說：「放於利而行，多怨」
(《論語‧里仁篇》)，明確的指出如果一個人做事唯利是圖，容易招
致他人的怨恨，在社會上無法樹立良好的人際關係。

（五）忠誠信實的人際觀

　　孔子教育學生的宗旨，是教導學生修己治人之方與經邦濟世之道，從古籍經典中，學習先聖先賢的嘉言懿行，可以砥礪德性，增長見聞。人生活在大千世界裏，就得學習社會生活的規範。孔門教育的四大綱領：文、行、忠、信（《論語·述而篇》），可以說是教育的中心目標，涵蘊了君子立身行事，待人治世的準則。可見，儒家注重道德教育，崇尚教育的倫理價值。茲舉《論語》所述為例：

> 子曰：「弟子入則孝，出則弟，謹而信，泛愛眾，而親仁。行有餘力，則以學文。」（〈學而篇〉）
>
> 子曰：「道千乘之國，敬事而信，節用而愛人，使民以時。」（〈學而篇〉）
>
> 子曰：「人而無信，不知其可也。大車無輗，小車無軏，其何以行之哉？」（〈學而篇〉）
>
> 子曰：「言忠信，行篤敬，雖蠻貊之邦行矣；言不忠信，行不篤敬，雖州里行乎哉？」（〈衛靈公篇〉）
>
> 子曰：「君子義以為質，禮以行之，遜以出之，信以成之。君子哉！」（〈衛靈公篇〉）

孔門四教的教育目標為何？首先要學「詩、書、易、禮、樂」六藝之文，悠遊涵詠於先代的典籍遺文中，足以增廣見聞，是學問的基礎也是致知的工夫。「行」的教化在使人謹守禮義，循規蹈矩，提高人民的道德素質，也是行為的履踐，力行的工夫；「忠」與「信」是個人品德心性的修養，兩者都是為人立身行事的根本，既是內心的修養，也是人格的造就。由此可見，孔子施教的目標，知識、行為和品行三

方面並重。孔子儒學是中國文化的主軸，孔子認為說話信實，行為忠誠是人們應具有的道德規範。在人格修養的過程中，孔子教育弟子從先代的典籍遺文中，一方面學習正面的嘉言善行，也記取反面的失敗教訓，用以砥礪德性，增廣見聞，以提升人民的道德素養，進而培養忠君愛國、孝順父母、兄友弟恭、敦親睦鄰的好國民。因此，孔子教導弟子樊遲在平日的生活起居與應對進退中，就要保持恭敬謹慎的態度，面對社會錯綜複雜的人際往來，便能明哲保身進退得宜。對每一件事情，秉持認真負責的態度去完成；與他人相處，忠誠信實，自然到處受人歡迎，這也就是孔子教育弟子樹立良好人際關係的重要準則。

綜合上述，可知孔子提倡的人際關係思想，蘊涵著人與人之間，應盡的責任與義務。爬梳《論語》有關人際關係方面的思想，瞭解到孔子想要透過禮樂教育，來彰顯人類道德修養的根源「仁道」，並且落實到人與人、人與社會之間的互動關係。從《論語》中，可見孔子與弟子們的嘉言與懿行，禮儀或行為規範的學習，是孔子指導學生德行修養的重要一環，在周旋揖讓之間所顯示的謙恭與從容的禮儀，讓我們能夠見賢思齊，修養高尚的品德，以陶冶身心改變氣質。每一個時代的腳步，都是先民們用胼手胝足的血汗，所烙印而成的成果。《周易・大畜・象》上說：「君子以多識前言往行，以畜其德。」[9]此象辭在勉勵君子要記取前賢的嘉言懿行，來蓄積培養自己的美德。人人要堅守自己的崗位，真誠的付出一己的力量，以造福社會人群。如果人人能夠「忠以律己」，體認自己應負的責任，「恕以待人」，以「自律自清」的良好習性，來淨化現代人貪婪的心靈，如此定可以與他人建立良好的互動關係。

9　引自魏・王弼、晉・韓康伯、唐・孔穎達疏：《周易・大畜・象》，頁68。

三　孔子人際關係思想深化生命教育的啟示

在知識經濟蓬勃發展的時代，每個人除了具備專業智能、專業證照外，更重要的就是要有良好的道德情操和生命智慧的素養。而其中的生命智慧更是推動生命教育的原動力。生命智慧包含三個領域，終極關懷與實踐、倫理思考與反省、人格統整與靈性發展，三者必須相輔相成。因為人的人格愈統整、靈性愈清明，則對生命的智慧就愈能有終極的了悟；而人生的終極智慧愈深刻，則愈能強化倫理思考與實踐的能力；倫理思考與實踐的提升，又能增進人格的統整與靈性的發展。[10]生命的意義要在生活中去實踐力行，每個人觀照到自己的角色定位，才能讓生命茁壯成長。茲述在《論語》一書中，孔子對人際關係思想的闡述，給予我們生命教育的啟示，如下：

（一）仁道精神的彰顯

孔子以「仁」立教，告訴我們「為仁由己」（《論語‧顏淵篇》），又說：「仁遠乎哉？我欲仁，斯仁至矣。」（《論語‧述而篇》）此種自覺自發的省思，點醒人們一定要反求諸己。孟子說：「萬物皆備於我，反身而誠，樂莫大焉。強恕而行，求仁莫近焉。」（《孟子‧盡心篇上》）人人都可以踐仁成聖，孔子堪稱中國仁德文化之開創者。「仁」字從人二，正表示人與人的關係達到圓滿美善的境界，孔子說：「有能一日用其力於仁矣乎？我未見力不足者。」（《論語‧里仁篇》）正明白的說出，「仁」潛藏在每個人的內心深處，是不假外求的，是每個人內在品德涵養的結果，並且照亮整個中國族群。其次，「仁」是待人接物的準則，它的實際意義是「愛人」。孔子說：「弟子

---

10 參見孫效智：〈高中「生命教育」課程綱要重點與特色〉，載於何福田主編：《生命教育》初版（臺北市：心理出版社，2008年），頁221-235

入則孝,出則悌,謹而信,汎愛眾,而親仁。行有餘力,則以學文。」(《論語・學而篇》)由此可知,孝順父母,敬愛兄長,是行仁的基本要件,而「汎愛眾」,是最終的目標。

孔子說:「君子篤於親,則民興於仁。」(《論語・泰伯篇》),又說:「夫仁者,己欲立而立人,己欲達而達人。」(《論語・雍也篇》),說明在上位的人能夠以仁心厚待親屬,上行下效,那麼民間也會興起仁愛的風氣。孔子的人生理想是「願老者安之,朋友信之,少者懷之。」(《論語・公冶長篇》),蘊含著繼往開來的歷史使命感。所以仁的真諦,在於人人有兼善天下的襟懷,自己想立身行道,也期盼其他人也能夠力行仁道。《中庸》上說:「唯天下之至誠,為能盡其性;能盡其性,則能盡人之性;能盡人之性,則能盡物之性;能盡物之性,則可以贊天地之化育;可以贊天地之化育,則可以與天地參矣。」《中庸》所敘述的「誠」與孔子所言的「仁道」可以相輔相成,只有至誠的人,才能發揮民胞物與的情懷,參贊天地的化育,希望推廣仁愛之美德,普及於全天下、全人類。

(二)恕道倫常的體現

在《論語・里仁篇》中孔子對學生所說的「忠恕」二字,是貫通其學說的經典之言。二千多年以來,此二字已成為儒家待人接物的標竿,永遠指引人們待人處世的正確方向。程子說:「以己及物,仁也;推己及物,恕也。」(朱熹《四書章句集注》)由此可見,忠恕之道,就是仁道的表現,不言仁而言「忠恕」,因為「忠恕」二字,更能使學生通曉明白,而且能夠欣然接受,能下功夫去篤實力行。特別是「推己及人」的恕道,是我們在日用倫常之間,都必須接觸到的生命情境,隨時隨處可以學到的行為。子貢請教孔子:「有一言而可以終身行之者乎?」孔子回答說:「其恕乎?己所不欲,勿施於人。」

（《論語・衛靈公篇》）孔子勉勵子貢，恕道是可以終身學習、終身力行的最好品德。

孔子的教學理念中，最重視個人品德性情的修養，以及倫理道德的實踐。在個人品德性情之修養方面，孔子稱述最多的是「仁」，而所謂的「克己」、「己立」，是指自我品德的完成，正是「忠」的表現；「復禮」、「立人」，乃是社會群體和諧的表現，也是「恕」道的發揚，可見仁是一個人圓滿人格的表現。孟子說：「親親而仁民，仁民而愛物。」（《孟子・盡心篇上》）這是儒家倫理道德最偉大的思想，就是把小我擴充到與天地萬物為一的境界，把仁愛的精神由父母之愛，推廣到全人類，普及到天下的萬物。孔子曾說：「我不欲人之加諸我也，我亦欲無加諸人。」（《論語・公冶長篇》）這種恕道精神，其蘊意是何等的博大精深。我們中國歷代聖王之所以能夠「濟弱扶傾，興滅繼絕」的種種懿行，都是由恕道而來。這正是中華文化精神的所在，也是中華民族所以悠久綿延的根基。

（三）禮教思想的規範

孔子繼承周公制禮作樂的精神，替人民定倫常，使人民日常生活有道揆法守，以化民成俗。儒家的政治思想是完美的統治者應該「以禮化民」、「以樂教民」。所以孔子說：「恭儉莊敬，禮教也；廣博易良，樂教也。」（《禮記・經解篇》）正說明為政者施政應該「樂節禮樂」、「文之以禮樂」來化民成俗，以導正不良的社會風氣。孔子以「興於詩，立於禮，成於樂」（《論語・泰伯篇》）的宗旨，教育弟子由〈詩〉入禮，最後入樂。先由意志的感發、啟蒙，再到禮法制度的學習和實踐，直到性情的淨化，才算自我人格修養的最後完成，進而達到修身養性的最高境界，所以孔子說：「文之以禮樂，亦可以為成人矣」（《論語・憲問篇》）。可見禮樂教化的薰陶，是人格完備的成人應具備的基本條件。

孔子說:「人而不仁,如禮何?人而不仁,如樂何?」(《論語·八佾篇》)要達成這個理想目標,首要之途,就是人人體現具有「仁德、中和」內涵的禮樂制度,而不是徒具形式、流於繁文縟節的世俗禮樂。《禮記·儒行篇》上說:「禮節者,仁之貌也;歌樂者,仁之和也。」正說明仁德是禮樂教化的表徵,更是塑造良好人際關係,建設和諧完善國家的圭臬。孔子認為一個人具有「謙恭、謹慎、勇敢、正直」美好的德行,如果不以禮節儀文來規範他的行為,在應對進退上就會有所缺失。《大學》上說:「物有本末,事有終始,知所先後,則近道矣。」,因此,在上位的國君,能夠厚待自己的親族,不遺棄故交舊友,如此人民就就會興起仁愛的風氣,而不會待人刻薄了。所以《禮記·曲禮》上說:「夫禮者,所以定親疏,決嫌疑,別同異,明是非也。」說明禮是用來制定人與人親疏的關係,判斷事情的是非善惡,分辨物類的同異,使人民的行為有準則,不會無所適從。可見禮是立身之大道,修己之準則,提升人際關係之原動力。

(四)五倫精神的闡揚

人類是社會的主體,萬物之靈的人類有聰明睿智能夠組成社會,使人與人之間產生密切的關係。而維繫人與人互動的社會關係,就是中國古代聖哲所謂的五倫。先聖先王,特別重視人倫道德教育,以父慈子孝、君仁臣忠、夫義婦聽、長惠幼順、兄友弟恭的人文思想,來化育莘莘學子,使他們能夠明禮義、知廉恥,在風行草偃下,蔚為純厚善良的的社會風尚。孔子對魯哀公說:「君臣也,父子也,夫婦也,昆弟也,朋友之交也,五者,天下之達道也。」(《中庸》)說明五倫,是人人所應該共同履行的五種人倫道德,人類在繁衍進化中,有了五倫,可以強化族群的向心力與凝聚力。

五倫中那幾倫最重要,孔子在回答齊景公問政時說:「君君,臣

臣，父父，子子。」景公深以為然地說：「善哉！信如君不君，臣不臣，父不父，子不子，雖有粟，吾得而食諸？」[11]（《論語・顏淵篇》）說明治國之道，在於能明人倫。孟子講五倫時，最先提到的也是父子、君臣兩倫。父父、子子是齊家的範疇，君君、臣臣是治國的後盾，家齊而後國治，觀察孔、孟二夫子的言論，可知君臣、父子兩倫是治國不可偏廢的基礎。所以子路曾對荷蓧丈人的兩個兒子說：「不仕無義。長幼之節，不可廢也；君臣之義，如之何其廢之？欲潔其身，而亂大倫。君子之仕也，行其義也。道之不行，已知之矣。」[12]（《論語・微子篇》）子路這番語重心長的話語，顯然是轉述孔子的意思，可見孔子認為君子出來為國效勞，是實行君臣大義的表徵。

綜合上述，可知孔子所提倡的人際關係思想學說，是平凡且實際的，是人人在日用倫常應遵行的道理。所以孔子說：「性相近也，習相遠也。」（《論語・陽貨篇》），可知中國幾千年來的儒家教育思想都以發展人性，培養高尚人格為基礎。從《論語》裏我們可以看出孔子所謂的人際觀，是以禮作為弟子們言談舉止的標準，教導學生以倫理道德思想為立身處世的圭臬。所以孔子說：「故禮之教化也微，其止邪也於未形，使人日徙善遠罪而不自知也，是以先王隆之也。」（《禮記・經解篇》）說明禮教的重要，在潛移默化中，培育出思想純正與行為高尚的人民。可見為政之道，首要之方，就在培育天下人民的德

---

11 引自〔宋〕朱熹：《論語集注・顏淵篇》：「此人道之大經，政事之根本也。是時景公失政，而大夫陳氏厚施於國。景公又多內嬖，而不立太子。其君臣父子之間，皆失其道，故夫子告之以此。」卷6，頁136。

12 引自〔宋〕朱熹：《論語集注・微子篇》：「子路述夫子之義如此。蓋丈人之接子路甚倨，而子路益恭，丈人因見其二子焉。則於長幼之節，固之其不可廢矣，固因其所明以曉之。倫，序也。人之大倫有五：父子有親，君臣有義，夫婦有別，長幼有序，朋友有信是也。仕所以行君臣之義也，故雖知道之不行而不可廢。」卷9，頁185。

行人格。良好的德行人格,必須由詩、書、禮、樂的教化中去實踐完成,詩、書、禮、樂就是周代的文化表徵。儒家教育的理想,是要培育能夠克己復禮的「君子」,君子務本為仁,厚重而威,文質彬彬,博文約禮,修己以敬等美德,從《論語》中所述,很多值得學習參考的嘉言懿行。而孔子所強調的人際關係會因角色、職責、關係、身分而有別。如何在自己的工作崗位上,各守分際,各盡職分,使團隊和諧,這才是孔子大聲疾呼的人際關係思想的旨意。

四　當前青少年人際交往問題的探討

回顧並檢討台灣目前的教育政策與教育建設,雖然在質與量方面均有顯著的成果,但仍有許多亟待解決的問題存在。教育功能的逆文化取向,導致倫理道德的低落與社會價值觀的偏頗,青少年學生受到此種意識型態的污染,以致校園暴力事件層出不窮,尊師重道的思想已日漸式微,學生越軌的行為日增其界面與縱深,由觸犯校規而至於犯法犯罪,這的確是不容我們掉以輕心的教育癥結。茲述當前青少年在人際交往方面所面臨的問題,如下:

(一)沉迷於網絡世界

資訊科技文明一日千里,社會的結構瞬息萬變,傳統的學校教育無法因應時代的需求。網際網路(Internet)的推出,實現遠距教學的夢想,開啟了學習的另一個視窗,成為人類互通訊息最便捷的工具;在滑鼠指點之間,浩瀚的知識盡入眼簾,更拓展了人類的知識領域與生活的視野。但其負面的影響,卻不容我們掉以輕心。網際網路的誕生,縮短了時空與人們之間的距離,卻也形成心靈的隔閡;而網路上色情與暴力的氾濫,不斷燃燒著莘莘學子純潔的心靈,繼之而起的是

性侵害、性氾濫，不但戕害青少年的心靈，更使得青少年犯罪率節節高昇，形成社會最大的隱憂。有些同學上課時，不專心聽講，卻是低頭滑手機，沈迷於網絡虛幻的情感世界，而忽略現實生活中與人們的互動，對父母師長的關愛視為一種束縛和負擔，與同學間的關係也日漸疏離，這是目前青少年人際交往方面日益嚴重的癥結。

（二）自我意識過強

由於青少年的身心尚未成熟穩定，且意志力薄弱，對於道德的認知與價值的判斷，容易受到社會不良風氣的影響，加上新的道德標準尚未建立，傳統禮教流於形式，使得青少年不知何去何從，於是代溝的名目興起，自我意識過強，隨心所欲，無法傾聽別人的意見，不願和別人溝通，妄自尊大，孤芳自賞，造成人際交往上負面的影響。加上E世代的年輕人，常常以「只要我喜歡有什麼不可以」的人生哲學來待人處世，無視於父母的苦口婆心，視師長的諄諄告誡猶如過耳飄風。在生活上稍有不順遂就心生瞋怨而怒目相向，青少年同儕霸凌事件，屢見不鮮。甚且尋仇挑釁、結夥滋事，因此，青少年鬥毆流血事件層出不窮，這也是值得重視的校園倫理問題。

（三）校園倫理日益式微

「師生互動」是學校學習環境中最重要的一環，也是人際互動過程中最複雜最微妙的一種關係。師生關係並不限定在正式的教學活動中，非正式的人格影響、價值觀念、學習態度，與行為的督導也是師生關係的重要功能。師生之間的溝通必須藉助有效的媒介，如語言、文字、行為、態度……等，而互動內容所涵蓋的範圍除認知層面外，

還包括情感、態度與行為層面。[13]因此，師生間的互動關係，是影響教學效率的一項重要因素。現階段的學校教育制度，受到「升學掛帥」的影響，只著重知識的傳授，而忽略了學生品格的陶融和文化的涵養，傳統禮教流於形式，以致學生心靈閉鎖而短視。或許是孤傲自尊的驅使，許多學生都自以為是，不滿現狀，尊師重道的風氣已日漸式微，使得傳統的校園倫理受到嚴重的衝擊與考驗，導致社會風氣日益敗壞。

綜合上述，可知成長中的青少年，其脫序的行為乃社會風氣的縮影。青少年正處於青春期、狂飆期，往往從父母、師長及同學的肯定中，找出自己的定位，而自己與同學的關係，更是他們所重視的，所以他們渴望建立良好的人際關係，被了解、受重視，卻不願受到過多的保護與束縛，因此，在情緒上常有失控的現象。益之以辨別是非的能力薄弱，取而代之的是強烈的自我意識，驕矜自滿，血氣方剛，以致罔顧倫常，行為莽撞。青少年在人際交往方面所面臨的困境，是值得探討與省思的教育問題。希望青年學子要常懷著知足感恩的心，去關愛他人。諸葛亮在《誡子書》上說：「非學無以廣才，非志無以成學。」的確，莘莘學子在求學階段，應該反躬自省，是否謹守學生本份，虛心求教，以充實自己。平日鑽研課業外，不要輕忽心性品德的修養，使自己成為知書達禮的好青年。

五　當前青少年人際交往問題的省思

在社會結構瞬息萬變的時代裡，盱衡我國的教育制度，脫離不了升學主義的窠臼。經濟目標高懸，人文精神的沒落，導致民風頹靡，

---

13 參見潘正德：〈如何建立良好的師生互動關係〉，《學生輔導通訊》第25期（1993年），頁24-31。

倫理道德的低落，法治精神的蕩然無存，社會脫序的現象，也衝擊到平靜安穩的校園，使得莘莘學子晨昏誦讀、弦歌處處的學校環境，暴戾之氣甚囂塵上，學生的暴力行為日益增加，傳統的校園倫理也受到嚴重的衝擊與考驗。為人師表者，對沉痾已久的教育問題，豈能視而不見、習而不察呢？因此，如何將儒家思想教育融入教學過程中，這是每位教師所應擔負的重責大任。茲述如何引導學生樹立正確人際關係的方向，如下：

（一）體現孔子忠恕之道的旨趣

「忠恕之道」的義涵，就是要人人培養「欣賞別人，看重自己」的態度。學會欣賞別人，才能廣結益友，擴展你的人際關係；學會看重自己，有助於責任感的提升，增進生活的能量。「盡己之謂忠，推己及人之謂恕」（《論語・里仁篇》），所謂盡己，就是指凡事要反省自己對這件事是否盡了全力沒有？所謂「恕」就是不把自己的嚴格要求，求備於人。這也就是孔子所說的「己所不欲，勿施於人」之意。所以希望青少年以善感的心靈去欣賞大千世界的人、事、物，並且常懷著知足，感恩的心去敬愛他人，因為孟子說：「敬人者，人恆敬之，愛人者，人恆愛之。」（《孟子・離婁下篇》）說明君子經常省思自己的德業修養，言行一致，擁有一顆真誠感謝的心，使你不會憎恨、怨尤或嫉妒他人，也是邁向優雅生活的踏板。而一個人要修養良好的品德，要增進自己的人際關係，就必須見賢思齊，不斷反省自我，提升自我涵養，也就是肯定自我，忠於自我的理想，並且吸取他人的經驗來自我歷練。

（二）實踐孔子禮樂教化的規範

孔子教導學生，在人格修養的過程中，以德行為本，文學為末；

孔門四科:「德行、言語、政事、文學」。孔門四教:「文、行、忠、信」,以文為始,而以信為終,說明教育以德行為根本,最終目標還是歸類於道德的實踐。孔子以「詩、禮、樂」作為教育學生的宗旨,教育弟子由〈詩〉入禮,最後入樂。先由意志的啟蒙感發,再到禮法制度的學習和實踐,進而達到修身養性的最高境界,所以孔子說:「文之以禮樂,亦可以為成人矣」(《論語‧憲問篇》),說明禮樂教化的薰陶,是修養完備人格應具備的基本條件。禮樂是人倫道德的具體表現,禮以節眾,樂以和眾,所以孔子把「禮樂」的道德教育,作為「君子」修養的必備條件。徐復觀說:「《論語》中有許多語言,不是由邏輯推論出來的,不是憑思辨剖析出來的,而是由孔子的人格直接吐露出來的。……孔子說為仁由己,又說我欲仁,斯仁至矣,是他在體驗中已把握到人生價值係發至人的生命之內,亦即道的根源,乃在人的生命之內。」[14]這的確是中肯之言,我們讀聖賢書,要在生命當下的實踐與擔負中,心領神會進而身體力行之,以增進自我的德性涵養與人際溝通的能力。

(三)培養孔子孝悌精神的德範

孔子很重視倫理道德,所謂倫理,就是《孟子‧滕文公篇上》所說的五倫。孔子對魯哀公說:「君臣也,父子也,夫婦也,昆弟也,朋友之交也,五者,天下之達道也。」(《中庸》)說明五倫是全天下人人所應該共同履行的人倫道德,人類在繁衍進化中,有了五倫,可以強化族群的向心力。所以孔子教導弟子,「入孝、出弟、謹信、愛眾、親仁」都屬於行為、品德方面的事,把「文」列在最後,而且要在行為的實踐、品德的修養方面完成以後,有了多餘的心力,才致力

---

14 參見徐復觀:〈向孔子的思想性格回歸〉,收入《中國思想史論集續編》(臺北市:時報出版公司,1982年3月)。

於文學的鑽研與知識的探索，可見孔子認為孝悌為仁的根本，因為孝道是對於生命根源的崇敬。《中庸》也記載：「子曰：『仁者，人也，親親為大。義者，宜也，尊賢為大。』」說明「仁」是人性的表現，其中以親愛自己的親人為最重要；「義」就是合宜的行為，而以尊敬賢者為最重要。在擾攘的紅塵裡，父母對子女付出的關愛，是無怨無悔的偉大情懷。為人父母的茹苦含辛，換來子女的茁壯成長。孟武伯問孝，孔子說：「父母唯其疾之憂。」（《論語・為政篇》），因此，為人子女的確應該愛惜自己的生命，保持健康的身體，不使父母操心煩心，這才算是真孝。如果為人子女能夠善體親心，孝敬父母，就應該循規蹈矩、用功讀書，以開創自己光明之未來。

（四）落實儒家經典閱讀教學

文化的傳承，胥賴教育。展閱歷史的長卷，可知中國數千年的教育思想，實以儒家的倫理道德思想為主流。孔子集三代學術思想的大成，奠定了儒家學說的理論基礎，而孔子的禮樂學說博大精深，深植於每一個人的思想與生活中，更是垂教萬世的金科玉律及為人處世的典範。涵詠在儒家經典的天地裡，我們心湖深處，有孔子的忠恕仁愛、孟子的正氣雄辯、顏淵的安貧樂道、子貢的賢達敏辯、子路的忠信勇決……等，而孔子的禮樂教育思想，培育我們具有溫柔敦厚、恭儉莊敬、廣博易良的氣質。古聖先賢的智慧結晶，猶如長江水滾滾東流，灌溉我們的家園，潤澤充實我們的文化，使中華兒女的慧力定見，在高度文明的國家中首屈一指。學生經由閱讀經典名言，領悟到生命的成長、智慧的成熟乃至悟境的提升、生命意義的持續開展，需經過千錘百練，所謂：「能受天磨方鐵漢，不遭人嫉是庸才。」在遇到挫折與苦難時，可以學習以平和之氣，接受挫折之挑戰，所謂：「忍一步則海闊天空，讓三分則風清雲淡」，並且記取教訓，以忍耐

來磨練自己的心性；以經典名言增長自己的智慧，進而開拓自己的人際關係。

綜合上述，可知良好的教育環境，是學生身心成長的樂園。學校教育是家庭教育的延伸，也是莘莘學子學習各種知識，培育健全人格，發展良好人際關係的重要場所。而校園裏諄諄教誨學生的師長，猶如家庭中的父母，要以適時、適性、適切的方法，來引導學生發揮人格特質，以開創自己光明的未來。其次筆硯相親的同學，又如家中的兄弟姊妹，在互相切磋，共同琢磨的影響下，左右了青少年的認知與價值判斷。因此，教育工作者應為學生塑造安全而良好的教學環境，使他們的身心得到健全的發展。青少年求學的目的，除了吸取書本上的知識，增長見聞外，最重要的目的就是要學習做人的道理。有涵養的人，在言談舉止上要溫文有禮，做個知禮、明禮、懂禮、守禮的人，對待師長要謙恭有禮，和同學要和睦相處，將來踏入社會，才能建立良好的人際關係，到處受人歡迎。

六　結論

孔子說：「人能弘道，非道弘人。」（《論語・衛靈公篇》），一個國家的興盛衰敗，取決於民族文化的興滅繼絕，而固有文化的榮枯，又繫於教育的成敗，此乃千古顛仆不破的真理。所以在日常教學上，要格外注意人文教育的加強。《孟子・滕文公篇上》說：「夏曰校，殷曰序，周曰庠，學則三代共之，皆所以明人倫也。人倫明於上，小民親於下；有王者起，必來取法，是為王者師也。」[15]說明由教育所建

---

15 引自〔宋〕朱熹：《孟子章句集注・滕文公上篇》：「庠以養老為義，校以教民為義，序以習射為義，皆鄉學也。學，國學也。共之，無異名也。倫，序也。父子有親，君臣有義，夫婦有別，長幼有序，朋友有信，此，人之大倫也。庠序學校，皆以明此而已。」卷5，頁255。

立的一種文化素養，是用來闡明人倫大道的，在上位的君王能夠實行倫理道德，在以身作則及上行下效的推波助瀾下，人民自然會興起相親相愛、仁民愛物的風氣。可見人文精神是中華文化的支柱，也是維繫倫理道德的基石。德國大哲學家康德（Imm. Kant, 1724-1804）強調：「好教育是世界上一切善的泉源」，的確，要改善庸俗、功利、貪婪等特質，為了挽救文化斷層的危機，就應該以人文精神喚起人的自覺，提升人類的地位與價值。

美國教育家杜威（John Dewey, 1859-1952）說：「生活即是教育。」強調學習是生活的體驗，道德實踐的表徵。人人應從日常生活環境中，擷取各項新知以充實自我，布乎四體，行乎動靜，以敦品勵學。成長中的青少年，其人格與行為的發展，乃現代社會特性的反映。所以為人師表者應該發揮愛心與耐心，教導學生成為一個身心健全的時代青年。並且重視學生的人格與尊嚴，了解學生的興趣與個別差異，因材施教、循循善誘，使學生在充分感受教師的尊重與關懷之下，作最有效的自我學習，自我接納，自我成長，培養有利於人際關係的特質，建立和維持良好的人際關係，以追求完美的生活，進而實現創造自我、服務他人的理想。因此，每位教師應負起匯聚人文教育的清流，洗滌功利主義的污染，以端正社會風氣。人文教育，在教學方面，應著重創造力的啟發，經驗的學習以及情意的陶冶，其最終的目的，是達到個人自我之實現，使個人更富有人性化，以增進良好的人際關係，也就是要豁顯孔子禮樂教育的最終目標。

參考文獻

（一）古籍（依《四庫全書》分類法）

〔漢〕許慎著　〔清〕段玉裁注　《說文解字注》　臺北市　黎明文
　　　化事業公司　1984年

〔魏〕王弼　〔晉〕韓康伯注　〔唐〕孔穎達正義　《周易正義》
　　　臺北市　藝文印書館　1998年

舊題〔漢〕孔安國傳　〔唐〕孔穎達正義　《尚書正義》　臺北市
　　　藝文印書館　1998年

〔漢〕鄭玄注　〔唐〕孔穎達正義　《禮記正義》　臺北市　藝文印
　　　書館　1998年

〔魏〕何晏集解　〔宋〕邢昺正義　《論語注疏》　臺北市　藝文印
　　　書館　1998年

〔東漢〕趙岐注　舊題〔宋〕孫奭疏　《孟子注疏》　臺北市　藝文
　　　印書館　1998

〔宋〕朱熹　《四書章句集注》　臺北市　鵝湖出版社　1998年

〔清〕孫希旦　《禮記集解》　臺北市　蘭臺書局　1971年

〔清〕劉寶楠　《論語正義》　臺北市　文史哲出版社　1990年

〔漢〕司馬遷　《史記》　臺北市　鼎文書局　1987年

〔漢〕班固　〔唐〕顏師古注　《漢書》　臺北市　鼎文書局　1987年

（二）現代專著（依作者姓氏筆畫排序）

林安梧　《論語走向生活世界的儒學》　臺北市　明文書局　1995年

李平譯　Thomas Armstrong著　《經營多元智慧》　臺北市　遠流出
　　　版公司　1997年

徐復觀　《中國思想史論集續編》　臺北市　時報出版公司　1982年

蔡仁厚　《論語人物論》　臺北市　臺灣商務印書館　1996年

蔡仁厚　《孔子的生命境界──儒學的反思與開展》　臺北市　臺灣
　　　　學生書局　1998年

謝淑熙　《道貫古今──孔子禮樂觀所蘊含之教育思想》　臺北市
　　　　秀威資訊公司　2005年

（三）期刊論文（依作者姓氏筆畫排序）

李同立　《文明以上，人文也──以人文提昇精神次》　《師友月
　　　　刊》　1993年

林安梧　〈儒家思想與成人教育：論孔子「仁教」哲學中的成人教育
　　　　思想〉　《鵝湖月刊》　第十九卷第十期　1994年

孫效智　〈高中「生命教育」課程綱要重點與特色〉　何福田主編
　　　　《生命教育》初版　臺北市　心理出版社　2008年

曾騰瀧　〈校園人際關係之探討〉　《大安高工學報》　1998年

潘正德　〈如何建立良好的師生互動關係〉　《學生輔導通訊》1993
　　　　年　第25期

鄭博真　《多元智能理論的教學理念與應用》　《翰林文教雜誌》
　　　　28期　2000年

謝淑熙　〈閱讀教學與人文素養──以《論語》為例〉　《國教新
　　　　知》　第59卷第1期　2012年

（四）學位論文（依年代排序）

林淑華　《國小學童情緒管理與人際關係之研究》　屏東市　屏東師
　　　　範學院國民教育研究所碩士論文　2001年　未出版

參　易禮思想研究

《周易》禮學探析

—— 兼論《左傳》、《國語》、《荀子》以禮釋《易》*

摘要

孔穎達在《周易正義》序稱引《易緯‧乾鑿度》中孔子之言：「易者所以斷天地，理人倫，而明王道。是以畫八卦，建五氣，以立五常之行；象法乾坤，順陰陽，以正君臣、父子、夫婦之義……於是人民乃治，君親以尊，臣子以順，群生和洽，各安其性。此其作《易》垂教之本意也。」說明聖人以《易》教化百姓，必須通過卦爻象的變化，以端正君臣、父子、夫婦之義，百姓懂得修己治人，使倫常有序，各安其性的目標。《周易》是一部在中華文化發展過程中逐步形成的書籍，蘊涵著諸多禮學思想。它既保留了上古禮典制度起源的一些資料，也包含了春秋戰國時期儒家教育思想的原初形態，對後代禮學的發展有深遠的影響力。《周易‧繫辭上》有言：「探賾索隱，鉤深致遠。」本文所欲探究的問題，包括三部分，第一部分是先秦典籍以禮釋《易》舉隅。第二部分是《周易》所蘊涵的禮學觀。第三部分是《周易》所蘊涵禮學觀的學術價值，最後歸納《周易》所蘊涵禮

* 本文刊載於2014年8月16日國際易學大會成立30週年暨2014年國際易學大會（臺北）論文集，本文獲國際易學大會論文評鑑日新獎。

學觀的影響，作一學術研究總結，梳清各章節脈絡關係，呈一完整之
研究成果。

關鍵詞：《周易》　《左傳》　《國語》　《荀子》　《禮記》
　　　　《周禮》

一 前言

《漢書藝文志・六藝類總敘》云：

> 六藝之文：《樂》以和神，仁之表也；《詩》以正言，義之用
> 也；《禮》以明體，明著見，故無訓也；《書》以廣聽，知之術
> 也；《春秋》以斷事，信之符也。五者，蓋五常之道，相須而
> 備，而《易》為之原。[1]

說明《周易》是我國文化的根源，是我國古代一部指導人們認識和
利用自然規律和社會發展規律的哲學典籍，包括《易經》和《易傳》
兩部分。《周易》在西漢時期就被列為六經（《樂經》、《詩經》、《禮
經》、《書經》、《春秋經》）之首，在我國文化發展史上具有重要的
地位。

　　《周易・說卦》云：「立天之道曰陰與陽，立地之道曰柔與剛，
立人之道曰仁與義，兼三才而兩之。」[2]《周易》乃儒家經典之代
表，其以「三才之道」作為聯繫、溝通「天道、人道、地道」之津
梁。《欽定四庫全書總目・提要・經部・易類・序》：「故《易》之為
書，推天道以明人事者也。……。又《易》道廣大，無所不包，旁及
天文、地理、樂律、兵法、韻學、算術，以逮方外之爐火，皆可援
《易》以為說；而好異者，又援以入《易》，故《易》說愈繁。」[3]說

1　引自〔漢〕班固，〔唐〕顏師古注：《漢書・藝文志》（臺北市：鼎文書局，1987
　　年），卷30，頁1702。

2　引自〔魏〕王弼，〔晉〕韓康伯注，〔唐〕孔穎達正義：《周易正義・說卦》（臺北
　　市：藝文印書館，1998年），卷9，頁183。

3　引自〔清〕張惠言：《虞氏易禮》〈自序〉，《續修四庫全書本》，第26冊。

明《周易》雖然源於卜筮的思想內涵，絜靜精微，體大思精，古奧難懂。但《周易》是集我國上古哲學思想精華大成的一部著作，其思想涵蓋了政治、經濟、文化生活等諸多方面。其所蘊涵之禮學思想，對我國歷代之禮學發展有至深且鉅之影響力。

二　先秦典籍以禮釋《易》舉隅

《周易·賁卦·彖傳》云：「觀乎天文，以察時變；觀乎人文，以化成天下。」[4] 說明觀察日月星辰的運轉，就可以明瞭時序的變化；觀察人類文明的進展，就能夠推行禮樂教化來化民成俗，使人人知所遵循，從而使天下昌明。追溯先秦古籍，可以探悉先秦典籍徵引《易》文，以《易》釋禮的現象，茲舉例說明如下：

（一）《左傳》引用易禮

《周易》本身可為卜筮之用，《左傳》「徵引《易》文」與「《易》占與卜預敘事」，都是不爭的事實。《左傳》易例當作可徵的史料，運用這些資料論述《易》學相關議題；另一類則可謂「《左傳》本位」的研究，乃分析《左傳》中的占卜與神異現象，但不僅有《易》占，還加入夢、災異、星象等不同層面的論述。[5] 茲舉例說明《左傳》、《易》占與卜預的敘事策略，如下：

4　引自〔魏〕王弼，〔晉〕韓康伯，〔唐〕孔穎達疏：《周易·賁卦·彖傳》：「觀天之文，則時變可知也；觀人之文，則化成可為也。」頁62。

5　參閱蔡瑩瑩：〈《左傳》《易》例重探──兼論先秦《易》說的特色與價值〉，《中國文學研究》第35期（2013年），頁11。

1 《左傳·莊公二十二年》載陳公子敬仲因國內動亂而奔齊，使周史占筮的記錄：

> 初，懿氏卜妻敬仲。其妻占之，曰：「吉。是謂『鳳皇于飛，和鳴鏘鏘』。有媯之後，將育于姜。五世其昌，並于正卿。八世之後，莫之與京。」陳厲公，蔡出也，故蔡人殺五父而立之，生敬仲；其少也，周史有以《周易》見陳侯者，陳侯使筮之，遇〈觀〉之〈否〉，曰：「是謂『觀國之光，利用賓于王』。此其代陳有國乎？不在此，其在異國，非此其身，在其子孫。光，遠而自他有耀者也。〈坤〉，土也；〈巽〉，風也；〈乾〉，天也。風為天於土上，山也。有山之材，而照之以天光，於是乎居土上，故曰『觀國之光，利用賓于王』。庭實旅百，奉之以玉帛，天地之美具焉，故曰『利用賓于王。』猶有觀焉，故曰其在後乎！風行而著於土，故曰其在異國乎！若在異國，必姜姓也。姜，大嶽之後也。山嶽則配天。物莫能兩大。陳衰，此其昌乎！」
> 及陳之初亡也，陳桓子始大於齊；其後亡也，成子得政。[6]

本段所言及的卜筮記錄可分為兩部分，第一部分是「懿氏卜妻敬仲」，沒有明顯運用《周易》為占的跡象，卻有一段卜人自為之詞，即「鳳皇于飛，和鳴鏘鏘」云云一段韻語，說明敬仲的後世將昌盛，妻子極佳；第二部分則述及厲公在位、敬仲年少時，周史筮得吉占及其解釋之辭，此處的論述與《周易》占筮有密切關係。

---

6 引自〔唐〕孔穎達等：《左傳正義》（臺北市：藝文印書館，1998年），卷9，頁163-164。

2 《左傳‧襄公九年》：穆姜薨於東宮。始往而筮之的記錄：

> 穆姜薨於東宮。始往而筮之，遇艮之八。史曰：「是謂艮之
> 隨，隨，其出也。君必速出！」姜曰：「亡！是於《周易》
> 曰：『隨，元、亨、利、貞，咎。』元，體之長也；亨，嘉之
> 會也；利，義之和也；貞，事之幹也。體仁足以長人，嘉德足
> 以合禮，利物足以和義，貞固足以幹事。然，故不可誣也，是
> 以雖隨咎。今我婦人而與於亂。固在下位，而有不仁，不可謂
> 元。不靖國家，不可謂亨。作而害身，不可謂利。棄位而姣，
> 不可謂貞。有四德者，隨而無咎。我皆無之，豈隨也哉？我則
> 取惡，能無咎乎？必死於此，弗得出矣。」[7]

本段敘述是魯成公的母親穆姜在搬進東宮時，曾筮了一個〈艮〉之八
的卦，占筮的太史說是〈艮〉之〈隨〉，〈隨〉是出去的意思，所乙太
史想讓穆姜迅速的離開東宮。而穆姜則用《周易》裡〈隨〉篇中的
「元亨利貞，無咎」以四德來解釋，反對史官占筮的意見。由這一
段記載，可以很清楚地看出：在春秋時代，人們以《周易》占筮或
論事。

　　綜合上述，《左傳》中「徵引《易》文」與「卜筮《易》例」二
類資料，可以概見春秋時期士人階層對《周易》的運用與特質。《左
傳》中的人物引《易》，重點在運用於人事而達到勸善、遊說、論理
等目的，而非研討經典、創立家派，自然沒有後世所謂「合於原義」
或是「哲學體系」的問題，高亨曾指出《左傳》、《國語》之《易》說
「支離破碎、牽強附會之處，往往而有」，「有時與《周易》的原義不

---

7 引自〔唐〕孔穎達等：《左傳正義》，卷30，頁526-527。

合」[8]。其實，若我們考慮到論說者使用經典的目的，及其論說語
境、意圖，是可以理解這些現象的，同時也可不必以後世標準、觀念
評議《左傳》中各種對《周易》的運用。[9]《左傳》作者記錄《易》
例則是為了呈現人物形象、布局敘事情節，上述《易》例以及相關詮
釋，確實發揮功效，並精彩的呈現出一些重要的價值觀與文化精神。

(二)《國語》引用易禮

《國語・晉語四》：「重耳親筮得晉國」章：

> 公子親筮之，曰：「尚有晉國。」得貞〈屯〉悔〈豫〉，皆八
> 也。筮史占之，皆曰：「不吉。閉而不通，爻無為也。」司空
> 季子曰：「吉。是在《周易》，皆利建侯。不有晉國，以輔王
> 室，安能建侯？我命筮曰『尚有晉國』，筮告我曰『利建
> 侯』，得國之務也，吉孰大焉！……得國之卦也。」[10]

此段所述涉及「皆八」筮例為何的問題，目前眾說紛紜，此無法詳
論。不過可以看到的是，同一占筮，卻有「筮史皆曰不吉」與司空季
子「利建侯、得國之卦」兩種極端的結果。同一占筮而分別有大吉與
大凶兩種詮釋，與「南蒯之叛」的《易》例解釋有異曲同工之妙，唯
一的差別只是子服惠伯乃「化吉為凶」而司空季子則「轉凶為吉」罷
了。這正說明了，即便傳統占筮可能有其判別吉凶之成法，但解釋者

---

8 參閱高亨：〈《左傳》《國語》的周易說通解〉，收入黃沛榮編：《易學論著選集》（臺
　 北市：長安出版社，1985年），頁422-423。
9 參閱蔡瑩瑩：〈《左傳》、《易》例重探——兼論先秦《易》說的特色與價值〉，頁31。
10 引自三國〔吳〕韋昭注：《國語》（上海市：上海古籍出版社，1998年），卷10，頁
　 362。

仍有以己意詮解以達勸說之效的自由。[11]

屈萬里《先秦漢魏易例述評》曾對〈十翼〉以外的《左》、《國》、諸子《易》例作出相當中肯的論述：

> 上列諸書（指先秦諸子書）引易，皆述其語以為格言，於易為尚辭之事。《國語》、《左傳》引易，則因占筮而及，於易為尚占之事。尚辭者，自必繹述文義，以申其辭之旨。尚占者，要必推衍象數，以求符合所占之事。……占筮者，於筮得之卦爻，就其象推衍，以求符合人事則可。尚辭者，繹其語以為格言，亦可。惟旁取象數，以推尋易辭一字一句之所由來，則不可。[12]

屈先生全書雖以義理為重而稍絀象數，然此處針對先秦《易》例乃以「尚辭」、「尚占」為判，洵為至論。案：猶有可說者，如上節可知，《左傳》、《國語》中亦有所謂「尚辭者」，不能一概稱為「因占筮而及」；又，尚辭者未必一定由義理說解，尚占者亦有象數、義理參用者。換言之，《左》、《國》與諸子易例的可貴之處可說在於其自由、涵容的詮釋風格：苟能明辭義所在，未嘗不可「推衍象數，以求符合所占之事」；欲切合占卜之實事，亦可以「繹述文義，以申其辭之旨」。[13]此種說法，洵非虛言。

（三）《荀子》略論易禮

《荀子·大略》云：「禮者，政之挽也。為政不以禮，政不行

11　參閱蔡瑩瑩：〈《左傳》《易》例重探──兼論先秦《易》說的特色與價值〉，頁30。

12　參閱屈萬里：《先秦漢魏易例述評》（臺北市：臺灣學生書局，1969年），頁70-71。

13　參閱蔡瑩瑩：〈《左傳》《易》例重探──兼論先秦《易》說的特色與價值〉，頁34-35。

矣。」[14]王先謙《荀子集解》序亦云:「荀子論學論治,皆以禮為宗,反覆推詳,務明其旨趣。」[15]可知禮就是荀子學術思想的根本。荀子認為,禮由聖人所制定,它不僅可以用來規範混亂的社會秩序,甚至還可以規範宇宙事物的名稱、概念、內容以及任務等。易言之,禮就是所有事物的原理,荀子的禮學思想是傳承於孔子至孟子以來儒家的思想,以及尊重個人的主體觀念的影響之下所產生。茲略述《荀子》引《易》文論《禮》的篇章,如下:

《荀子·大略》云:

> 《易》之〈咸〉,見夫婦。夫婦之道,不可不正也,君臣父子之本也。咸,感也,以高下下,以男下女,柔上而剛下。聘士之義,親迎之道,重始也。[16]

引文所說的是〈咸卦〉之義。〈咸卦〉是艮下兌上,艮是少男,兌是少女,因此是夫婦之道。其卦辭說:「咸亨利貞,取女吉。」[17]此為夫婦之道,不可以不正之義。〈序卦傳〉云:「有夫婦然後有父子,有父子然後有君臣。」[18]此為君臣父子之本義。〈咸卦〉〈彖〉云:「咸,感也。柔下而剛上,二氣感應以相與,止而說,男下女,是以亨,利

---

14 引自〔唐〕楊倞注,〔清〕王先謙集解:《荀子集解》(臺北市:藝文印書館,1973年),頁780。

15 引自〔唐〕楊倞注,〔清〕王先謙集解:《荀子集解》,頁1。

16 引自〔唐〕楊倞注,〔清〕王先謙集解:《荀子集解》,頁783。

17 引自〔魏〕王弼,〔晉〕韓康伯注,〔唐〕孔穎達正義:《周易正義·咸卦》,卷4,頁82。

18 引自〔魏〕王弼,〔晉〕韓康伯注,〔唐〕孔穎達正義:《周易正義·序卦傳》,卷9,頁187。

貞，取女吉也。」[19]自「咸，感也」以下數句，荀子和王弼之說，意義極為相近。[20]由荀子對〈咸〉卦的說明是「夫婦之道」，並言及「親迎之道」的婚禮，是君臣父子宗法禮制之根本，可見荀子的學說深受《易》學的啟發與影響。

三 《周易》所蘊涵的禮學觀

《周易·繫辭上》云：「聖人有以見天下之賾，而擬諸其形容，象其物宜，是故謂之象。聖人有以見天下之動，而觀其會通，以行其典禮，繫辭焉以斷其吉凶，是故謂之爻。」[21]聖人考察天下萬物的變化，發現了萬物聚合變通的規律，進而推廣到典章禮儀上，加上文辭的闡釋來判斷事物的吉凶禍福，便形成了爻象。《周易》以自然現象的變化，「推天道以明人事」，提出了可以規勸警戒世人的行為準則，並逐漸形成對中國文化影響甚深的禮學傳統。茲述《周易》所蘊涵的禮學觀，如下：

（一）涵攝人倫道德

《周易·繫辭下》記載：「古者包犧氏之王天下也，仰則觀象於天，俯則觀法於地，觀鳥獸之文，與地之宜，近取諸身，遠取諸物，於是始作八卦，以通神明之德，以類萬物之情。」[22]說明《周易》包

---

19 引自〔魏〕王弼，〔晉〕韓康伯注，〔唐〕孔穎達正義：《周易正義·咸卦》，卷4，頁82。

20 參閱張才興：〈論《荀子》與群經及其在儒學史上的定位〉，《逢甲人文社會學報》第6期（2003年），頁85-112。

21 引自〔魏〕王弼，〔晉〕韓康伯注，〔唐〕孔穎達正義：《周易正義·繫辭上》，卷7，頁150。

22 引自〔魏〕王弼，〔晉〕韓康伯注，〔唐〕孔穎達正義：《周易正義·繫辭下》，卷8，頁166。

羅萬象，仰觀天文，俯察地理，通曉萬物之情，深究宇宙大道的原理。〈繫辭上〉第一章云：

> 天尊地卑，乾坤定矣。卑高以陳，貴賤位矣。動靜有常，剛柔斷矣。方以類聚，物以群分，吉凶生矣。在天成象，在地成形，變化見矣。是故，剛柔相摩，八卦相盪。鼓之以雷霆，潤之以風雨，日月運行，一寒一暑，乾道成男，坤道成女。乾知大始，坤作成物。乾以易知，坤以簡能。易則易知，簡則易從。易知則有親，易從則有功。有親則可久，有功則可大。可久則賢人之德，可大則賢人之業。易簡，而天下之理得矣；天下之理得，而成位乎其中矣。[23]

在〈繫辭上〉開宗明義章就說明天尊貴崇高居上，地卑微謙遜在下。在《周易》中以乾卦為天、為尊、為陽，以坤卦為地、為卑、為陰。天地間之萬事萬物，有卑下者，亦有尊大者，雜然並陳。每個卦有六爻，依其貴賤而排列定位，由下向上布列，爻位低為賤，爻位高為貴。爻位高低，決定地位的貴賤。天地間萬事萬物之運轉法則，有其規律，動極必靜，靜極必動，而《周易》中亦有陽剛、陰柔之分，陽極生陰、陰極生陽之道理，亦早就顯現分明。天下萬物，依其群性之異同，同類則相聚集，不同類則相分離；天下之人，依其道德理念之趨向，其聚合分離亦是如此，足證《周易》的思維是以六爻之位的觀念來經營生活智慧的。[24]《周易·繫辭下》篇又云：

---

23 引自〔魏〕王弼，〔晉〕韓康伯注，〔唐〕孔穎達正義：《周易正義·繫辭上》，卷7，頁143。

24 參閱杜保瑞：〈《周易經傳》的哲學知識學探究〉，2002年8月山東大學周易研究中心舉辦「海峽兩岸易學與中國哲學學術研討會」會議論文。

子云：「乾坤，其易之門邪？乾，陽物也；坤，陰物也。陰陽
合德而剛柔有體，以體天地之撰，以通神明之德，其稱名也，
雜而不越，於稽其類，其衰世之意邪？」[25]

孔子說明《周易》一書從乾坤二卦開始論述，乾坤二卦為探索易理之
門戶。《周易》六十四卦是在講天道、人事相會通的道理。只不過是
《大‧小象傳》上經用的八經卦「乾坤物象說」（乾、坤、震、巽、
坎、離、艮、兌）解易，下經是用的是「乾坤父母說」（父、母、長
男、長女、中男、中女、次男、次女）解易而已。乾代表陽類之物
象；坤代表陰類之物象。陰陽之德性，能相與配合，則有剛柔相濟之
形體，可用來體察天地之創作萬物，可用來通達宇宙萬象神妙莫測之
德性。《周易》所稱述萬事萬物之名，如〈乾〉、〈坤〉二卦所述：

乾卦〈象〉曰：「天行，健；君子以自強不息。」[26]
坤卦〈象〉曰：「地勢，坤，君子以厚德載物。」[27]

〈乾卦〉說明天覆育之道乃日復一日健而不息，〈坤卦〉則展現了地
道順厚承載萬物，人的行為亦應該效法為之。牟宗三認為此二句一是
順著「乾健」來說「自強不息」，一是就「坤勢」來說「厚德載物」。
牟宗三進一步的解說：「君子的道德修養就是法坤，中國文化的綱領
就是尊乾法坤。君子變化氣質，作為道德修養總要以厚德載物為標

---

25 引自〔魏〕王弼，〔晉〕韓康伯注，〔唐〕孔穎達正義：《周易正義‧繫辭下》，卷
8，頁172。
26 引自〔魏〕王弼，〔晉〕韓康伯注，〔唐〕孔穎達正義：《周易正義‧上經乾傳第
一‧乾卦》，卷1，頁1。
27 引自〔魏〕王弼，〔晉〕韓康伯注，〔唐〕孔穎達正義：《周易正義‧上經乾傳第
一‧坤卦》，卷1，頁2。

準，不厚就是薄，薄就不行」，於此可明顯的看到其對此二句的重視與讚揚。其認為尊乾尊天是為人之典範，而法坤法地則是為人處世的標準。其又說：「坤元不能先於乾元創造原則，它後面一定要有一個方向理性作為它的領導。」[28]因此，人生於世處世之方法，需要典範的指引，也需要原則標準的鞭策，在中國人的思維裡，「乾元」的「自強不息」即是典範，而「坤元」的「厚德載物」就是標準。綜合上述，可知《周易》涵蓋的層面廣泛，蘊涵豐富的禮學觀，可作為推廣人倫道德之圭臬。

（二）闡述古禮制度

《周易・繫辭傳上》云：「《易》有聖人之道四焉：以言者尚其辭，以動者尚其變，以制器者尚其象，以卜筮者尚其占。」[29]《周易》之用有辭、變、象、占四方面。對古禮的記載，雖不如《三禮》的詳實，但卦爻辭的敘說，卻包含二個面向：一是禮制上的名物與服飾等規定，二是禮制儀節具備吉、凶、軍、賓、嘉五禮的內涵，茲舉例說明[30]，如下：

1 名物與服飾

（1）〈坤卦〉〈六五爻〉：「黃裳，元吉。」

六五，黃裳，元吉。

---

28 參閱牟宗三：《周易哲學演講錄》（上海市：華東師範大學出版社，2007年），頁31。

29 引自〔魏〕王弼，〔晉〕韓康伯注，〔唐〕孔穎達正義：《周易正義・繫辭上》，卷7，頁154。

30 參閱蘭甲雲：《周易古禮研究》，第三章〈易學史上易禮研究略論〉（長沙市：湖南大學出版社，2008年），頁210-216。

注云：黃，中之色也。裳，下之飾也。坤為臣道，美盡於下。
夫體无剛健而能極物之情，通理者也。以柔順之德，處於盛
位，任夫文理者也。垂黃裳以獲元吉，非用武者也。極陰之
盛，不至疑陽，以文在中，美之至也。[31]

〈象〉曰：「黃裳元吉，文在中也。」

《象》曰「黃裳元吉，文在中」者，釋所以黃裳元吉之義，以
其文德在中故也。既有中和，又奉臣職，通達文理，故云文在
其中，言不用威武也。[32]

〈坤卦〉的五爻是全卦的中位，君主之位。占得此卦，意味著處於崇
高的尊位而能保持謙下之德，即能獲得大吉，贏得了人們的尊敬。黃
色是大地的顏色，是中央的顏色，表示要具備大地之德。穿著黃色下
裳，表示要居下不爭，這樣才能獲得大吉。六五以陰柔之德臨於君
位，所以吉利。黃色為土地的顏色，正是坤卦的本色，坤卦以懷柔
之策治國，當然會吉祥了。這裡是在告誡我們做人要保持本色才會
吉祥。

（2）〈觀卦〉：「觀，盥而不薦，有孚顒若。」

《正義》曰：觀者，王者道德之美而可觀也，故謂之觀。「觀
盥而不薦」者，可觀之事，莫過宗廟之祭。盥，其禮盛也。薦

---

31 引自〔魏〕王弼，〔晉〕韓康伯注，〔唐〕孔穎達正義：《周易正義・上經乾傳第
一・坤卦》，卷1，頁20。
32 引自〔魏〕王弼，〔晉〕韓康伯注，〔唐〕孔穎達正義：《周易正義・上經乾傳第
一・坤卦》，卷1，頁20。

者，謂既灌之後，陳薦籩豆之事，其禮卑也，今所觀宗廟之
祭，但觀其盥禮，不觀在後籩豆之事，故云「觀盥而不薦」
也。「有孚顒若」者，孚，信也。但下觀此盛禮，莫不皆化，
悉有孚信而顒然，故云「有孚顒若」。[33]

觀者，是指觀察和學習而言。〈觀卦〉，指領導者要為人表率，觀仰盛
大祭典，將喚起觀禮者誠信肅穆的感情。在〈象〉中這樣解釋觀卦：
「風行地上，觀；先王以省方觀民設教。」〈象〉中指出：風吹行在
大地上，這就是〈觀卦〉。古代帝王由此領悟，要巡視四方，觀察民
情，並設立教化。風地觀卦從卦象上進行分析，〈觀卦〉上卦為巽為
風，下卦為坤為地，風吹拂著大地就是〈觀卦〉的卦象。人也應當像
風一樣，無所不觀，觀察民情民隱以正其道，觀察萬物以培養更宏觀
的視野。

2 卦爻辭的五禮分類

（1）祭祀天神之禮（吉禮）

〈益卦〉六二爻：「或益之十朋之龜，弗克違，永貞吉。王用享
于帝，吉。」[34]

《正義》曰：「六二體柔居中，當位應巽，是居益而能用謙沖
者也。居益用謙，則物『自外來』，朋龜獻策，弗能違也。同
於損卦六五之位，故曰『或益之十朋之龜，弗克違』也。然位

---

33 引自〔魏〕王弼，〔晉〕韓康伯注，〔唐〕孔穎達正義：《周易正義·上經觀卦》，卷
3，頁59-60。

34 引自〔魏〕王弼，〔晉〕韓康伯注，〔唐〕孔穎達正義：《周易正義·益卦》，卷4，
頁97。

不當尊，故永貞乃吉，故曰『永貞吉』。帝，天也。王用此
時，以享祭於帝，明靈降福，故曰『王用享於帝吉』也。」[35]

〈益卦〉的二爻，象徵有人贈送價值十朋的寶龜，不要推辭，只要長
久地堅持正道就會吉祥。君王如果在此時祭祀天神，祈求降福保佑，
也會如願以償獲得吉利。據《禮記‧月令‧孟春令》曰：「元日祈穀
於上帝。」[36]張惠言訂為南郊祭感生帝之禮。

（2）喪禮（凶禮）

《周易‧繫辭下》：「古之葬者厚衣之以薪，葬之中野，不封不
樹，喪期無數，後世聖人易之以棺槨，蓋取諸大過。」[37]

《正義》曰：「此九事之第八也。不云『上古』，直云『古之葬
者』，若極遠者，則云『上古』，其次遠者，則直云『古』。則
厚衣之以薪，葬之中野，猶在穴居結繩之後，故直云『古』
也。『不封不樹』者，不積土為墳，是不封也。不種樹以標其
處，是不樹也。「喪期無數」者，哀除則止，無日月限數也。
『後世聖人易之以棺槨』者，若《禮記》云『有虞氏瓦棺』，
未必用木為棺也。則《禮記》又云『殷人之棺槨』，以前云
槨，無文也。『取諸大過』者，送終追遠，欲其甚大過厚，故

---

35 引自〔魏〕王弼，〔晉〕韓康伯注，〔唐〕孔穎達正義：《周易正義‧益卦》，卷4，
　頁97。

36 引自〔漢〕鄭玄注，〔唐〕孔穎達正義：《禮記正義‧月令》，卷14，頁287。

37 引自〔魏〕王弼，〔晉〕韓康伯注，〔唐〕孔穎達正義：《周易正義‧繫辭下》，卷
　8，頁168。

取諸大過也。」[38]

〈大過〉諸爻有死喪之象，巽卦最下邊是一個陰爻（初六），陰爻中間虛空，似乎很形象地表明了處於地下墓穴中的棺槨墓室。根據考古發掘，建築史家確證，商周的貴族陵墓，地面上常保留有建築的遺跡，這便是以後祠堂的發端形式。[39]古代的喪葬，用柴草包裹死者，葬在荒野中，不立墳墓，不植樹木，一切從簡，後代聖人改變喪葬方式，大概是取象於〈大過〉卦。

（3）軍禮

〈師卦〉卦辭：「師，貞，丈人吉，无咎。」
〈彖〉曰：「師，眾也；貞，正也。能以眾正，可以王矣。」[40]

《正義》曰：「師，眾也。貞，正也。丈人謂嚴莊尊重之人，言為師之正，唯得嚴莊丈人監臨主領，乃得吉无咎。若不得丈人監臨之，眾不畏懼，不能齊眾，必有咎害。」[41]

在卦序上，〈師卦〉與〈比卦〉為上下相反的一對綜卦，是繼〈需〉、〈訟〉兩卦而來。〈序卦傳〉：「訟必有眾起，故受之以〈師〉。師者，

---

38 引自〔魏〕王弼，〔晉〕韓康伯注，〔唐〕孔穎達正義：《周易正義‧繫辭下》，卷8，頁168。

39 參閱董睿、李澤琛：〈易學思想與中國傳統建築〉，《周易研究》2004年第1期。

40 引自〔魏〕王弼，〔晉〕韓康伯注，〔唐〕孔穎達正義：《周易正義‧師卦》，卷2，頁35。

41 引自〔魏〕王弼，〔晉〕韓康伯注，〔唐〕孔穎達正義：《周易正義‧師卦》，卷2，頁35。

眾也。」⁴²〈師卦〉是因為兩國爭訟，因此聚眾出師以解決爭端，也是戰爭的意思。出師有名，帶領軍隊的是一個老成持重的長者，必獲吉祥，而沒有禍害。師卦，義為兵眾，揭示用兵必須慎擇主將，嚴明軍紀，堅守正道，才能致勝。

（4）賓禮

〈觀卦〉六四爻：「觀國之光，利用賓于王。」〈象〉曰：「觀國之光，尚賓也。」⁴³

> 正義曰：「觀國之光，利用賓于王」者，最近至尊，是觀國之光。「利用賓于王」者，居在親近而得其位，明習國之禮儀，故曰利用賓于王庭也。⁴⁴

〈觀卦〉六四這一爻屬於陰爻居柔位，上承九五之尊，象徵瞻仰賢君包容天下萬物的盛德，關心百姓的疾苦。蒙受君恩，成為君王的座上賓，頗得君主的器重，其吉可知。

（5）婚禮（嘉禮）

〈泰卦〉六五爻：「帝乙歸妹，以祉元吉。」⁴⁵

---

42 引自〔魏〕王弼，〔晉〕韓康伯注，〔唐〕孔穎達正義：《周易正義·序卦傳》，卷9，頁187。

43 引自〔魏〕王弼，〔晉〕韓康伯注，〔唐〕孔穎達正義：《周易正義·觀卦》，卷3，頁60。

44 引自〔魏〕王弼，〔晉〕韓康伯注，〔唐〕孔穎達正義：《周易正義·觀卦》，卷3，頁60。

45 引自〔魏〕王弼，〔晉〕韓康伯注，〔唐〕孔穎達正義：《周易正義·泰卦》，卷2，頁43。

注云：婦人謂嫁曰歸。泰者，陰陽交通之時也。女處尊位，履中居順，降身應二，感以相與，用中行願，不失其禮。帝乙歸妹，誠合斯義。履順居中，行願以祉，盡夫陰陽交配之宜，故元吉也。[46]

〈歸妹〉九四：「歸妹愆期，遲歸有時。」[47]

《正義》曰：「歸妹愆期，遲歸有時」者，九四居下得位，又无其應，以斯適人，必待彼道窮盡，无所與交，然後乃可以往，故曰愆期遲歸有時也。[48]

帝乙是商紂王的父親，史稱殷高宗。〈泰卦〉第五爻，象徵尊貴者下應賢者以求通泰，就像帝乙決定將胞妹嫁與周文王姬昌，採用和親的辦法來緩和商、周之間的矛盾，穩定國家大局，因此而得到福澤，大獲吉祥。〈歸妹〉卦第四爻，〈歸妹〉屬九月卦，周代定春季、夏季為初行婚禮，因此以九月為愆。從卦象上看，九四以陽爻居陰位，緊臨六五，屬於近君大臣之位，象徵賢淑的少女，其不願意草率嫁人，而是在等待良辰吉日的到來。

綜上所舉卦爻辭的古禮分類，雖具體而微，我們可以看到《周易》確實保留了較多的《周禮》內容，誠如《周易·繫辭傳》云：「聖人有以見天下之動，而觀其會通，以行其典禮，〈繫辭〉焉以斷

---

46 引自〔魏〕王弼，〔晉〕韓康伯注，〔唐〕孔穎達正義：《周易正義·泰卦》，卷2，頁43。

47 引自〔魏〕王弼，〔晉〕韓康伯注，〔唐〕孔穎達正義：《周易正義·歸妹卦》，卷5，頁119。

48 引自〔魏〕王弼，〔晉〕韓康伯注，〔唐〕孔穎達正義：《周易正義·歸妹卦》，卷5，頁119。

其吉凶,是故謂之爻。」[49]意思是說爻是根據當時的典禮來判斷其吉凶的。由此可見爻辭、典禮與吉凶三者之間存在某種必然聯繫。事實上《周易》卦爻辭與古禮有不可分割的密切聯繫,不明古禮,許多卦爻辭的闡釋,便顯得浮泛而難以明白其真實之義旨。

(三) 彰顯三才之道

《周易》包含著豐富多彩的思想,其內涵容納了三才之道,讓生存於宇宙之中的人類,能夠趨吉避凶,俯仰於天地之間,聯繫溝通人文化成的重要津梁。《周易·繫辭上傳》第四章云:

> 易與天地準,故能彌綸天地之道。仰以觀於天文,俯以察於地理,是故知幽明之故。原始反終,故知死生之說。精氣為物,游魂為變,是故知鬼神之情狀。與天地相似,故不違。知周乎萬物,而道濟天下,故不過。旁行而不流,樂天知命,故不憂。安土敦乎仁,故能愛。範圍天地之化而不過,曲成萬物而不遺,通乎晝夜之道而知,故神無方而《易》無體。[50]

上述引文說明《周易》的思維包蘊宏富,《周易》之理等同於天地之理,因此能普及於天地間的一切道理,能窮盡天下事務的知識,仰觀日月星辰等天象、俯察地面的山川原野,因此就能洞悉天地幽明之

---

49 引自〔魏〕王弼,〔晉〕韓康伯注,〔唐〕孔穎達正義:《周易正義·繫辭上》:「〔疏〕《正義》曰:聖人有以見天下之動者,謂聖人有其微妙,以見天下萬物之動也;而觀其會通,以行其典禮者,既知萬物以此變動,觀看其物之會合變通,當此會通之時,以施行其典法禮儀也。繫辭焉以斷其吉凶,是故謂之爻。」卷7,頁150-151。

50 引自〔魏〕王弼,〔晉〕韓康伯注,〔唐〕孔穎達正義:《周易正義·繫辭下》,卷7,頁147。

事，推本溯源而知死生之事。《周易》形成的基礎與依據，通過仰觀
俯察過程而來，與天地萬物的規律完全一致，囊括宇宙一切，可見
《周易》的義理，可以涵蓋天地萬物的道理。《周易‧繫辭下傳》第
十章亦云：

> 易之為書也，廣大悉備，有天道焉，有人道焉，有地道焉。兼
> 三才而兩之，故六；六者非他也，三才之道也。道有變動，故
> 曰爻。爻有等，故曰物。物相雜，故曰文。文不當，故吉凶生
> 焉。[51]

本章言《周易》一書，內容廣大完備，包含天道、人道和地道，即兼
有三畫卦象徵天、地、人之意義，而其兩兩相重而成六畫卦，則是天
有陰有陽，地有剛有柔，人有仁有義，故一卦有六爻。一卦有六爻並
無其他意義，正是象徵天、地、人三才之道理而已。天地萬物變動不
居，周易六個爻位，即是效法天地萬物之變動，故稱之為爻。「三才
之道」的表述，在肯定天地具有「萬物資始」的同時，也能突顯出
「人」的主體性。《周易‧說卦傳》云：

> 昔者聖人之作《易》也，將以順性命之理。是以立天之道，曰
> 陰與陽；立地之道，曰柔與剛；立人之道，曰仁與義。兼三才
> 而兩之，故易六畫而成卦；分陰分陽，迭用柔剛，故易六位而
> 成章。[52]

---

51 引自〔魏〕王弼，〔晉〕韓康伯注，〔唐〕孔穎達正義：《周易正義‧繫辭下》，卷
8，頁175。

52 引自〔魏〕王弼，〔晉〕韓康伯注，〔唐〕孔穎達正義：《周易正義‧說卦》，卷9，
頁182。

此處明確指出聖人創作《周易》的時候，是要用它來順合萬物的性質
和自然命運的變化規律。確立天的道理有陰、陽兩方面，確立地的道
理有柔、剛兩方面，確立人的道理有仁、義兩方面，不斷通變正為三
才本性。將天、地、人的意思，併合入六爻卦象之中，以天、地、人
三才之道，說明六爻之所以為六爻的原理。企圖以六爻之數「六」與
「天、地」概念會合「人」概念而為「三才」之概念者，其實是對於
天、地、人、三才概念的獨立創作，是要建立一個人與天、地參和的
世界觀。[53]總而言之，《易》可以說是是聖人為了「順性命之理」而作
的，是聖人「幽贊神明」、「參天兩地」、「觀變於陰陽」、「發揮於剛
柔」、「和順於道德」、「窮理盡性」的心得之作。

四　《周易》禮學觀的學術價值

《漢書‧儒林傳》記載孔子：「蓋晚而好易，讀之韋編三絕，而
為之傳。」[54]說明孔子讀《易》韋編三絕，後來儒家尊崇《易經》為
「群經之首」，道家尊奉《易經》為「三玄之冠」，而一般學術界認為
《易經》是「大道之源」。《漢書‧藝文志》云：「《易》道深矣，人更
三聖，世歷三古。」[55]說明《周易》不是成於一時一地一人之手，而
是春秋戰國時代一部集體性著作，是先聖先賢智慧的結晶，蘊涵著豐
富的人生哲理。茲述《周易》禮學觀的學術價值，如下：

---

53 參閱杜保瑞：〈《周易經傳》的哲學知識學探究〉，山東大學周易研究中心舉辦「海
　　峽兩岸易學與中國哲學學術研討會」會議論文，2002年8月18-22日。
54 引自〔漢〕班固，〔唐〕顏師古注：《漢書‧儒林傳》，卷88，頁3589。
55 引自〔漢〕班固，〔唐〕顏師古注：《漢書‧藝文志》，卷30，頁1704。

（一）《周易》禮治思想，彰顯儒家修己治人之德範

　　《周易・繫辭上傳》云：「子曰：聖人立象以見意，設卦以盡情偽，繫辭焉以盡其言，變而通之以盡利，鼓之舞之以盡神。」[56]此節引孔子語，說明聖人設立卦象、爻象，盡情表達其心意與構思，使人因其象而會其意。《周易》之道理，已達到盡善盡美之境界，正是聖人用以鼓勵推動百姓廣泛之應用，以充分發揮周易神妙之道理，並作為修己治人之圭臬。在《周易・繫辭下傳》闡釋了「履、謙、復、恒、損、益、困、井、巽」[57]等九卦之德，來彰顯儒家修己治人之德範。在《周易・繫辭下傳》有云：

> 是故〈履〉，德之基也；〈謙〉，德之柄也；〈復〉，德之本也；〈恆〉，德之固也；〈損〉，德之修也；〈益〉，德之裕也；〈困〉，德之辨也；〈井〉，德之地也；〈巽〉，德之制也。[58]

上述引文，指出〈履〉卦教人小心謹慎，循禮而行，是建立德業之初基；〈謙〉卦教人謙虛禮讓，卑己尊人，是施行道德的柯柄；〈復〉卦教人除去物欲，趨向仁善，是遵循道德的根本；〈恆〉卦教人堅守正道，持之以恆，是道德穩固之所由；〈損〉卦是教人懲忿窒欲的道理，為修德的工夫；〈益〉卦教人遷善改過，使德性日益寬大；〈困〉卦教人身處困厄，而手正不亂，是分辨道德的考驗；〈井〉卦教人廣

---

56 引自〔魏〕王弼，〔晉〕韓康伯注，〔唐〕孔穎達正義：《周易正義・繫辭上》，卷7，頁158。

57 引自〔魏〕王弼，〔晉〕韓康伯注，〔唐〕孔穎達正義：《周易正義・繫辭下》，卷8，頁173。

58 引自〔魏〕王弼，〔晉〕韓康伯注，〔唐〕孔穎達正義：《周易正義・繫辭下》，卷8，頁173。

播德澤似井，取之不盡，用之不竭，是推行道德的處所；〈巽〉卦是
教人因勢利導，是運用道德的制宜。此段文句所闡述的修己治人的
德治理念，與儒家所提倡的禮治與德治思想可以相提並論。茲略舉
如下：

《論語・為政篇》第三章：

> 子曰：道之以政，齊之以刑，民免而無恥。道之以德，齊之以
> 禮，有恥且格。[59]

此章為孔子比較在位者治理人民的方法，用政令和刑罰其效果不如用
德治和禮教好。

《禮記・緇衣》第三章：

> 子曰：「夫民教之以德，齊之以禮，則民有格心；教之以政，
> 齊之以刑，則民有遯心。」[60]

郭店本〈緇衣〉第十二章：

> 子曰：「長民者，教之以德，齊之以禮，則民有勸心，教之以
> 政，齊之以刑，則民有免心。」[61]

---

59 引自〔宋〕朱熹：《四書章句集注》（臺北市：鵝湖出版社，1998年），頁54。

60 引自〔東漢〕鄭玄注，〔唐〕孔穎達疏：《禮記注疏》，〈緇衣〉33卷55期（臺北市：
藝文印書館），頁927-2。

61 參閱荊門市博物館編：〈緇衣〉，《郭店楚墓竹簡》（北京市：文物出版社，1998
年），頁15-20。

上海博物館藏本〈緇衣〉第十二、十三簡：

> 子曰：「長民者，教之以德，齊之以禮，則民有勸心，教之以
> 政，齊之以刑，則民有免心。」[62]

《論語・為政》中的這句話在今本〈緇衣〉、郭店本〈緇衣〉、上海博
物館藏本〈緇衣〉中前後兩句順序顛倒，而且刪去了「有恥」、「無
恥」等字，導致句式稍有不同，但所表達的文意並沒有發生根本改
變。綜上所述，可知孔子的「規聖明，救淪壞」，轉化為一生修己治
人的信念與《周易・繫辭下傳》所闡述的德治思想一致。賴貴三教授
在《易學思想與時代易學論文集》中解釋道：「每一卦的卦義就是一
個『人事情境』的認識原則；但其中闡述卦象義理的思想根據，則乃
是儒家的道德原理，從而表現出豐富的德性規定義，並無轉向於自然
哲學的解說進路。」[63]誠為有見地之言。

《周易・序卦傳》云：「有天地然後有萬物，有萬物然後有男
女，有男女然後有夫婦，有夫婦然後有父子，有父子然後有君臣，有
君臣然後有上下，有上下然後禮儀有所錯。」[64]此段文句說明人文演
進之歷程，從端正家道開始，而後夫婦、君臣、長幼應遵守的禮儀分
際，人類和平共存的倫理行為亦同時彰顯。因此《中庸》云：「君子
之道，造端乎夫婦，及其至也，察乎天地。」[65]明確指出人倫之始，

---

62 參閱馬承源主編：《上海博物館藏戰國楚竹書》（上海市：上海古籍出版社，2001
年）。

63 參閱賴貴三：《易學思想與時代易學論文集》（臺北市：文津出版社，2007年），頁
73。

64 引自〔魏〕王弼，〔晉〕韓康伯注，〔唐〕孔穎達正義：《周易正義・序卦傳》，卷
9，頁187。

65 引自〔宋〕朱熹：《四書章句集注・中庸》，頁23。

均緣起於夫婦之和諧關係，而倫理道德是維繫人心和悅，安定社會秩序的重心，應落實在日常生活中，人與人之間應謹守的是「父子有親、君臣有義、夫婦有別、長幼有序，朋友有信」五倫的分際。夫婦父子，君臣上下，構成人際之關係，修美人際之關係，則是倫理行為，「禮義有所措」，正說明人文世界之理想境界指日可待。可見《周易》之編撰，是彰顯倫理道德之規範。

（二）卦、爻辭之敘說，反映周代之禮儀制度

孔穎達〈《周易正義》序〉云：「夫易者象也，爻者效也。聖人有以仰觀俯察，象天地而育群品。雲行雨施，效四時以生萬物，若用之以順，則兩儀序而百物和。若行之以逆，則六位傾而五行亂。故王者，動必則天地之道。不使一物失其性，行必叶陰陽之宜，不使一物受其害，故能彌綸宇宙，酬酢神明，宗社所以無窮，風聲所以不朽，非夫道極玄妙，孰能與於此乎？斯乃乾坤之大造，生靈之所益也。」[66]說明《周易》卦爻辭具有「觀物取象」的表徵，除卜筮的功效，更蘊涵深刻玄奧之哲理，對於個人安身立命，及國家興衰禍福的發展，具有莫大的啟迪作用。

《周易·繫辭下傳》云：「夫《易》，彰往而察來，微顯闡幽。」[67]可見《周易》對古禮的記載，反映周代具體的禮制禮典，具有歷史學的性質和作用。茲舉《周易·漸卦》之說，來考證西周時代之婚禮禮俗，如下：

〈漸〉卦：女歸吉。利貞。

---

66 引自〔唐〕孔穎達：〈《周易正義》序〉，卷1，頁2。
67 引自〔魏〕王弼，〔晉〕韓康伯注，〔唐〕孔穎達正義：《周易正義·繫辭下》，卷8，頁172。

〈象〉曰：漸之進也，女歸吉也。進得位，往有功也；進以
正，可以正邦也；其位，剛得中也；止而巽，動不窮也。[68]

〈漸〉卦是《周易》六十四卦的第五十三卦，此卦的組成，下卦
「艮」是止，上卦「巽」是順，有漸進的意義。本卦不遽進，有女歸
之象。當女子出嫁時，必須經過一切婚嫁的禮節，當然也是漸進。這
一卦，由「六二」到「九五」，各爻都得正，象徵出嫁的女子品德純
正，當然吉祥；但這一純正，必須堅持，才會有利。婦人謂嫁曰歸。
納采、問名、納吉、納徵、請期、親迎，六禮備而後成婚，是以漸者
莫如女歸也。〈漸〉的覆卦就是〈歸妹〉，「歸」是女子出嫁，「歸妹」
就是嫁妹，所以《雜卦傳》云：「〈漸〉，女歸待男行也。……歸妹，
女之終也。」[69]說明〈漸〉卦是女子出嫁，等待男方備禮而後行；〈歸
妹〉卦是指女子出嫁而終身有依靠。歐陽修《易童子問》說：「夫婦
所以正人倫，禮義所以養廉恥，故取女之禮，自納采至於親迎，無非
男下女而又有漸也。故〈漸〉之〈象〉曰：『漸，之進也，女歸吉』
也者是已。」[70]由〈漸〉卦所述，反映西周時代之婚禮禮俗。婚姻之
禮，乃人生大事，〈漸〉卦是男女婚姻的必備的禮儀屬性，古代女子
出嫁，必須循序漸進，六禮備而後成婚，研讀〈漸〉卦，給予我們的
啟示，要做到真正的循序漸進，就必須堅守正道，足證西周時代對婚
禮的重視。

---

68 引自〔魏〕王弼，〔晉〕韓康伯注，〔唐〕孔穎達正義：《周易正義·漸卦》，卷5，
　頁117。
69 引自〔魏〕王弼，〔晉〕韓康伯注，〔唐〕孔穎達正義：《周易正義·雜卦傳》，卷
　9，頁189。
70 取自歐陽修《易童子問》http://www.paiai.com/Article/oyx/ps/200403/1718.html。

(三)《周易》禮學思想，是推展儒家教育思想之圭臬

　　章學誠評價《六經》云：「六經皆史也。古人不著書，古人未嘗離事而言理，《六經》皆先王之政典也。」[71]又說：「夫《易》開物成務，冒天下之道，知來藏往，吉凶與民同患，其道蓋包政教典章之所不及矣。象天法地，是興神物，以前民用，其教蓋出政教典章之先。」[72]由此可知，《易》即為夏、商、周等朝代先王之政典，是政書，是官書。《易》為政典之書，春秋時的孔子即持這種觀點。《禮記·禮運篇》說：「孔子曰：『我欲觀夏道，是故之杞，而不足徵也，吾得〈夏時〉焉；我欲觀殷道，是故之宋，而不足徵也，吾得〈乾坤〉焉。〈乾坤〉之義，《夏時》之等，吾以是觀之。』」[73]孔子從〈乾坤〉即〈歸藏〉等殷《易》中能夠探索出殷商人的治政之道，即「殷禮」也，這就是孔子所說的，「殷因於夏禮，周因於殷禮」的原因。[74]

　　《周易》之成書過程漫長，其中卦、爻辭之作是否一定出自文王、周公之手，確定無疑的證據恐怕很難得到，但從卦、爻辭產生的時代背景而言，《周易》不可避免地會反映這個時期禮樂的隆盛狀況。至春秋時期以後，隨著禮崩樂壞狀況的日益嚴重，諸子百家爭鳴，人文思想的興起，以往的許多神學觀念都會受到人文思潮的改鑄，而這正是《易傳》出現前後的時代背景，因此《易傳》中所反映

---

71 引自章學誠著，葉瑛校注：〈易教上〉，《文史通義校注》（臺北市：燕京文化事業公司，1986年），頁1。

72 參閱黃兆強：〈六十五年來之章學誠研究〉，《東吳文史學報》6期（1988年），頁216。

73 引自〔漢〕鄭玄注，〔唐〕孔穎達正義：《禮記正義》（臺北市：藝文印書館，1998年），卷21，頁415。

74 參閱蘭甲雲：〈第二章　《周易》文本、《周易》時代之社會生活、《易》之占著及其溝通功能考論〉，《周易古禮研究》，頁30。

的禮教內容，具有史料文獻之價值。[75]《周易》堪稱我國文化的源頭活水，其內容極其豐富，對中國幾千年來的政治、經濟、文化等方面產生了極其深遠的影響。

由於周以前是祭政合一，祭禮是國家大事，而祭祀活動也是教育活動。《禮記‧文王世子》云：「凡學春官，釋奠于其先師，秋冬亦如之。」[76]凡始立學者，必釋奠于先聖先師。根據孔穎達〈疏〉，此一規定當適用於天子、諸侯之國。始立「學」的釋奠，是「學」中最隆重的禮儀，所以天子必須親臨釋奠。清代秦蕙田《五禮通考‧嘉禮‧學禮》條云：「古禮經有學禮一篇，見於《大戴記》戴記，賈誼《新書》所引，惜其文不傳。」足見「學禮」篇到漢代還可以見到。[77]《孟子‧滕文公上》云：「夏曰校，殷曰序，周曰庠，學則三代共之，皆所以明人倫也。」[78]明確指出「學」字代表古代學校的通名。《周易》中的第四卦〈蒙〉卦所談論的內容與古代的「學禮」相關。

《周易》六十四卦的排列順序是先列乾、坤兩卦，然後就是屯、蒙。乾為天，坤為地，屯為萬物初生，萬物初生需要教育，就是蒙。《周易‧序卦傳》云：「有天地然後萬物生焉，盈天地之間者唯萬物……物生必蒙，故授之以〈蒙〉。蒙者，蒙也，物之稚也；物稚不

---

75 參閱蕭漢民：〈周易古禮研究序〉，頁2。

76 引自〔漢〕鄭玄注，〔唐〕孔穎達正義：《禮記正義》，卷20，頁394。

77 〔清〕秦蕙田：《五禮通考》，卷169，〈嘉禮‧學禮〉條云：「古禮經有學禮一篇，見於《大戴記》，賈誼新書所引，惜其文不傳。」足見「學禮」篇到漢代還可見到。賈誼引「學禮」（見《漢書》，卷48本傳）是用來說明天子入學之禮；《大戴禮記‧保傅》引「學禮」亦同，〔清〕王聘珍曰：「學禮者，禮古經五十六篇中之篇名也。」（《大戴禮記解詁》，卷3）足見古禮經之中，本有「學禮」篇目，因世衰道微，禮樂崩壞，以致散亡。朱子撰述《儀禮經傳通解》，將禮分為家、鄉、學、邦國、王朝五種禮儀，其中包含「學禮」。由此看來，古代的「學」，本有「學禮」。

78 引自〔宋〕朱熹：《四書章句集注‧孟子》，頁255。

可不養也,故受之以《需》。」[79]說明萬物生成以後處於蒙昧階段,接下來的任務就是用已有的知識和經驗啟發他、教育他,這充分反映了殷商先民對教育的重視。茲引〈蒙〉卦所述,如下:

> 蒙,亨。匪我求童蒙,童蒙求我。初筮告,再三瀆,瀆則不告。利貞。
> 〈彖〉曰:蒙,山下有險,險而止,蒙。蒙,亨,以亨行時中也。匪我求童蒙,童蒙求我,志應也;初筮告,以剛中也;再三瀆,瀆則不告。瀆蒙也;蒙以養正,聖功也。
> 〈象〉曰:山下出泉,蒙,君子以果行育德。[80]

〈蒙〉卦是六十四卦的第四卦,上卦是代表山的艮卦、下卦是代表水的坎卦,故通稱「山水蒙」。象徵萬物初生,蒙昧的狀態。原指幼兒時期心智處於蒙昧狀態,要想啟迪蒙昧,順利發展,就必須要有正確的教育方法。不是老師主動去求幼兒來學習,而是幼兒自願求老師教導。就像卜卦一樣,第一次問卦,會得到真誠的答覆,如果接二連三地亂問,就是一種褻瀆,有褻瀆的態度,就不會得到真誠的答覆,這就是說一定要端正學習的態度。當然,不僅僅是學習,推而廣之,在向別人求教、求助時,都應該態度恭敬而端正,不能存著輕率心態,包括占卦也是如此。如果能接受長輩的教誨,虛心求學,尊師重道,接受良好的基礎教育,陶冶情操,且動機純正,就可以有所收穫。要用啟蒙的方法,陶冶幼兒純正無邪的品質,這是聖人教化的功德。山

---

79 引自〔魏〕王弼,〔晉〕韓康伯注,〔唐〕孔穎達正義:《周易正義・序卦傳》,卷9,頁187。

80 引自〔魏〕王弼,〔晉〕韓康伯注,〔唐〕孔穎達正義:《周易正義・蒙卦》,卷1,頁23。

下流出清泉，這是蒙卦的卦象。勉勵君子應效法此卦，以果敢的行為，堅持不懈的態度來培養自己的美德。

　　綜上所述，可知《周易》的教育思想主要反映在〈蒙〉卦上，而〈蒙〉卦中特別強調童蒙時期是啟迪蒙昧，開啟智力進行教育的最佳時期，雖然《周易》中的思想不可避免地帶著其產生時代的烙印，但其中所傳達的教育思想，及啟蒙教育思想的重要性，被後世學者不斷闡發，在我國教育發展史上產生深遠的影響。《禮記‧學記》云：「建國君民，教學為先。」、「君子如欲化民成俗，其必由學乎。」[81]孟子認為教育是區分人和動物的重要標誌，其云：「飽食暖衣，逸居而無教，則近於禽獸。」[82]（《孟子‧滕文公上》）後來，隨著科舉制度的創制和發展，教育備受重視。在知識蓬勃發展的廿一世紀，教育已成為運籌帷幄，決勝千里的關鍵。聯合國教科文組織主席狄洛（Jacques Delors）說：「當人類面臨種種未來的衝擊，教育不可避免的成為人類追求自由、和平與社會正義最珍貴的工具。」這的確是深中肯綮的言論，正說明了教育是推動社會進步的原動力。

五　結論

　　《周易‧繫辭上》云：「子曰：『《易》其至矣乎！』夫易，聖人所以崇德而廣業也。知崇禮卑。崇效天，卑法地。天地設位，而易行乎其中矣。成性存存，道義之門。」[83]引述孔子之言，說明《周易》之道理，已達到盡善盡美之境界，正是聖人用以崇高其道德，廣大其事業之方法。可見《周易》之經文是聖人為經邦濟世而作，《周易》

81　引自〔漢〕鄭玄注，〔唐〕孔穎達正義：《禮記正義‧學記》，卷36，頁648。

82　引自〔宋〕朱熹：《四書章句集注‧孟子》，頁259。

83　引自〔魏〕王弼，〔晉〕韓康伯注，〔唐〕孔穎達疏：《周易正義》，卷7，頁145。

之義理，運行於天地之間。用此易理以修身，可以培養美德善性，時時蘊存涵養，可以成為博文約禮，而道義日益增長之君子，可見《周易》之義理與修己治人有相輔相成之功效。探究《周易》所蘊涵的禮學觀，依筆者拙見，茲歸納三項特點，如下：

一、《周易》雖然源出於卜筮之書，但是所延伸的層面，包含自然與人文，「以天道明人事」的旨意，卦爻辭具有「觀物取象」的表徵，除卜筮的功效，更蘊涵深刻玄奧之哲理，對於個人安身立命，及國家興衰禍福的發展，具有莫大的啟迪作用。除了卦爻辭以外，成於戰國儒者的〈十翼〉對於「天道」有精彩的發揮，更深深影響了魏晉與宋明的學術思想。

二、《周易》的內容，可以從兩方面來敘說：一是「卦象」，即卦爻關係對應到人間運作的具體事象，如乾為天、為健，坤為地、為順；二是「義理」，即從卦爻辭之中，發掘出對應於人生的哲理，如「天行健，君子以自強不息」。漢儒發展前者，開出象數易學，而宋儒則注意後者，有所謂義理易學。[84]

三、另有一點值得注意的問題，由於《周易》時代成書久遠，文獻不足，以致卦爻辭所涉及禮制產生之背景、古禮闡釋、易禮思想等問題，尚需作進一步研究與探討。近年來在長沙馬王堆漢墓出土的《帛書周易》，頗值得注意。王國維在「二重證據法」提出「紙上傳承文獻」及「地下出土文獻」相互印證的研究方法，而林慶彰教授提出「回歸原典」可以解決解經者，由於歷史與文化背景差異，所產生解經內容互異之衝突。[85]因此「回歸原典」與《帛書周

---

[84] 參閱郭建勳注譯、黃俊郎校閱：〈《周易》的研究〉，《新譯易經讀本》（臺北市：三民書局，2002年），頁17。

[85] 參閱林慶彰：〈中國經學史上的回歸原典運動〉：「中國經學的研究，每經過幾百年都會有回歸原典的運動發生。大部分學者在處理經學史上的問題的時候，都會涉及

易》的出土，對《周易》許多問題的研究將有所裨益。

參考文獻

（一）古籍專書

〔漢〕鄭玄注　〔唐〕賈公彥疏　《周禮注疏》　臺北市　藝文印書
　　　館　1998年

〔漢〕鄭玄注　〔唐〕賈公彥疏　《儀禮注疏》　臺北市　藝文印書
　　　館　1998年

〔漢〕鄭玄注　〔唐〕孔穎達正義　《禮記正義》　臺北市　藝文印
　　　書館　1998年

〔漢〕班固　〔唐〕顏師古注　《漢書》　臺北市　鼎文書局　1987
　　　年5月

〔魏〕王弼　〔晉〕韓康伯注　〔唐〕孔穎達正義　《周易正義》
　　　臺北市　藝文印書館　1998年

〔晉〕杜預注　〔晉〕孔穎達正義　《春秋左傳正義》　臺北市　藝
　　　文印書館　1998年

〔三國吳〕韋昭注　《國語》　上海市　上海古籍出版社　1998年

〔唐〕李鼎祚　《周易集解》　臺北市　臺灣商務印書館　1996年

回歸原典。回歸原典是解決經典詮釋過程中所產生問題的良方。回歸原典的『原典』指儒家的十三經，它們都是聖人集團的成員所作，具有絕對的權威。『回歸』有兩層的意義，一是以原典作為尊崇和效法的對象，因為原典蘊含聖人之道；二是以原典作為探討對象，詳細考辨原典是否真的與聖人有關。」（《中國文化》，2009年第30期），頁1-9。

〔唐〕李鼎祚集解　〔清〕李道平纂疏　《周易集解纂疏》　臺北市　廣文書局公司　1971年

〔唐〕楊倞注　〔清〕王先謙集解　《荀子集解》　臺北市　藝文印書館　1973年

〔宋〕朱熹　《四書章句集注》　臺北市　鵝湖出版社　1998年

〔宋〕朱熹　《朱子全書》　上海市　上海古籍出版社　2002年

〔清〕秦蕙田　《五禮通考》　臺北市　聖環圖書公司　1994年5月

〔清〕張惠言　《虞氏易禮》　《續修四庫全書本》　第26冊

〔清〕永瑢　紀昀等撰　武英殿本《四庫全書總目提要》　臺北市　臺灣商務印書館　1983年10月

〔清〕皮錫瑞撰　周予同注　《經學歷史》　臺北市　藝文印書館　2004年3月

〔清〕皮錫瑞　《經學通論》　臺北市　學海出版社　1985年

〔清〕章學誠著　葉瑛校注　《文史通義校注》　臺北市　燕京文化事業公司　1986年

（二）近人論著

牟宗三　《周易哲學演講錄》　上海市　華東師範大學出版社　2007年

屈萬里　《先秦漢魏易例述評》　臺北市　臺灣學生書局　1969年

李學勤　《周易經傳溯源》　北京市　中國社會科學出版社　2007年3月

孫劍秋　《易學新論》　臺北市　中華文化教育學會　2007年4月

馬承源主編　《上海博物館藏戰國楚竹書》　上海市　上海古籍出版社　2001年11月

高明士　《唐代東亞教育圈形成史論》　上海市　上海古籍出版社　2003年

勞思光　《新編中國哲學史（一）》　臺北市　三民書局　1984年

莊雅州　《經學入門》　臺北市　臺灣書店　1997年10月

黃慶萱　《周易讀本》　臺北市　三民書局　2001年

賴貴三　《易學思想與時代易學論文集》　臺北市　文津出版社
　　　　2007年11月

廖名春　《帛書易傳初探》　臺北市　文史哲出版社　1998年

戴璉璋　《易傳之形成及其思想》　臺北市　文津出版社　1988年

蘭甲雲　《周易古禮研究》　長沙市　湖南大學出版社　2008年6月

荊門市博物館編　《郭店楚墓竹簡》　北京市　文物出版社　1998年
　　　　2月

郭建勳注譯　黃俊郎校閱　《新譯易經讀本》　臺北市　三民書局
　　　　2002年

（三）期刊論文

林慶彰　〈中國經學史上的回歸原典運動〉　《中國文化》　2009年
　　　　第30期

高　亨　〈《左傳》《國語》的周易說通解〉　收入黃沛榮編　《易學
　　　　論著選集》　臺北市　長安出版社　1988年　頁389-424

杜保瑞　〈《周易經傳》的哲學知識學探究〉　本文乃為參加山東大
　　　　學周易研究中心舉辦「海峽兩岸易學與中國哲學學術研討
　　　　會」而作　會議時間為2002年8月18-22日　地點：青島

黃兆強　〈六十五年來之章學誠研究〉　《東吳文史學報》　6期
　　　　1988年1月　頁216

張才興　〈論《荀子》與群經及其在儒學史上的定位〉　《逢甲人文
　　　　社會學報》　第6期　2003年5月　頁85-112

賴貴三 〈孔子的「易」教（2）──〈周易・乾・文言傳〉「子曰」
釋義〉 臺北市 《孔孟月刊》 第40卷第6期 2002年2月
頁6-10

蔡瑩瑩 〈《左傳》《易》例重探──兼論先秦《易》說的特色與價
值〉 《中國文學研究》 第35期 2013年1月

鄭吉雄 〈從卦爻辭字義的演繹論《易傳》對《易經》的詮釋〉
《漢學研究》 24卷1期 2006年6月 頁1-33

董睿、李澤琛 〈易學思想與中國傳統建築〉 《周易研究》 2004
年第1期 頁53-56

（四）學位論文

吳國榮 《易傳內聖外王思想研究》 高雄市 國立高雄師範大學經
學研究所碩士論文 2010年6月

唐玉珍 《左傳、國語引易考釋》 臺北市 國立臺灣師範大學國文
研究所碩士論文 1990年

黃振崇 《《易經》教育思想研究》 雲林縣 國立雲林科技大學漢
學資料整理研究所碩士論文 2008年

廖連喜 《論易經、中庸與樂記至中和之貫通原理與適性之道》 臺
中市 東海大學中國文化學系博士論文 2008年

潘亮君 《易傳與中庸、大學「誠」思想研究》 臺北市 國立臺灣
師範大學國文研究所碩士論文 2008年

蔡瑩瑩 《敘事、論說與徵引──論《左傳》《國語》的典故運用》
臺北市 國立臺灣大學中國文學研究所碩士論文 2013年

蕭靜芝 《易傳解經方式及其哲學思想》 彰化市 國立彰化師範大
學國文學系碩士論文 2010年

（五）網路資料

中央研究院漢籍電子文獻資料庫

　　　　http://www.sinica.edu.tw/info/ftms/toc.html

國家圖書館——全國博碩士論文資訊網

　　　　http://etds.ncl.edu.tw/theabs/index.html

歐陽修《易童子問》

　　　　http://www.paiai.com/Article/oyx/ps/200403/1718.html

黃以周《禮書通故·卜筮通故》易禮學說析論*

摘要

　　〈卜筮通故〉是《禮書通故》第四篇，作者黃以周說明用筮龜來卜吉凶，可溯源自遠古。《易》廣大無所不備，聖人用《易》，以天地為準則，設卦觀象，來辨明人事之吉凶，與天地之變化。不混淆卦爻之真相，《易》道貫通天地陰陽之變化，教導人民從憂患中提升道德境界，定可以逢凶化吉。〈卜筮通故〉全篇共有五十條，全篇引文中之注、疏、案語，皆是黃以周以《易》學思想來闡述古籍經文中之禮制或禮意。本文首先敘述「卜筮」是古代人君稽疑決策軍國大事之重要法門，人民趨吉避凶、造福遠禍、安身立命之圭臬。其次論述黃以周之易學思想與〈卜筮通故〉之要旨分析，最後歸納整理〈卜筮通故〉會通易禮之學術價值。在取材方面注重背景知識之探討，蒐集黃以周有關易學思想、禮學思想等方面之著作，加以整理、分析、歸納、比較研究，以其能深入黃以周會通易禮學說思想之全貌，梳清各章節脈絡關係，呈一完整之研究成果。

關鍵詞：黃以周　〈卜筮通故〉　《易經》　《尚書》　《周禮》

---

* 本文刊載於2012年11月9日「第五屆海峽兩岸青年易學論文發表會」論文集。

一 前言

　　黃以周（1828-1899）本名元同，後改名以周，以元同為字，號
徽季，晚號哉生，祖籍浙江定海紫微。[1]黃以周自述學術次第云：「初
治《易》，著《十翼後錄》，治群經，著《讀書小記》，而《三禮》尤
為宗主，以為三代下經學，鄭君、朱子為最，而漢學家破碎大道，宋
學家棄經臆說，不合鄭、朱，何論孔、孟？因守顧炎武經學即理學之
訓，以追討孔門之博文約禮。」[2]以周研究《易》學乃是以《禮》、
《書》、《詩》諸經為基礎，經由父親黃式三（1789-1862）引領，以
開啟學術研究之路，並且秉承父命而廣搜《十翼》之注，博徵群經以
釋《易》，包括《禮記》、《左傳》等。[3]黃以周博覽群經，學有心得，
則著書以見意。

　　黃以周所著書以《禮書通故》一百卷，為生平精邃之作，張舜徽
（1911-1992）譽之「足當體大思精四字，為自來學者所未有」。[4]《禮
書通故》全書四十九目，共一百餘萬字，對中國古代的禮制、學制、
封國、職官、田賦等問題，條分縷析，詳加考稽，總結兩千年來的禮
學研究成果，其書篇目廣大，幾涵蓋所有經部、子部論禮之書，以禮
書源流居首，先釋宮室以下諸篇，順序大體是吉、凶、嘉、賓、軍等

1　趙爾巽等，〈黃式三傳〉，《清史稿》，卷269，頁13297。黃氏父子生平事蹟，詳參
　　〔清〕黃以周〈先考明經公言行略〉、〔清〕繆荃孫（1844-1919）〈中書銜處州府學
　　教授黃先生墓志銘〉、章炳麟〈黃先生傳〉及唐文治〈黃元同先生學案〉（唐文稱王
　　兆芳嘗撰以周行狀，未見）。以上資料並錄於王逸明，《定海黃式三黃以周年譜稿》。
2　《清史列傳・儒林傳下二・黃式三子以周》，卷69，頁5662。
3　詳參賴貴三：〈黃以周《十翼後錄》手稿析論〉，《先秦兩漢古籍國際學術研討會論
　　文集》（北京市：社會科學文獻出版社，2011年），頁250-252。
4　張舜徽〈浙東學紀〉云：「當時俞樾為《禮書通故》撰序，稱其『不墨守一家之學，
　　綜貫經義，博採眾論，實事求是，惟善是從。洵足究天人之奧，通古今之宜。』」
　　見張舜徽：《清儒學記》（武漢市：華中師範大學出版社，2005年），頁195。

五禮，另外旁及卜筮、六書、樂律、名物圖等多項，足證黃以周想要
會通諸經而作此書之用心。

先秦時代，《尚書》、《左傳》、《國語》裡記載許多用《周易》進
行卜筮的事。依據《禮書通故》〈敘目〉之敘述：

> 筮短龜長，其說自古。《易》準天地，豈區區焉占數？知者觀
> 象，中爻云備，物雜德撰。勿說二而違四，勿說三而違五，道
> 能一貫，何憂乎九六交錯？述〈卜筮通故〉第四。[5]

在《禮書通故》第四篇，黃以周說明用筮龜來卜吉凶，可溯源自遠
古。《易》廣大無所不備，聖人用《易》，以天地為準則，設卦觀
象，來辨明人事之吉凶，與天地之變化。不混淆卦爻之真相，《易》
道貫通天地陰陽之變化，教導人民從憂患中提升道德境界，定可以逢
凶化吉。〈卜筮通故〉全篇共有五十條，全篇引文中之注、疏、案
語，皆是黃以周以《易》學思想來闡述古籍經文中之禮制或禮意。

二　卜筮源流考述

展閱經典古籍，可知「卜筮」是古代人君稽疑決策軍國大事之重
要法門，人民趨吉避凶、造福遠禍、安身立命之圭臬。《周易・繫
辭》云：

> 是故蓍之德圓而神，卦之德方以知，六爻之義易以貢。聖人以
> 此洗心，退藏於密，吉凶與民同患。神以知來，知以藏往，其

5　〔清〕黃以周撰，王文錦點校：《禮書通故》，頁2714。

孰能與於此哉？古之聰明叡知、神武而不殺者夫！是以明於天
之道，而察於民之故，是興神物以前民用，聖人以此齊戒，以
神明其德夫！[6]

說明用占筮之蓍策，六爻之變化，蘊藏以往之經驗，可以推知未來，
而告知人民以趨吉避凶之道。聖人藉《周易》之內涵，以治民修德。
《周易‧繫辭》又云：

是故易有太極，是生兩儀，兩儀生四象，四象生八卦，八卦定
吉凶，吉凶生大業。是故法象莫大乎天地；變通莫大乎四時，
縣象著明莫大乎日月；崇高莫大乎富貴；備物致用，立成器以
為天下利，莫大乎聖人；探賾索隱，鉤深致遠，以定天下之吉
凶，成天下之亹亹者，莫大乎蓍龜。[7]

說明八卦相重，而產生六十四卦、三百八十四爻，而繫之以辭，創作
成《周易》，探索繁雜幽隱之事理，判定天下之吉凶，成就偉大之事
業，可見《周易》具有蓍筮龜卜之功能。

根據《尚書‧洪範》記載：

惟十有三祀，王訪于箕子。……箕子乃言曰：「我聞在昔，鯀
堙洪水，汩陳其五行。……天乃錫禹『洪範』九疇，彝倫攸
敘。……次七曰明用稽疑，……七、稽疑：擇建立卜筮人，乃

---

6 〔魏〕王弼，〔晉〕韓康伯注，〔唐〕孔穎達：〈繫辭上〉，《周易正義》，卷7，頁157。
7 〔魏〕王弼，〔晉〕韓康伯注，〔唐〕孔穎達：〈繫辭上〉，《周易正義》，卷7，頁157。

命十筮。……汝則有大疑，謀及乃心，謀及卿士，謀及庶人，
謀及卜筮。汝則從，龜從，筮從，卿士從，庶民從，是之謂大
同。」[8]

《尚書·洪範》記載周武王向殷朝貴族箕子請教治國大法，箕子提出
「洪範九疇」乃治理天下的重大法則，其中「卜筮」是稽疑決策的重
要法門。

根據《周禮·春官·宗伯》記載：

菙氏掌共燋契，以待卜事。凡卜，以明火爇燋，遂吹其焌契，
以授卜師，遂役之。占人掌占龜，以八簭占八頌，以八卦占
簭之八故，以視吉凶。凡卜簭，君占體，大夫占色，史占
墨，卜人占坼。凡卜簭既事，則繫幣以比其命。歲終，則計
其占之中否。[9]

簭人：掌三易以辨九簭之名，一曰「連山」，二曰「歸藏」，
三曰「周易」。九簭之名，一曰巫更，二曰巫咸，三曰巫式，
四曰巫目，五曰巫易，六曰巫比，七曰巫祠，八曰巫參，九曰
巫環。以辨吉凶。凡國之大事，先簭而後卜。[10]

《周禮·春官·宗伯》記載古代占卜之官，用灼龜、用筮草占卜，並
記錄卜筮之內容，來觀察吉凶禍福，驗證事情結果。

---

8 題孔安國傳，〔唐〕孔穎達疏：〈洪範〉，《尚書正義》，卷12，頁167-168。

9 〔漢〕鄭玄注，〔唐〕賈公彥疏：〈春官·大宗伯·菙氏〉：「簭，音筮」，《周禮注
疏》，卷24，頁375。

10 〔漢〕鄭玄注，〔唐〕賈公彥疏：〈春官·大宗伯·筮人〉，《周禮注疏》，卷24，頁
376。

《禮記・曲禮上》云:「龜為卜,策為筮。卜筮者,先聖王之所以使民信時日,敬鬼神畏法令也。」[11]說明古時卜用龜甲,筮用蓍草,來預卜事情的吉凶。君王用卜筮,擇吉而祭祀,使人民敬鬼神而畏法令。《禮記・月令》則曰:「孟冬之月,命大史釁龜筮占兆,審卦吉凶。」[12]說明人們應該根據神靈的啟示,以趨吉避凶,他們認為龜筮與《易》六十四卦是萬能的。

綜合上述,可知卜筮之源流,從統治者定天下安危禍福之憑藉,上行下效,卜筮之術,迅速發展至民間,因此,隨著求卜者的需求,卜筮即具有造福遠禍的作用。

三 〈卜筮通故〉要旨分析

卜筮是中國古代歷史悠久,能揭示國家與個人未來吉凶禍福、稽疑決策的準繩,伏羲時已有。在我國先秦古籍中均有卜筮的記載,在〈卜筮通故〉中黃以周引用《周易》、《尚書》、《詩經》、《三禮》、《左傳》、《公羊傳》《論語》等書,詳實記載占筮的方法與義涵。茲舉例分析〈卜筮通故〉要旨,如下:

(一)敘述上古時代卜筮的禮制

先秦時代卜筮的方法,包括龜占、星占、夢占、筮卦等。茲舉〈卜筮通故〉引《周禮・春官・卜師》、《禮記》等書,論述卜筮的方法,如下:

例一、〈卜筮通故〉第一條

---

11 〔漢〕鄭玄注,〔唐〕孔穎達疏:〈曲禮上〉,《禮記注疏》,卷3,頁61-62。

12 〔漢〕鄭玄注,〔唐〕孔穎達疏:〈月令〉,《禮記注疏》,卷17,頁341。

杜子春云：「大卜掌《三兆》之法；玉兆，帝顓頊之兆；瓦兆，帝堯之兆；原兆，有周之兆。」鄭玄云：「兆者，灼龜發于火，其形可占者。其象似玉瓦原之罅，是用名之焉。原，原田也。」[13]

〈卜筮通故〉第一條黃以周引《周禮・春官・大卜》杜子春、鄭玄論述大卜之職責，掌《三兆》、〈三易〉之法，以觀國家之吉凶，以為國君施政之參考，由此可見，用《易》來占筮，其來久遠。

例二、〈卜筮通故〉第十條

鄭玄云：「卜師掌開龜之四兆。開出其占書也。經兆百二十體，今言四兆者，分為四部，若《易》之二篇，《書・金縢》曰：『開籥見書』，是謂與？其云方功義弓之名，未聞。」[14]

以周案：

開龜即《詩》之契龜。《傳》曰：「契，開也。」四兆謂龜兆，若其書則掌於太卜矣。方功義弓之名未詳。惠半農說亦支離。[15]

〈卜筮通故〉第十條黃以周引《周禮・春官・卜師》鄭玄論述卜師開出其占書，掌開龜之四兆，一曰方兆，二曰功兆，三曰義兆，四曰弓

---

13 〔清〕黃以周撰，王文錦點校：《禮書通故》，頁201。
14 〔清〕黃以周撰，王文錦點校：《禮書通故》，頁193。
15 〔清〕黃以周撰，王文錦點校：《禮書通故》，頁193。

兆。[16]於案語中指出開龜即《詩》之契龜，而方功義弓之名未詳，實事求是而不妄加斷語。

（二）闡述《周易》卜筮的義涵

孔穎達〈《周易正義》序〉云：「夫易者象也，爻者效也。聖人有以仰觀俯察，象天地而育群品。雲行雨施，效四時以生萬物，若用之以順，則兩儀序而百物和。若行之以逆，則六位傾而五行亂。故王者，動必則天地之道。不使一物失其性，行必叶陰陽之宜，不使一物受其害，故能彌綸宇宙，酬酢神明，宗社所以無窮，風聲所以不朽，非夫道極玄妙，孰能與於此乎？斯乃乾坤之大造，生靈之所益也。」[17]說明《周易》卦爻辭具有「觀物取象」的表徵，除卜筮的功效，更蘊涵深刻玄奧之哲理，對於個人安身立命，及國家興衰禍福的發展，具有莫大的啟迪作用。茲舉〈卜筮通故〉引《周易》卜筮的義涵，如下：

例一、〈卜筮通故〉第十八條

　　京房說：「大衍之數五十，為十日、十二辰、二十八宿也。」馬融說：「北辰為太極，合兩儀，日、月、四時、五行、十二月、二十四氣為五十。北辰居中不動，餘四十九轉運而用。」荀爽說：「卦有六爻，八卦四十八爻，加乾坤二用為五十。《乾》初九潛龍勿用，故用四十九。」鄭玄說：「衍，演也。天一生水於北，地二生火於南，天三生木於東，地四生金於

16　〔漢〕鄭玄注，〔唐〕賈公彥疏：〈春官・大宗伯・卜師〉，《周禮注疏》，卷24，頁392。

17　〔唐〕孔穎達：〈《周易正義》序〉，卷1，頁2。

西，天五生土於中。陽無耦，陰無配，未得為相成。地六成水
於北，與天一并；天七成火於南，與地二并；地八成木於東，
與天三并；天九成金於西，與地四并；地十成土於中，與天五
并。天地之數五十有五。以五行氣通於萬物，凡五行減五，惟
有五十。以五十之數不可以為七八九六之占以用之，故更減其
一，故四十九。」王弼說：「其一不用，即太極。」姚信、董遇
說：「天地之數五十有五，減六以象六畫，故用四十九。」[18]

以周案：

鄭說為長。

〈卜筮通故〉第十八條，黃以周引《周易‧繫辭上》：「大衍之數五十，
其用四十有九。」[19]說明大衍天地之數及揲蓍求卦之法及其意義。並引
京房、馬融、荀爽、鄭玄、姚信、董遇等學者闡述「大衍之數五十」之
義涵，義有多家，各有其說，黃以周認為鄭玄之說最得宜。

例二、〈卜筮通故〉第二十二條

〈說卦傳〉：「參天兩地而倚數。」馬融、王肅說，依〈繫辭〉
五位相合，天得三合，謂一三五也；地得兩合，謂二與四也。
鄭玄云：「天地之數備於十，乃三之以天，兩之以地，而倚託
大演之數也。」虞翻云：「倚立，參三也。分天象為三才，以

---

18 〔清〕黃以周撰，王文錦點校：《禮書通故》，頁203-204。
19 〔魏〕王弼，〔晉〕韓康伯注，〔唐〕孔穎達：〈繫辭上〉，《周易正義》，卷7，頁152-
153。

地兩之，立六畫之數。」韓康伯云：「參，奇也。兩，耦也。
七九陽數，六八陰數。孔穎達云：「此倚數生數，生著之後，
立卦之前，明用著得數而布以為卦，故以七八九六當之。七九
為奇，天數也；六八為耦，地數也，故取奇於天，取耦於地，
而立七八九六之數也。何以參兩為目奇耦者？蓋古之奇耦，亦
以三兩言之。不以一目奇者，張氏云以三中含兩，有一以包兩
之義，明天有包地之德，陽有包陰之道。」[20]

以周案：

九八七六，是倚數所生之數，孔疏以之明韓注參奇兩耦之說，
未是。[21]

〈卜筮通故〉第二十二條，黃以周引〈說卦傳〉：「參天兩地而倚
數。」[22]說明《周易》占筮古法，並引馬融、馬融、鄭玄、虞翻、韓
康伯等學者闡述「九八七六，是倚數所生之數」之義涵。

綜合上述案例，可知〈卜筮通故〉之內容，蘊含深刻的人生哲
理。而透過結合象徵手法與卦爻辭之內容，使求筮人知所進退，能趨
吉避凶，決定未來處事的原則與方向。由此可知，《周易》卜筮是具
道德義涵的。

20　〔清〕黃以周撰，王文錦點校：《禮書通故》，頁207-208。
21　〔清〕黃以周撰，王文錦點校：《禮書通故》，頁208。
22　〔魏〕王弼，〔晉〕韓康伯注，〔唐〕孔穎達：〈說卦傳〉，《周易正義》，卷9，頁
　　182。

（三）會通易禮以詮釋具體的禮制

《四庫全書總目提要‧經部一‧易類一》：「聖人覺世牖民，大抵因事以寓教。……而《易》則寓於卜筮。故《易》之為書，推天道以明人事者也。」[23]《易》從最初的卜筮之書，推展至窮極天、地、人三才之理，貫通人事教化功能之書。漢代經學家鄭玄精通《三禮》，其注《易》，亦據《禮》以證《易》義廣大，無所不包；據《禮》證《易》，以視陰陽術數，實遠勝之。[24]正彰顯《易》各卦各爻反映禮制之內容，鄭玄以《禮》注《易》，融會貫通《易》、《禮》思想，對後學有深遠之影響。茲舉〈卜筮通故〉會通易禮以詮釋具體的禮制，如下：

例一、〈卜筮通故〉第二十六條

鄭玄云：「冠禮筮於廟門。不於堂者，嫌著之靈由廟神。」陳祥道說：「〈郊特牲〉卜郊作龜於禰宮，是人君卜於禰宮之內，大夫士筮於廟門之外。鄭注誤。」[25]

以周案：

《記》文受命曰廟，作龜曰宮，正見筮於廟門不在堂。《白虎通義》引《逸禮》云：「皮弁素積筮於廟門之外。」大夫以上

---

23 〔清〕永瑢、紀昀等撰：《四庫全書總目提要》（臺北市：臺灣商務印書館，1983年），卷1，頁54。

24 〔清〕皮錫瑞撰，周予同注：〈論鄭荀虞三家之義鄭據禮以證易學者可以推捕不必推補爻辰〉，《經學通論》（北京市：中華書局，1954年），頁21。

25 〔清〕黃以周撰，王文錦點校：《禮書通故》，頁209。

禮也。士喪禮卜日在殯門，筮宅在兆南。淩氏《釋例》云：
「凡卜筮皆於廟門」，似亦未然。[26]

〈卜筮通故〉第二十六條，黃以周引《儀禮・士冠禮》：「士冠禮。筮
於廟門。筮者，以蓍問日吉凶於《易》也。冠必筮日於廟門者，重以
成人之禮成子孫也。廟，謂禰廟。不於堂者，嫌蓍之靈由廟神。」說
明士冠禮為五禮之始，必須在廟門經由卜筮，擇吉日來進行，表示重
視成人之禮。並引陳祥道《禮書》、淩廷堪《禮經釋例》之敘述，說
明「人君卜於禰宮之內，大夫士筮於廟門之外」，鄭玄注解「凡卜筮
皆於廟門」，並非全然正確之注解。

例二、〈卜筮通故〉第三十三條

鄭玄云：「假爾泰筮有常，假，借也。言因蓍之靈以問之。
常，吉凶之占繇。」敖繼公云：「常謂常常如此。」[27]

以周案：

假讀如昭格之格，常之言經也。《周官》大卜掌三兆，其經兆
之體皆百有二十；又掌《三易》，其經其經卦皆八。吉凶之占
繇，以此為法。曰有常，古語爾。古人以奉守舊法謂之有常。
〈昏禮〉父醮子曰：「帥以敬先妣之嗣，若則有常。」《記》
曰：「乃命大史守典奉法，毋失經紀，以初為常。」義同。敖

---

26 〔清〕黃以周撰，王文錦點校：《禮書通故》，頁209。
27 〔清〕黃以周撰，王文錦點校：《禮書通故》，頁211-212。

說殊謬。[28]

〈卜筮通故〉第三十三條，黃以周引《禮記・曲禮上》：「假爾泰龜有常，假爾泰筮有常。命龜筮辭。龜筮於吉兇有常，大事卜，小事筮。」說明古代舉行喪葬之事，先卜筮來擇時日之吉凶，以表示敬重。於案語中並引《周禮・春官・卜師》：「大卜掌三兆之法。其經兆之體皆百有二十……其經其經卦皆八，其別皆六十有四。」《儀禮・昏禮》：「命之，曰：『往迎爾相，承我宗事。勗帥以敬先妣之嗣，若則有常。」《禮記・月令》：「乃命大史守典奉法，司天日月星辰之行，宿離不貸，毋失經紀。」之敘述，指正敖繼公云：「常謂常常如此。」是不正確之說法。

綜合上述，足證黃以周撰述《禮書通故》態度嚴謹，會通易禮以詮釋具體禮制的用心。

四　〈卜筮通故〉會通易禮之學術價值

〈卜筮通故〉全篇五十條，共徵引三十八種古籍，來詮釋經籍中之古禮古制。我們研讀《周禮》，可知《周易》卦爻辭與卜筮之演變；而吉、凶、嘉、賓、軍等五禮之推展，與《周易》有密切關係。黃以周博覽群經，會通易禮之學術價值，嘉惠後學。茲敘述〈卜筮通故〉會通易禮之學術價值，如下：

（一）徵引群經疏證，詮釋《易》理

在《禮書通故》第四〈卜筮通故〉共徵引三十八種古籍經文中，

---

28 〔清〕黃以周撰，王文錦點校：《禮書通故》，頁211-212。

以《周禮》之注疏居多，足證黃以周對《周易》與《三禮》有縝密之洞察力與精闢之解析。

例一、〈卜筮通故〉第十三條：

鄭眾云：「作龜八命。征謂征伐人也。象謂災變雲物，如眾赤鳥之屬，有所象似。與謂予人物也，謀謂謀議也，果謂事成與不也，至謂至不也，雨謂雨不也，瘳謂疾瘳不也。」鄭玄云：「征亦曰行，巡守也。象謂有所造立也，《易》曰：『以制器者尚其象。』」[29]與謂所與共事也。果謂以勇決為之，若楚司馬子魚卜戰，令龜曰『鮒也以其屬死之，楚師繼之，尚大克之』，吉，是也。」[30]

以周案：

說皆可通，因兩存之。

黃以周引《周禮‧春官‧大卜》鄭眾論述「作龜八命」之事：「一曰征，二曰象，三曰與，四曰謀，五曰果，六曰至，七曰雨，八曰瘳。國之大事待蓍龜而決者有八。定作其辭，於將卜以命龜也」之事；鄭玄注解「征亦曰行，巡守也。象謂有所造立也」之意義。[31]並引《易》曰：『《易》有聖人之道四焉：『以言者尚其辭，以動者尚其變，以制器

---

29 〔魏〕王弼，〔晉〕韓康伯注，〔唐〕孔穎達：〈易繫辭上〉，《周易正義》，卷7，頁154。

30 〔清〕黃以周撰，王文錦點校：《禮書通故》，頁200。

31 〔漢〕鄭玄注，〔唐〕賈公彥疏：〈春官‧大卜〉，《周禮注疏》，卷24，頁371。

者尚其象，以卜筮者尚其占。」此四者存乎器象，可得而用也。」[32]說明蓍龜皆是卜筮必用之器具，君子卜筮有見微知幾、防患未然之效。於案語中黃以周贊同鄭眾、鄭玄之說法。

例二、〈卜筮通故〉第三十七條

《春秋左氏》說筮短龜長。杜預云：「物生而後有象，象而後有滋，滋而後有數。龜象筮數，故龜長筮短。」孔穎達云：「蓍龜知靈相似，無長短，卜人有為而言。」[33]

以周案：

杜據韓簡語以象數分龜筮。考《周禮》，大卜掌《三兆》、《三易》之法，龜之兆頌詳于筮，自大卜外，占龜之官亦多于筮，為龜長也。〈表記〉云：「天子無筮。」鄭注：「天子至尊，大事皆用卜，為筮短也。」鄭注：「占人亦占筮，言掌占龜者，筮短龜長。」用《左氏》說。王肅注〈洪範〉「卜五占用二」云：「筮短龜長，故卜多而筮少。」亦用《左氏》說。《易》有辭、象、變、占四道[34]，筮乃《易》中一事。故筮雖短，不足為《易》病。[35]

---

32 〔魏〕王弼，〔晉〕韓康伯注，〔唐〕孔穎達：〈易繫辭上〉，《周易正義》，卷7，頁154。

33 〔清〕黃以周撰，王文錦點校：《禮書通故》，頁213-214。

34 〔魏〕王弼，〔晉〕韓康伯注，〔唐〕孔穎達：〈易繫辭上〉：「《易》有聖人之道四焉，以言者尚其辭，以動者尚其變，以制器者尚其象，以卜筮者尚其占。」見《周易正義》，卷7，頁154。

35 〔清〕黃以周撰，王文錦點校：《禮書通故》，頁214。

黃以周引《春秋左傳・僖四年》:「初,晉獻公欲以驪姬為夫人,卜之,不吉;筮之,吉。」杜預注:「龜長筮短」而孔穎達則云:「蓍龜無長短。」[36]針對「筮短龜長。」之說法,以周案語中,則引《周禮・春官・大卜》云:「大卜掌《三兆》之法,一曰《玉兆》,二曰《瓦兆》,三曰《原兆》。……掌三易之法,一曰連山,二曰歸藏,三曰周易。」[37]說明大卜掌《三兆》、《三易》之法;引《禮記・表記》:「子曰:『大人之器威敬。言其用之尊嚴。天子無筮,謂征伐出師若巡守也,天子至尊,大率皆用卜也。」[38]說明「天子無筮」;引《尚書・洪範》「卜五占用二」[39]之說,並指出上述各家之說,皆是參考《左傳》之注解。最後又引「筮乃《易》中一事」,補證說明筮之長短,不影響占卜之結果。

(二)駁議古籍舊注,發揮《易》理

黃以周著《禮書通故》一書,值得稱道的是,研討問題堅持實事求是,不存門戶之見。比如《三禮》之學,向以鄭玄注為宗,而此書駁鄭處不下百條,其申鄭處亦復不少。對待歷代數十百家的經師、學者也莫不如此,皆是採擇其精言,發揮其勝解,匡補其不逮,糾正其誤說,或申或駁,大都有根有據。[40]茲舉二例說明,如下:

例一、〈卜筮通故〉第一條

杜子春云:「大卜掌〈三兆〉之法;玉兆,帝顓頊之兆;瓦

---

36 〔晉〕杜預注,〔唐〕孔穎達:《春秋左氏傳正義》,卷12,頁203。
37 〔漢〕鄭玄注,〔唐〕賈公彥疏:《周禮注疏》,卷24,頁369-370。
38 〔漢〕鄭玄注,〔唐〕孔穎達疏:《禮記正義》,卷54,頁921。
39 舊題孔安國傳,〔唐〕孔穎達疏:《尚書正義》,卷12,頁175。
40 〔清〕黃以周撰,王文錦點校:〈點校前言〉,《禮書通故》,頁3。

兆，帝堯之兆；原兆，有周之兆。」鄭玄云：「兆者，灼龜發于火，其形可占者。其象似玉瓦原之釁罅，是用名之焉。原，原田也。」賈公彥云：「象似玉瓦原之釁罅，謂破而不相離也。或解以為玉瓦原之色。趙商問，此並問下文，杜子春何由知之？鄭答云：此數者非無明文，改之無據，故著子春說而已。近師皆以為夏、殷、周。如是《玉兆》為夏，《瓦兆》為殷可知。」[41]

以周案：

三兆之名，失傳已久。近惠半農以玉兆為天龜，瓦兆為地龜，原兆以人參天地。說甚支離。[42]

黃以周引《周禮·春官·大卜》。[43]杜子春、鄭玄、賈公彥等人論述大卜掌〈三兆〉之法，黃以周於案語中，說明三兆之名，失傳已久，質疑惠半農之說法有誤。

例二、〈卜筮通故〉第十六條：

杜子春云：「太卜掌《三易》之法，〈連山〉慮戲，〈歸藏〉黃帝。」鄭玄云：「〈連山〉，似山出內氣也。〈歸藏〉，萬物莫不歸而藏於其中。」賈公彥云：「〈連山〉以純〈艮〉為首，〈艮〉為山，故名〈連山〉。〈歸藏〉，以純〈坤〉為首，〈坤〉

41　〔清〕黃以周撰，王文錦點校：《禮書通故》，頁193。
42　〔清〕黃以周撰，王文錦點校：《禮書通故》，頁193。
43　〔漢〕鄭玄注，〔唐〕賈公彥疏：《周禮注疏》，卷24，頁369。

為地，故名〈歸藏〉。鄭雖不解《周易》，其名《周易》者，
〈連山〉、〈歸藏〉，皆不言地號，以義名《易》，則『周』非地
號。以《周易》以純〈乾〉為首，〈乾〉為天，天能周布于四
時，故名《易》為『周』也。《鄭志》云：近師皆以為夏、
殷。」[44]

以周案：

八卦畫於虙戲，六四卦重於神農。（說詳《十翼後錄》）杜氏以
《連山》為虙戲，說本無據。孔沖遠[45]作《周易疏》，據《世
譜》等書，以「連山」為神農氏號，改為《連山》神農，此亦
遷就之見。在漢師無是說也。（《世譜》等書本多荒謬。）漢師
或以為夏、殷，本〈禮運〉「吾得〈乾〉、〈坤〉」為說。鄭注
〈連山〉、〈歸藏〉、《周易》，俱以義言，孔沖遠力駁之，非。
說詳《儆季雜著》。[46]

黃以周引《周禮‧春官‧大卜》杜子春、鄭玄、賈公彥等人，並引
《鄭志》，論述大卜掌《三易》之法。黃以周於案語中，駁斥孔穎達
「以『連山』為神農氏號，改為《連山》神農」之說法有誤。

---

44 〔清〕黃以周撰，王文錦點校：《禮書通故》，頁201。
45 〔後晉〕劉昫等：〈孔穎達列傳〉：「孔穎達字沖遠，冀州衡水人也。……與顏師
　　古、司馬才章、王恭、王琰等諸儒受詔撰定《五經義訓》，凡一百八十卷，名曰
　　《五經正義》。」《舊唐書》，卷73，頁2601-2602。
46 〔清〕黃以周撰，王文錦點校：《禮書通故》，頁201。

（三）會通易禮學說，闡釋五禮

《周易・繫辭下》云：「《易》之為書也，廣大悉備。有天道焉，有人道焉，有地道焉。兼三才而兩之，故六。六者非它也，三才之道也。」《周易》乃儒家經典之代表，其以「三才之道」作為聯繫、溝通「文」與「道」、「天文」之津梁。說明《易》蘊涵天、地、人三才之道。而五禮的推行，必須以卜筮的吉凶為依據。

例一、〈卜筮通故〉第二十九條

> 鄭玄云：「所卦者，所以畫地記爻。」敖繼公云：「所卦者，所以畫地記爻及書卦之具也。」夏炘云：「〈少牢〉『卦以木』，下又云『書卦於木』，則此木即方版，所以書卦於上，〈士冠禮〉所卦者，即此木也。」[47]

黃以周引《儀禮・士冠禮》云：「筮，所以問吉凶，謂蓍也。所卦者，所以畫地記爻。」論述筮法，六畫而成卦，依七八九六之爻而記之，但古用木畫地以記爻。又引敖繼公《儀禮集說》、夏炘《學禮管釋》來說明『書卦於木』之由來。

例二、〈卜筮通故〉第三十八條

> 鄭玄云：「外事以剛日，內事以柔日。出郊曰外事。《春秋傳日》曰甲午祠兵。」崔靈恩云：「外事指用兵之事，內事指宗廟之祭。」孔穎達云：「郊天是國外之事，應用剛日而〈郊特

---

47 〔清〕黃以周撰，王文錦點校：《禮書通故》，頁210。

牲〉云：祀社日用甲，非柔。以郊社尊，不敢同外內之義
也。」[48]

以周案：

〈表記〉云：「大事有時日，小事無時日有筮，外事用剛日，
內事用柔日。」是外用剛日內用柔日者，專指小事無時日之筮
言也。郊辛社甲皆大事，有時日，不在此例。〈曲禮〉言內事
外事者三處。「內事曰孝王某」，鄭注：「唯宗廟稱孝。」則內
事者宗廟之事也。宗廟有請禱小事，用柔日。非宗廟皆外事，
用剛日，內外非以郊分之。鄭注：「外事曰嗣王某」云：「天地
社稷祭之郊內，而曰嗣王，不敢同外內。」其說本曲。[49]

黃以周引《禮記‧曲禮》論述：「外事以剛日，內事以柔日。」[50]之禮
儀，於案語中並引《禮記‧表記》：「大事有時日，小事無時日有筮，
外事用剛日，內事用柔日。」[51]說明內事指宗廟之祭；外事指用兵之
事，不敢同外內之常例。

綜合上述，可知〈卜筮通故〉記載《周易》卜筮卦爻辭的編撰，
是配合禮典禮制的進行，來貫通天地人三才妙極之理，可見《周易》
與古禮的因革損益有密切關係。

---

48 〔清〕黃以周撰，王文錦點校：《禮書通故》，頁214。
49 〔清〕黃以周撰，王文錦點校：《禮書通故》，頁214。
50 〔漢〕鄭玄注，〔唐〕孔穎達疏：《禮記正義》，卷3，頁59。
51 〔漢〕鄭玄注，〔唐〕孔穎達疏：《禮記正義》，卷54，頁920。

五　結論

　　《周易‧繫辭上》云：「聖人設卦觀象，繫辭焉而明吉凶，剛柔相推而生變化。是故吉凶者，失得之象也。悔吝者，憂虞之象也。變化者，進退之象也。剛柔者，晝夜之象也。六爻之動，三極之道也。」[52]說明《周易》中所記載的卜筮文化，與古代五禮的運作，在歷史的長河中不斷地往前衍展。

　　黃以周撰述《禮書通故》一書，不墨守一家的說法，而是貫通群經，採集諸家學說，講求考據，且能擇善而從。而〈卜筮通故〉全篇，會通易禮，能將卦爻辭落實到具體的禮制禮典上。正符合黃以周「囊括《三禮》，博綜制度」的創作原由。

　　〈卜筮通故〉全篇五十條，所徵引之古籍，茲略述如下：

　　（一）在十三經方面，包括《周易》、《尚書》、《詩經》、《三禮》、《左傳》、《公羊傳》、《論語》等九經。其中以《周易》與《禮記》徵引之次數居多。

　　（二）在史書方面，徵引《史記》、《漢書》、《皇覽》等書。其中《史記》徵引《宋世家》，為司馬遷讚美微子請教太師，而作此篇；《日者列傳》該傳記是《史記》專記日者的類傳。[53]《皇覽》是三國時魏文帝時所作。

　　（三）在易經方面，徵引漢代荀爽撰《周易荀氏注》、京房撰、三國吳陸績注《京氏易傳》、虞翻《周易注》；宋代張載撰《橫渠先生易說》；清代惠士奇《易說》等書。

52　〔魏〕王弼，〔晉〕韓康伯注，〔唐〕孔穎達疏：《周易正義》，卷7，頁145。

53　《史記‧太史公自序》：「嗟箕子乎！嗟箕子乎！正言不用，乃反為奴。武庚既死，周封微子。襄公傷于泓，君子孰稱。景公謙德，熒惑退行。剔成暴虐，宋乃滅亡。喜微子問太師，作〈宋世家〉第八。……齊、楚、秦、趙為日者，各有俗所用。欲循觀其大旨，作〈日者列傳〉第六十七。」卷130，頁3309、3318。

（四）在禮經方面，徵引漢代班固《白虎通義》；南朝宋崔靈恩
《三禮義宗》；唐代陸德明《經典釋文》；宋代陳祥道《禮書》、朱熹
《家禮》、《儀禮經傳通解》；元代敖繼公《儀禮集說》；清代孔廣森
《禮學巵言》、夏炘《學禮管釋》、焦理堂《三禮便蒙》、凌廷堪《禮
經釋例》、胡培翬《儀禮正義》、褚寅亮《儀禮管見》、張惠言《儀禮
圖》、盛世佐《儀禮集編》等書。

（五）在訓詁文字形、音、義方面，徵引漢代許慎《說文解
字》、南朝顧野王《玉篇》二書。[54]

綜合上述，可知〈卜筮通故〉全篇五十條，共徵引三十八種古
籍，來詮釋《易》理。其中以《三禮》與《周易》徵引之次數居多。
並徵引歷代經學家包括：杜子春、馬融、鄭眾、鄭玄、王肅、賈公
彥、孔穎達、何休、京房、許慎、韋昭、裴駰、虞翻、荀爽、韓康
伯、杜預、崔靈恩、張載、朱熹、陸績、段玉裁、劉台拱、江筠、張
惠言、惠士奇、胡培翬、陳祥道、敖繼公、凌廷堪、焦循等人之解
說。足證黃以周撰述《禮書通故》態度嚴謹，研閱以窮照，善於旁徵
博引，來詮釋《易》理。

參考文獻

（一）傳統文獻（依《四庫全書》分類法）

〔魏〕王弼　〔晉〕韓康伯注　〔唐〕孔穎達正義　《周易正義》
　　　臺北市　藝文印書館　1998年

---

54 《玉篇》是中國古代一部按漢字形體分部編排的字書。據唐代封演《聞見據唐代封
　演《聞見記》所載，《玉篇》共16917字。與《說文》對照，《玉篇》原本多出7564
　字，今本多13208字。《玉篇》與《說文》價值不同，各當其用：若追尋本義，仍當
　以《說文》為宗。

舊題〔漢〕孔安國傳　〔唐〕孔穎達正義　《尚書正義》　臺北市
　　藝文印書館　1998年

〔漢〕毛亨傳　鄭玄箋　〔唐〕孔穎達正義　《毛詩正義》　臺北市
　　藝文印書館　1998年

〔漢〕鄭玄注　〔唐〕賈公彥疏　《周禮注疏》　臺北市　藝文印書
　　館　1998年

〔漢〕鄭玄注　〔唐〕賈公彥疏　《儀禮注疏》　臺北市　藝文印書
　　館　1998年

〔漢〕鄭玄注　〔唐〕孔穎達正義　《禮記正義》　臺北市　藝文印
　　書館　1998年

〔晉〕杜預注　〔晉〕孔穎達正義　《春秋左傳正義》　臺北市　藝
　　文印書館　1998年

〔漢〕何休　舊題〔唐〕徐彥疏　《春秋公羊傳注疏》　臺北市　藝
　　文印書館　1998年

〔後晉〕劉昫等　《舊唐書》　臺北市　鼎文書局　1987年

〔漢〕司馬遷　《史記》　臺北市　鼎文書局　1987年

〔清〕國史館編　王鍾翰點校　《清史列傳》　臺北市　明文書局
　　1985年5月

〔清〕黃以周　《儆季所著書五種》　清光緒20年江蘇南菁書院刊本

〔清〕黃以周　王文錦點校　《禮書通故》　北京市　中華書局
　　2007年4月

（二）近人論著（依作者姓氏筆劃排序）

王逸明　《定海黃式三黃以周年譜稿》　北京市　學苑出版社　2000
　　年11月

支偉成　《清代樸學大師列傳》　臺北市　藝文印書館　1970年

李慈恩　《李鏡池易學研究》　臺北市　花木蘭出版社　2009年

林慶彰　〈中國經學史上的回歸原典運動〉　《中國文化》　2009年
　　　　第30期

徐世昌纂　《清儒學案》　北京市　中華書局　2008年10月

陳文和　《中國古代易占》　北京市　九州出版社　2008年12月

張舜徽　《清儒學記》　武漢市　華中師範大學出版社　2005年12月

蘭甲雲　《周易古禮研究》　長沙市　湖南大學出版社　2008年6月

賴貴三　〈黃以周《十翼後錄》手稿析論〉　《先秦兩漢古籍國際學
　　　　術研討會論文集》　北京市　社會科學文獻出版社　2011年
　　　　1月

鄭吉雄　〈從乾嘉學者經典詮釋清代儒學的屬性〉　《清代經學與文
　　　　化》　北京市　北京大學出版社　2005年1月

附錄

（一）期刊論文

序號	篇名	日期	期刊刊名	頁數
1	〈《禮記‧曲禮》中的人文關懷〉	100年4月28日	《孔孟月刊》第四十九卷第七、八期	20-27
2	從《禮記‧學記》談全人教育的理念	104年8月28日	《孔孟月刊》第五十三卷第十一、十二期	1-8
3	孔子禮樂教育思想析論	104年9月28日	《孔孟學報》第九十三期	79-108
4	王鍔《三禮研究論著提要》探析	104年9月	國立臺灣師範大學國文學系《中國學術年刊》第三十七期（秋季號）	23-50
5	孔子「忠恕之道」的省思與回響	105年4月28日	《孔孟月刊》第五十四卷第七、八期	15-22
6	《論語》孔子人際關係思想研究	105年10月28日	《孔孟月刊》第五十五卷第一、二期	1-13

（二）研討會論文

序號	論文	日期	研討會名稱
1	王文錦《禮書通故》點校本析論	100年7月14日	中央研究院文哲所「變動時代的經學與經學家（1950-2010）第七次學術研討會」論文集
2	黃以周《禮書通故・卜筮通故》易禮學說析論	101年11月9日	第五屆海峽兩岸青年易學論文發表會論文集
3	郭明昆禮學思想析論	102年11月29日	中央研究院文哲所「臺灣經學的萌發與轉型：從明鄭到日治時期」學術研討會」論文集
4	《周易》禮學探析——兼論《左傳》、《國語》、《荀子》以禮釋《易》	103年8月16日	國際易學大會成立30週年暨2014年國際易學大會（臺北）論文集

經學研究叢書·經學史研究叢刊　0501020

禮學思想的新探索

作　　者	謝淑熙
責任編輯	吳家嘉
特約校稿	林秋芬
發 行 人	陳滿銘
總 經 理	梁錦興
總 編 輯	陳滿銘
副總編輯	張晏瑞
編 輯 所	萬卷樓圖書股份有限公司
排　　版	林曉敏
印　　刷	百通科技股份有限公司
封面設計	百通科技股份有限公司
發　　行	萬卷樓圖書股份有限公司

臺北市羅斯福路二段 41 號 6 樓之 3
電話 (02)23216565
傳真 (02)23218698
電郵 SERVICE@WANJUAN.COM.TW
大陸經銷　廈門外圖臺灣書店有限公司
電郵 JKB188@188.COM
香港經銷　香港聯合書刊物流有限公司
電話 (852)21502100
傳真 (852)23560735

ISBN 978-986-478-061-7

2017 年 2 月初版
定價：新臺幣 500 元

如何購買本書：

1. 劃撥購書，請透過以下郵政劃撥帳號：
   帳號：15624015
   戶名：萬卷樓圖書股份有限公司
2. 轉帳購書，請透過以下帳戶
   合作金庫銀行 古亭分行
   戶名：萬卷樓圖書股份有限公司
   帳號：0877717092596
3. 網路購書，請透過萬卷樓網站
   網址 WWW.WANJUAN.COM.TW

大量購書，請直接聯繫我們，將有專人為
您服務。客服：(02)23216565 分機 10

如有缺頁、破損或裝訂錯誤，請寄回更換

國家圖書館出版品預行編目資料

禮學思想的新探索 / 謝淑熙著.
-- 初版. -- 臺北市 ：萬卷樓, 2017.02
面 ；　公分. -- (經學研究叢書)
ISBN 978-986-478-061-7(平裝)
1.三禮 2.研究考訂 3.文集

531.807　　　　　　　　106002027